Les années Lula

Du même auteur

Romans

Les Années-lumière, Flammarion, 1967 ; Seuil, « Points Roman », 1986 ; Philippe Rey, 2024

La Voie de l'Amérique, Bourgois, 1970 ; 10/18, 1973

Fokouli, Stock, 1974

Coma, Bourgois, 1970 ; 10/18, 1975

Mille Aujourd'hui, Stock, 1972 ; Le Livre de Poche, 1976

Feu, Stock, 1977 ; Le Livre de Poche, 1978

Le Testament amoureux, Stock, 1981 ; Seuil, « Points Roman », 1984 ; Philippe Rey, 2022

La Loi humaine, Seuil, 1983

Variations sur les jours et les nuits, Seuil, 1985

Le Portrait ovale, Gallimard, 1976

Le Canard du doute, Stock, 1979 ; Rombaldi, 1980 ; 10/18, 1988

Le 8e fléau, Julliard, 1989

L'Anti-portrait ovale, Deyrolle, 1991

Les Repentirs du peintre, Stock, 1993

La Nuit transfigurée, Seuil, 1986 ; Folio, 1993

Phénix, Gallimard, 1990 ; Actes Sud, 1994

La Folie Tintoretto, Stock, 1994

L'Énigme, Actes Sud, 1995. Nouvelle édition 2003

Fous d'échecs, Actes Sud, 1997

La Cité Potemkine ou les Géométries de Dieu, Actes Sud, 1998

Un fait divers esthétique, Actes Sud, 1999

Les Américanoïaques, Bourgois, 1970 ; 10/18, 1972 ; La Mauvaise graine, 2000

Le Vol du feu, Actes Sud, 2000

L'Origine du monde : pour une ultime histoire de l'art à propos du « cas Bergamme », Actes Sud, 2000 et 2002

L'Amour en face, Actes Sud, 2002 ; J'ai lu, 2005

Le Magicien ou l'ultime voyage initiatique, Actes Sud, 2006

L'Éclipse, Actes Sud, 2003. Nouvelle édition 2007

Le Dresseur, Le cherche midi, 2009

La Traversée des Monts Noirs : en supplément au Rêve de d'Alembert, Stock, 1992 ; Les Belles Lettres, 2011

Ultime amour, Les Belles Lettres, 2012

Suite en fin de volume

Serge Rezvani

Les années Lula

roman

Philippe Rey

7, rue Rougemont – 75009 Paris

www.philippe-rey.fr

Préface

J'ai eu le bonheur d'éprouver pendant cinquante ans l'exaltation quotidienne d'un amour qu'il m'a été impossible de « dire », et que j'ai tenté par l'« autour » de rendre concevable pour l'esprit d'autrui. Car je me dois d'en témoigner, puisque la vie peut vous assurer de sa beauté par vos sens et par la conscience de l'inconcevable, et donc de l'indicible. J'ai tenté de « dire » cet indicible par la peinture : en vain ! Alors, pour tenter de signifier au plus près mon amour pour *Elle*, par la musique doublée de poésie que l'on appelle chansons (et que je préférerais pour les meilleures nommer : *lieder*), j'ai cru avoir approché, transmis cet « indicible » que nous éprouvions et vivions Lula et moi. Je l'ai sans doute charmée. Toutes mes créations n'ont été qu'une continuelle tension de séduction envers cette femme qui s'est voulue mienne comme moi-même je fus exclusivement sien pendant cinquante ans. Mais il m'a semblé n'avoir rien arrêté par ces moyens qui m'ont échappé en passant de l'intime aux autres.

Alors, toujours pour la maintenir en séduction permanente, et je dois l'avouer, *jaloux* des écrivains qu'elle adulait, je suis entré en écriture. Espérant en saisir l'insaisissable par la maîtrise de ce moyen.

Puisque, au jour le jour, elle en fut séduite et a tant aimé me lire.

Aujourd'hui, des années après sa mort, *Les années-lumière* et *Les années Lula*, ces deux livres de séduction et surtout de témoignage ludique d'une vie et d'un amour particulièrement rares, reparaissent à un moment où sans doute la société des certitudes a été déstabilisée par la crise due au (ou à la) Covid, au point que nombreux sont ceux qui en désir de « se retrouver » ont éprouvé le besoin de fuir l'engorgement des villes pour une vie libre où d'autres valeurs que celles proposées par le surencadrement social pouvaient s'épanouir en création, en improvisation, en humour et en partage, alors que plus que jamais les forces de destruction se sont mises en marche, poussant la planète entière au bord du gouffre de l'inévitable extinction nucléaire.

À l'occasion de la reparution de ces deux livres j'ai souhaité ajouter cette lettre qu'un jeune révolutionnaire de l'époque, Régis Debré (lequel « payait » son engagement politique dans une cellule bolivienne), m'avait fait parvenir. Je souhaite l'ajouter à ces lignes pour sa juvénilité généreuse, et son actualité… et surtout son désir d'avenir.

Camiri 12/68

Cher Rezvani,

J'avais demandé à ma compagne de vous écrire pour vous dire toute la joie que m'avait apportée *Les années-lumière*, elle n'a pu le faire, cela m'est aujourd'hui possible. Votre bouquin a un effet libérateur, explosive incitation au bonheur, appel à une vie « meilleure », plus intense, toujours valable même pour ceux qui n'ont plus (ou pas encore) la possibilité d'y accéder. La vie de bohème, bien sûr, est une maladie bourgeoise. Mais le sens de la tendresse, du rire et de l'amertume qu'il y a aujourd'hui au fond du rire nous concernent tous, apprentis révolutionnaires compris. Quand je commence à tourner en rond et à manquer d'air, j'ouvre votre livre et c'est comme une fenêtre sur l'autre côté. L'angoisse s'en va tout de suite. Il est bon de savoir que cela existe !

L'image du bonheur est révolutionnaire, ne serait-ce que parce que seuls des gens physiquement heureux sont en état de transformer leur société et d'accepter tous les sacrifices. L'habit noir, la rancune, le faux col trop serré et le sérieux académique ne pourront jamais être du bon côté. En tournant ces vilaines bêtes, vous nous aiderez à les terrasser, d'abord en nous-mêmes. Condition évidemment pas suffisante, mais nécessaire.

Vive Lula !

Régis Debray

Son « vive Lula » annonçait mon livre suivant dédié à Lula, bien sûr! et à tous ceux qui désiraient inventer leur vie en sachant non pas ce qu'ils veulent vivre mais ce qu'ils ne veulent pas vivre, car pour ceux-là la vie est généreuse. Je le dis d'expérience, principalement par ces deux livres qui reparaissent aujourd'hui afin d'assurer les jeunes générations que l'Amour entre les esprits et les corps s'impose plus que jamais aujourd'hui comme la seule valeur digne du privilège d'être en vie.

Serge Rezvani
26 avril 2024

À Isaïe

Et ça y est.

Nous voilà de nouveau bouclés dans cette chambre. Ces quatre murs refermés sur nous. Je me jure bien cette fois-ci de ne plus ouvrir la bouche. En vitesse, je me déshabille et, en deux bonds, j'escalade l'échelle qui mène à notre lit. Je me glisse entre les draps en évitant de me cogner au plafond et je reste un long moment les yeux mi-clos à évoquer le visage de Lula, le lumineux visage de Lula pendant que Pauline se tortille et piétine pour s'extraire de sa robe. Elle soupire, énervée, en trémoussant ses hanches qui peu à peu émergent, barrées d'un tout petit slip noir. Le haut de son corps est encore prisonnier du fourreau trop étroit, et elle agite les bras comme si elle était en train de se noyer. Je ferme les yeux, écœuré. Quand je pense qu'elle va monter dans un instant et qu'il faudra que je lui fasse une place.

« Ouf! »

C'est elle qui vient de pousser un soupir de délivrance. Ses seins ont jailli hors du tissu. La robe vole à travers le minuscule espace et reste accrochée sur le coin d'une toile.

Pauline lève vers moi ses yeux, ses beaux yeux bleus, ses yeux si vides sous la frange blonde. Je ricane sans dire un mot. Aussitôt ses pupilles rapetissent et son joli petit nez busqué, son mignon petit nez de tanagra, son ravissant petit nez qu'elle déteste tant, semble devenir plus dur qu'un bec d'oiseau.

« Gnia gnia gnia ! »

Je ricane en me redressant sur le coude et, bien sûr, je me cogne violemment le crâne contre le plafond. Furieux, je me recouche et prenant un livre je l'ouvre au hasard, voulant montrer par ce geste que les communications sont coupées.

« Et ne me dérange pas, je lis ! Tu entends ? »

... parachutés et cent fois sont revenus miraculeusement indemnes. Un autre avait été à Mourzouk... drôle de nom, Mourzouk ! Mourzouk ?

« Pauline, passe-moi le dictionnaire ! »

Sans un mot, elle me le lance et aussitôt se remet à sa toilette. Je ferme un instant les yeux et je revois le visage de Lula. J'ouvre le dictionnaire pendant qu'en dessous Pauline, complètement nue malgré le froid, se lave et se relave bruyamment. Elle s'accroupit, se relève, verse des brocs d'eau, va vider des seaux dans les chiottes au fond du couloir, revient avec un mauvais sourire, s'affaire, les lèvres serrées. Elle lève les yeux sur moi, aussitôt je me plonge dans le dictionnaire. *Mor – Mos – Mos – Moz* – Comment était-ce ? *Mour*, c'est ça ! *Mourmansk Mourmelon-le-Grand Mournielon-le-Petit Mourzouk, v. de Libye dans le Sahara, cap. du Fezzan, 6500 h., fertile oasis. Mousquetaires (les trois), roman d'Alex. Dumas père (1844). On y lit les aventures au temps de Louis XIII du chevalier d'Artagnan et de ses trois amis Athos, Porthos et Aramis. Ce roman a pour suite* Vingt ans après *et* Le Vicomte de Bragelonne... *Moussorgsky (Modeste)...* Tiens, je ne savais pas qu'il s'appelait Modeste. Modeste, drôle de prénom. Si je m'appelais Modeste, jamais Lula ne pourrait me dire... Non pas possible. Ah je rêve. Je jette un coup d'œil par-dessus bord pour voir où elle en est avec sa fameuse toilette. Elle a son petit visage des mauvais jours, elle qui peut être si jolie, et je grimace en suivant entre mes cils chacun de ses gestes trop familiers. Enfin, n'y tenant plus, je lui demande si elle en a encore pour longtemps à s'accroupir et se laver le cul dans ce froid infernal. J'en ai marre, oh ! oui marre de la voir s'agiter comme ça au ras de terre. Elle me répond qu'elle en a encore plus marre que moi, mais marre comme je ne peux même pas m'imaginer, mais pas m'imaginer du tout, oui, oui, marre marre marre de cette misérable vie. Son petit bec se durcit pendant qu'elle crie : « Marre marre marre ! » et deux grosses larmes coulent sur ses joues. Rageusement, elle jette à terre la savonnette. Non, elle ne peut plus supporter tout ça. Elle fait un geste circulaire pour montrer la chambre et se cogne les doigts aux murs. J'éclate d'un rire mauvais :

« Ha ha ha ! hou hou hou ! hu hu hu ! » Pauline pleurniche.

« Et ce lit immonde !

– Allez, ça va ! »

Je me remets à lire, l'ignorant ostensiblement... *avait été à Mourzouk. « Ah ! pour un baroud, ça a été un fameux baroud ! dit-il. J'étais du régiment des tirailleurs du Tchad, des gueules terribles, toutes tailladées de fantastiques cicatrices...* Non, vraiment, elle est trop stupide de rester à poil comme ça dans ce froid.

« Allez, Pauline, viens, viens te coucher, tu entends, Pauline, tu vas prendre la crève. »

Elle hausse les épaules... *pour ce qui était de mourir... des lions! On leur demandait rien de plus. Nous sommes partis en janvier 41 du Tchad avec une poignée de goumiers pour aller tâter de l'Italien. Du Tchad à la Libye, c'est peut-être rien à voir sur une carte, mais en réalité, grimaça-t-il en donnant un grand coup de moignon.* Marrant, le coup de moignon... ça veut dire contourner tout le Massif du Tibesti, boulotter un bout de la Libye, des pays superbes, faits pour les cœurs durs et limpides...

Du coin de l'œil, je l'observe. Cette idiote s'est assise sur un tabouret. Non, vraiment complètement nue comme ça, elle va prendre la crève.

« Tu n'es pas folle, Pauline? Monte! »

Elle hausse encore les épaules sans même lever les yeux.

« Pauline. Pauline, écoute, ma petite Pauline, viens, arrêtons, viens, on est fous. Allez, viens te coucher, allez, viens dormir. »

J'ai pris ma voix la plus douce. Aussitôt elle se met à sangloter. J'ai beau insister, elle ne veut pas bouger de son tabouret.

« Bon, fais ce que tu veux! »

... tombés par surprise sur ces orduriers chacals de Ritals, et en avant la razzia! Toutes les oasis rasées! Détruits tous leurs avions à ces mitrailleurs de réfugiés...

« Pau-li-i-ne! Bon, tu ne veux pas venir? Très bien, tant pis pour toi, tu es une petite conne, tu entends? »

Conne!... *mais à belle victoire, revers noir. Notre colon, le colonel Colonna d'Ornano, au premier coup de feu a été tué...* marrant... *normal à vouloir toujours être en tête, tout à fait normal. Ça a été le premier mort d'après l'armistice, le premier mort libre...*

« Tu n'es pas un peu folle, dis-moi, tu es complètement folle, allez, monte ! Écoute, ma petite Pauline, viens, arrêtons, viens on est fous tous les deux, allez, viens te coucher. Je t'entends claquer des dents d'ici, allez viens dormir. »

Elle se lève et lentement grimpe à l'échelle. Elle est glacée. Aussitôt elle me tourne le dos et je l'entends qui sanglote doucement. Je pose mon livre et la tire par l'épaule, mais elle se dégage et redouble de sanglots.

Plus elle pleure, plus je m'énerve.

« Pau-li-i-ne, tu entends ? Arrête de pleurer, arrête ! »

Je reprends mon livre. Je le feuillette exprès bruyamment et me remets à lire.

... on l'a enterré côte à côte avec un Néo-Zélandais, un sergent. On les a bien solidement enveloppés dans des couvertures et sur les couvertures on a épinglé tous leurs insignes, toutes leurs décorations. Tout. » « Oh ! des morts glorieux, c'est pas ça qui a manqué pendant cette guerre. Moi je trouve que colonel ou simple rampant, c'est tout pareil : Quand j'étais aux commandes de mon bombardier et que je voyais impuissant descendre en flammes mes copains, eh bien, croyez-moi...

Ces phrases stupides lues distraitement m'ont calmé. Pauline s'est arrêtée de sangloter. Je chuchote :

« Pauline ! Pau-li-i-ne ! »

Elle ne bronche pas.

« Pau-li-i-i-i-ne ! »

J'appuie exprès sur le NE.

« Quoooi ?

– Arrêtons !

– Oui, arrêtons, arrêtons tout ! »

Sur ces mots, elle se retourne et je vois son petit visage convulsé de fureur. Elle répète :

« Oui, arrêtons tout.

– Tout ? Tout quoi ?

– Rien ! »

De nouveau elle me tourne le dos.

« Petite conne ! et laisse-moi lire, tu entends ? et pleure plus, tu entends ? Hé, Pauline, t'entends ? t'entends, pauvre petite conne ? Bon, je lis. »

… croyez-moi je serrais les dents et c'est avec une haine que vous ne pouvez pas imaginer que je lâchais ma cargaison. Sans pitié aucune, croyez-moi bien ! Nous survolions déjà la Manche quand, écoutez bien, quand mon navigateur me montre au-dessus de nous un bombardier qui se traînait péniblement en direction de l'Angleterre…

« Pauli-i-ne, tu dors Pauline ? »

… et là, j'ai eu le plus grand choc de ma vie. Imaginez, imaginez une épave, il n'y a pas d'autre mot, éventrée par les obus de DCA, des trous énormes dans le fuselage, les ailes en dentelle. On voyait le ciel au travers par mille trous. Et cette incroyable chose, cette carcasse volait. Mais ce n'est pas tout. Je monte à hauteur et je m'établis en vol parallèle.

Vision d'enfer, oui, imaginez cette carcasse trouée en plein ciel et dans cette carcasse, eh bien dans…

« Cyrus !

– Ah ! laisse-moi lire… »

… eh bien dans la carcasse, il y avait tout l'équipage, tout l'équipage mort et l'avion…

Pauline vient de se retourner et d'un geste brusque a refermé mon livre. Elle s'est redressée, sa tête touche le plafond. Elle articule lentement :

« Écoute-moi, Cyrus, écoute-moi bien, demain je pars.

– Mais bien sûr Pauline, pars ! Hi hi hi hi hi ! Mais pars quand tu veux.

– Et tu sais pourquoi je pars demain ?

– Je m'en fous, ma pauvre Pauline, mais tu ne peux pas savoir comme je m'en fous.

– Je pars demain parce que j'aime quelqu'un.

– Ça tombe bien, ça tombe comme tu ne peux pas savoir, parce que moi, eh bien, moi aussi, ma pauvre Pauline, j'aime quelqu'un. »

Pauline m'attrape par les cheveux et hurle qu'elle me hait. Je la saisis au poignet, lui fais lâcher prise et la repousse sur son oreiller. Je me cogne encore un bon coup au plafond, ce qui ne fait qu'ajouter à mon exaspération. Elle me tourne le dos. Je reprends mon livre.

« Et en plus, tu m'as perdu ma page. Ah ! voilà, tout l'équipage était mort. Tu entends, Pauline, tu entends MORT ? Bon, laisse-moi lire en paix. »

... l'équipage mort et l'avion toutes commandes bloquées fonçait vers l'Angleterre. Des corps pendaient à moitié hors du sinistre radeau, d'autres dans un effort désespéré...

« Ha ha ha ! Pauline, je lis quelque chose de très marrant. »

... il a fallu que je le descende en flammes, vous vous rendez compte ? et dans la mer, because London. »

« Eh bien moi, en Libye, j'ai vu un spectacle identique. Un jour que je patrouillais comme ça, sur mon Bren-Carrier un jour qu'on roulait en plein désert, on voit sur le sable des traces toutes fraîches de tank... Pauline qui cavalait avec Mourgues, qui se roulait dans la neige avec ce pantin... *fraîches de tank. Je crie à mon pilote de stopper, on examine l'empreinte laissée par les chenilles. Pas d'erreur, dis-je à mon équipier, c'est un Boche.* C'est drôle qu'elle m'ait laissé prendre sa main

comme ça, Lula. Lula, quel joli nom Lula… diminutif, diminutif de quoi ? J'aurais dû le lui demander. Il faut dire qu'avec ce froid, je grelottais tellement… diminutif de « lumière de l'âme », ha ha ha ! bien sûr, ou bien « lumière de l'amour », ou bien… *On fait ni une, ni deux, on se lance sur la piste fraîche. Dingues, complètement dingues…* Quand je pense qu'il y a encore quelques heures on ne se connaissait pas. Ah ! Lula Lula, j'aime à la folie la façon qu'elle a de ramener son petit col de fourrure autour de son cou. Sans doute du chat, un col en chat mité. Il faut dire que notre arrivée place de la Concorde est inoubliable. Toute cette neige et les statues. Vision inoubliable. Sa main dans la poche de mon manteau. Nos doigts entrelacés… *complètement dingues ! Poursuivre un tank avec un Bren-Carrier, complètement dingue. De dune en dune, plus on avançait et plus on se rendait compte qu'il y avait quelque chose qui ne…*

« Pauline, tu dors ? »

Le tank avait changé de route, zigzagué, incroyable. Tantôt ses traces partaient plein nord, tantôt c'était nord-nord-ouest, tantôt c'était…

« Pau-li-ne ! »

Enfin, on le voit très loin devant nous, en train d'escalader une dune. On s'arrête et je l'observe à la jumelle. Chose bizarre, la tourelle était ouverte. Le tank arrive en haut de la dune et, tout à coup, le voilà qui change de direction et qu'est-ce que je vois ? Les bras ballants, il pendait comme un guignol à moitié hors de la tourelle. On a rattrapé le tank et j'ai sauté en marche. J'ai sauté en voltige du Bren-Carrier sur le tank, avec une grenade, en cas…

Énervé par cette insipide lecture, je referme mon livre. Je secoue Pauline qui fait semblant de dormir. Je la retourne de force. Elle garde obstinément les yeux fermés, un mauvais petit sourire crispe ses lèvres trop fines.

« Écoute-moi, il y a des gens qui meurent par connerie, tu entends, petite conne ? »

Elle ricane en dedans. Il faut dire qu'il y a de quoi.

Je ris de moi-même, puis prenant ma voix la plus douce :

« Pau-li-i-i-ne ! miaou ! miaou ! allez, réveille-toi, allez, écoute-moi. »

Mais non, rien à faire, plus je la secoue et plus elle se fait lourde, un tas de chiffons mouillés.

« Ah ! Pauline, Pauline, que faisons-nous ici ? »

J'ai pris un ton emphatique.

Grand geste. Je me cogne la main, et voilà que mon livre glisse du lit et tombe. Je descends en vitesse. Je le ramasse et remonte l'échelle. Profitant de mon absence, elle s'est coincée contre le mur et me tourne de nouveau le dos. J'ouvre tout grands les draps. Tout à coup, elle se retourne d'une pièce et reste un long moment à me fixer bien en face, sans dire un mot. Sa lèvre inférieure commence à trembler. Une grimace déforme sa bouche. De grosses larmes débordent de ses yeux, roulent sur ses joues, tombent sur l'oreiller avec des petits bruits secs.

« Pauvre Pauline. »

Elle essaie de bégayer qu'elle ne veut pas de ma pitié.

« Mais ne pleure pas comme ça, allons Paulinette, allez, viens m'embrasser. »

Je l'attire contre moi et je pose mes lèvres sur sa joue mouillée. Elle se crispe. J'essuie discrètement mes lèvres en faisant semblant d'embrasser ses cheveux. Ce goût de sel me dégoûte. Il me faut deux ou trois *baisers* pour m'en débarrasser. Puis, prenant une voix désabusée, je me lance :

« Ah ! ma pauvre Pauline, nous n'avons pas eu de chance. Ah ! là là, c'est vrai, tu as raison, cette vie est trop misérable. Oui, oui, tu as raison, tu as raison, tu as raison, tu as raison. »

Je ne trouve rien de plus à lui dire et je répète un bon moment ces quelques mots comme une litanie, en lui caressant les cheveux.

« Tu as raison, tu as raison, tu as raison, oui, oui, Pauline tu as raison, tu as raison, triste vie de cons, triste vie de cons, triste vie de cons, triste vie de cons. Ah là là ! Ah là là ! »

Je sens son corps contre le mien. Elle essaie de glisser ses pieds glacés entre mes jambes, j'évite discrètement tout en lui frottant le dos.

« Quelle idée, ah ! mais quelle idée d'être restée nue comme ça dans ce froid infernal. Ah qu'est-ce que tu peux être tordue ! Sais-tu que tu es vraiment folle ? Et toute cette comédie avec Mourgues ! Non, vraiment, je trouve que tu... dis, qu'est-ce qu'il t'a fait ce dégueulasse ? Dis ? Dis ? Hein Pauline ? »

Elle me repousse et je vois à nouveau son petit visage se crisper et son bec d'oiseau se durcir et ses yeux étinceler sous la frange jaune.

« Oh ! non, ne crains rien, je n'ai pas attendu Mourgues pour te tromper.

– Pour me tromper ? Ha ha ha ! Quel mot !

– Oui, te tromper, oui, pour baiser avec un autre si tu préfères ! »

Elle a crié ce mot avec un tel accent de sincérité que je me redresse sur le coude :

« Que dis-tu là ?

– Oui, te tromper ! Et sais-tu avec qui, avec qui j'ai baisé délicieusement ? Avec Stéphanopoulos.

– QUOI ? Quoi ? Quoi ? »

Là, j'en reste sur le flanc.

« Ha ha ha ! Stéphanopoulos ! Ah ! non, je ne te crois pas, Pauline, tu délires. Allez, dors et laisse-moi lire. Je lis des choses passionnantes, ha ha, connes à pleurer, connes mais passionnantes, tu entends, petite vamp à la noix ? Stéphanopoulos ! Laisse-moi rire ! Heu heu ! »

... Bon, j'écarte le Boche mort, je me penche à l'intérieur du tank et je gueule : "Y a quelqu'un ?"... quelle idée Stéphanopoulos... *rien, pas de réponse. Bref, ils étaient tous morts dedans, et le pilote en mourant... J'ai oublié de vous dire qu'ils étaient encore tout tièdes. Ah ! j'ai tout de suite compris, ils avaient bu de l'eau d'un puits cyanurisé. Eh oui, quelques gouttes de cyanure et le tour était joué. Nous, on savait lesquels étaient...* Non, ce n'est pas possible, Stéphanopoulos. Pourquoi m'aurait-elle trompé, puisqu'elle n'avait qu'à s'en aller. Adieu, Cyrus. Adieu, Pauline. Bonne chance ! Bonne chance ! Je l'aurais embrassée. Adieu ma petite Pauline. De temps en temps on se serait revus et on se serait tenus au courant... Pouah ! non, dégueulasse perspective. Alors quoi, hein ? je te le demande, quoi ? hein ?... *nous on savait lesquels étaient empoisonnés, mais les Boches, eux ne le savaient pas, ni les Ritals !* »

Il accompagne ces derniers mots d'un grand geste de son bras fantôme. Un ex-prisonnier, fort en gueule, sourcils broussailleux, un vrai sanglier, fonce en pleine conversation. Il charge en repoussant quelques tabourets et commence : « En Prusse, vous m'avez compris, pour ce qui est des traces, la neige vous m'avez compris, c'est plus subtil que le sable. La neige plus subtile que le sable ? et quand je pense que l'obélisque est resté planté des milliers d'années dans le désert... *plus subtile que le sable.*

La neige s'était mise à tomber... C'est curieux comme la place de la Concorde ressemblait à un immense échiquier. Ah ! Lula, qu'est-ce qu'elle m'a dit, Lula ? On s'est arrêtés et elle m'a parlé. Pendant tout le temps où elle a parlé, je regardais ses lèvres. J'aurais dû l'embrasser. Non, vraiment je suis trop stupide. Ah ! Lula, mais pourquoi, merveilleuse Lula, ne t'ai-je pas prise dans mes bras ? Dis-moi, Cyrus ? Ah ! Lula, Lula, Lula ! Les lèvres de Lula ! Les lèvres de Lula et mes lèvres à moi, mes lèvres, mes lèvres sur les lèvres si pulpeuses de Lula, de Lulaaaaaaa...

« Cyrus !

– Ah non, toi, laisse-moi lire ! »

... où en étais-je ?... Ah ! oui, les lèvres de Lula, si pulpeuses, que j'aurais dû les mordiller... Et pourquoi n'aurais-je pas mordillé les lèvres de Lula devant l'obélisque ? Et pourquoi pas, je te le demande, mon cher ? Hein Cyrus ?... *tant que la neige tombait, on pouvait tracer, compris ? Alors, là, un des treize, c'était un malin, un petit mécano...* c'est drôle, il y a toujours un p'tit mécano malin... *un petit mécano, parce que, vous m'avez compris, tant que la neige tombait, on pouvait tracer. Le linceul, vous voyez ce que je veux dire ? mais après la tempête... le linceul plus question... à cause des traces... compris ?... alors, là, c'est là que le petit mécano, le petit mécano pas bête du tout dont je vous avais... savez-vous ce qu'il...*

« Pauli-i-ne, dis Pauline, ce n'est pas vrai ce que tu m'as dit avec Stéphanopoulos ? »

La petite vache m'a de nouveau tourné le dos et respire exprès très fort comme si elle était profondément endormie.

Elle hausse les épaules et je l'entends chuchoter :

« Pauvre con.

– Quoi ? »

Elle respire régulièrement et joue la grande endormie. Je la saisis par les cheveux et l'oblige à me faire face.

« Pauline, dis-moi franchement, c'est vrai ?

– Mais oui, puisque je te le dis.

– Stéphanopoulos, le Turc ?

– Non, grec.

– Ah ? »

Une brusque brûlure me déchire la gorge. Je l'imagine se roulant nue dans les bras de Stéphanopoulos. J'imagine le sexe se glissant entre les jambes de Pauline et Pauline, les yeux fermés, remuant ses hanches, ses jolies hanches de plus en plus vite, de plus en plus vite, de plus en plus vite. Et cette image m'est insupportable, et plus cette image m'est insupportable, plus je m'acharne à la garder vivante et je vois Stéphanopoulos rire et Pauline l'entourer de ses bras… Bheu ! l'immonde Stéphanopoulos. Pouah ! Et leurs lèvres se mêler goulûment…

J'empoigne Pauline par sa frange. Elle m'attrape par les cheveux. Je la relâche. Elle me relâche. Elle s'accoude sur son oreiller et me regarde avec insistance.

« Tu comprends ? Et il n'y a pas eu que lui, tu comprends ? »

Je m'entends murmurer :

« Non, je ne comprends pas, je ne comprends pas que tu me l'aies caché. Pourtant, Pauline, c'était si simple… si simple de… Non, Pauline, non, je ne comprends pas que tu m'aies menti, menti, menti. Ah ! Bheuah ! »

À son tour, elle voudrait me consoler. Je la repousse. Elle revient. Je sens ses seins contre mon dos et son ventre nu contre mes reins. Ses lèvres se posent dans mon cou.

« Ah, Pauline, Pauline ! Ah non, Pauline ! » Et elle qui fait l'apitoyée.

« Cyrus, non… nnnnon, ce n'est pas vrai. »

Ces mots me cinglent. Je bondis et, accrochant Pauline par une de ses mèches blondes, je la secoue, secoue, secoue avec obstination. Nos gestes sont tellement fous que la soupente en tremble. J'essaie de la gifler, mais chaque fois que je lève la main je me heurte au plafond. Pauline, affolée, se défend toutes griffes dehors. J'ai la poitrine en feu, je manque d'air, je manque d'air… Trop essoufflé, je retombe sur le dos. Nous restons ainsi un long moment, la respiration sifflante, immobiles. Enfin Pauline, timidement, introduit sa main sous le drap. Elle tâtonne au hasard et soudain je sens ses doigts effleurer ma cuisse. Je rue et lui tourne le dos.

« Pardon Cyrus. »

Je hausse les épaules. Je revois les deux petites silhouettes en train de courir dans la neige. J'entends le rire aigu de Pauline. Je revois la place de la Concorde avec les statues régulièrement disposées, l'obélisque, les fontaines débordantes de glaçons, les chevaux aux crinières de pierre, et très loin, dans la neige, le Roi noir dressé entre les deux tours de Saint-Sulpice. Profitant d'un énorme soupir, je roque. Les chevaux de Marly glissent en silence, trois cases en avant, une de côté. Ni vu ni connu. Lula rit, son petit col mité de lapin palpite dans le vent et ma main empoigne l'obélisque qui s'envole et retombe du côté de Meudon. Le Roi trépigne derrière le Fou. Le vent secoue les arbres et des flocons de neige viennent se coller sur mes yeux.

« Ah Pauline ! »

« Pauvre con ! » C'est Stéphanopoulos qui vient de prononcer ces mots. Il ricane et porte à sa bouche un long glaçon qu'il suce bruyamment. Bheu !... Je donne un coup de pied à Pauline. Aussitôt ses jambes s'enroulent autour des miennes et ses mains se posent sur mon sexe.

« Ah non ! »

Stéphanopoulos éclate de rire et avale l'aiguille de glace. Les chevaux de Marly se cabrent et sautent en crabe. Toutes les statues bondissent ensemble d'une case en avant. Pauline a repoussé le drap et m'attire sur elle. Je grince. Je la hais et la désire méchamment. Gloup, ça y est, en avant ! Je m'agite, et les hanches de Pauline s'accordent à mes mouvements. Nous pleurons tous les deux en rampant dans la neige. Plus solidement soudés l'un à l'autre que deux chenilles, nous remontons la rue de Rivoli. Nous nous tortillons dans le froid. Pauline geint et je ahane comme un bûcheron. La soupente tangue dangereusement, les tours de Saint-Sulpice penchent, tous les pions dansent en cadence, le Fou noir chausse ses patins et s'élance sur la glace. Glissando foudroyant, Pauline se cambre, le Roi roque un dernier coup et cloc, sa tête roule dans le panier. Nous restons un long moment pantelants, plus essoufflés que deux petits poissons sur le sable, plus essoufflés que deux misérables petits poissons rejetés par la mer.

Peu à peu, nos respirations se calment. Je me tourne, je me retourne. De temps en temps, une chute vertigineuse me fait sursauter. J'entrouvre un instant les yeux et je coule dans un nouveau puits pour me réveiller à demi et, retomber aussitôt. Et ainsi de suite pendant des heures et des heures. Pauline, près de moi, gémit en dormant. Un jour gris filtre entre les rideaux tirés et, très loin dehors, des bruits de pelles remuées me rappellent que Paris est enseveli sous la neige.

Pauline est morte.

Je flotte, indécis. À peine avais-je fait la connaissance de Charles qu'il m'avait parlé de sa petite sœur Pauline, sa mignonne petite sœurette. Il faut dire qu'il m'avait tout de suite submergé : son frère, son génial frangin, sa sœur si mignonne, son père le terrible Goldstein, Elie Bélina son beau-père, sa mère, la bégayante Martha, sans parler de toute la sainte famille issue des plus noirs ghettos, grands-pères, grands-mères, arrière-grands-pères, arrière-grands-mères, cousins, neveux, petits-cousins, petits-neveux, le tout entassé en vrac sur des charrettes à bras parmi les meubles et les loques dans une fuite éternelle, fuyant les Russes à travers la Pologne, fuyant les Polonais à travers l'Allemagne, fuyant les Allemands à travers la France, fuyant, fuyant, fuyant, sans fin et sans espoir. Oui, Charles m'avait tout dit, fout montré, tout expliqué, promis sa sœur en mariage et donné à jamais son amitié. En échange, je l'avais introduit auprès de l'immonde Valentine, la concierge-muse de l'académie Vavin.

Valentine était entrée dans l'atelier et s'était avancée vers moi en ondulant sur ses mules à pompons.

« Sais-tu, Chouchou-Sirius, que j'ai rêvé de toi l'autre nuit ? Hi hi hi ! Pourquoi ne viens-tu plus me voir ? »

Une tape affectueuse sur la joue, un clin d'œil prometteur… Pouah ! et elle était repartie terminer sa tournée.

« Ah, putain de putain ! Ah, je te le lui foutrais, putain de putain ! »

Je me retourne. À part un jeune rouquin, personne n'a pu prononcer ces mots. Le visage impassible, un fin sourire sur les lèvres, il peint en plissant ses yeux d'albinos. Il semble extraordinairement absorbé par sa toile. Dans un délire de couleurs folles, il a désossé le modèle. Deux sauvages spirales pour les seins, un énorme grumeau pour le nombril, le pinceau farfouille en plein soleil échevelé.

« Putain de putain, je te la baiserais cette salope ! Je suis sûr qu'elle est à poil sous sa robe de chambre. »

Sur ces mots, ses gros yeux se déplissent, et un limpide regard bleu se pose sur moi :

« Comment elle s'appelle ?

– Valentine.

– Elle est vachement excitante. »

Il pose son pinceau, sort son mouchoir qu'il roule en boule et essuie longuement ses mains.

« Ah ! c'est une vraie maladie, regardez. »

Il me montre des minuscules gouttelettes de sueur qui perlent sur ses paumes.

« Ça, c'est typique.

– Typique ? Typique quoi ?

– Typique des trop émotifs, typique du mal dans sa peau… »

Il sourit, ses cils blancs papillotent faiblement et il ajoute :

« … du mal dans sa peau *du* Juif. »

Je suis stupéfait de cette phrase. Il me tend la main…

« Charles Goldstein. »

… et me montre sa toile.

« Pas mal, hein ? J'ai jamais appris… mais, pour les couleurs, je suis génial. Et vous ? »

Je lui avoue que je me trouve génial pour pas mal de choses mais qu'en dessin, je me flatte de surpasser n'importe quel peintre, y compris les de la Renaissance. Une nouvelle poignée de main scelle notre amitié.

« Dites donc, elle baise ? »

La question me met en joie.

« Si elle baise ! Vous parlez qu'elle baise, Valentine, elle baiserait avec… j'sais pas moi… »

Et j'ajoute naïvement :

« D'ailleurs, elle est presque ma maîtresse. » Mon nouvel ami rigole.

« Presque votre maîtresse ? Presque, qu'est-ce que vous voulez dire par là ?

– Je… je l'ai pas baisée parc'qu'elle avait… c'était à cause de ses règles… et tout ça… mais elle m'a… comment dire ? fait des trucs et j'ai qu'à y aller le jour que…

– Compris, compris, vous l'avez pas baisée, parce qu'elle avait ses ours.

– Ça s'appelle les ours ?

– Ours, Anglais, Camélias, Madrépores, Soviets, c'est tout pareil, ça dépend les régions, ça dépend les religions, ça dépend les femmes. Ma mère, elle appelle ses ours, les Schmintz. Elle dit, j'ai mes Schmintz. C'est pas du yiddish, c'est du rien. C'est elle qui a inventé ça. Et quand la mère à ses Schmintz, c'est la fête à cause des Gobsek. Les Gobsek, c'est tous les mômes qu'elle s'est fait passer, tous mes faux frères, quoi, parce que Elie Bélina, mon beau-père, comme baiseur, c'est une vraie mitrailleuse juive et, ce con-là, au lieu de décharger au plafond ou dans n'importe quel coin du lit, il faut qu'il lui foute tout bien au fond, secousse par secousse jusqu'à la dernière goutte. Parce que ma mère, comme maniaque de la propreté, elle n'est pas juive pour rien, vous pouvez pas imaginer. S'il en fait tomber une goutte même microscopique sur le tapis ou sur le lino de la salle de bains, c'est des hurlements. Et comme elle bégaie, ça dure triple. »

Enfin, il me demande en chuchotant si je crois que Valentine marcherait pour se faire sauter par lui, ce soir même. Je rigole et hausse les épaules.

« Bien sûr, voyons. »

Lorsque l'atelier se vide, je dis à mon nouvel ami de me suivre chez Valentine. En descendant l'escalier, je lui donne les ultimes instructions indispensables.

« Quand ses gosses se mettront à jouer du piano, vous verrez, c'est elle qui prendra votre main. Le seul problème, c'est que vous soyez assis à la bonne place. Pour ça, vous vous installez sur le lit à hauteur de sa hanche. Quand les gosses arriveront à la première finale, je me tire. Vous en aurez encore pour trois ou quatre minutes avant la grande finale de la fin, la vraie. Compris ?

– Nnon, pas très bien.

– Vous en faites pas, vous comprendrez... Après, elle chassera ses gosses et là, ce sera du tout cuit. Moi, je vous attendrai dans la rue. »

Nous voici dans l'antre de la tarentule. Comme d'habitude, elle est mollement étendue parmi ses loqueteuses fourrures. Les deux enfants pianotent, sagement assis devant l'infernal piano. Je présente Charles à Valentine et le pousse sur le lit où il s'assied d'un air compassé. Soudain, quelqu'un remue dans un coin et un spectre se lève d'un vieux fauteuil. Valentine lui fait signe :

« Viens Lebowitsy, viens que je te présente. »

L'homme est d'une telle maigreur que sa main craque entre mes doigts. Ses vêtements flottent autour de lui comme s'ils étaient posés sur des bouts de bois entrecroisés. Sans dire un mot, il se glisse dans l'escalier en faisant un léger signe d'adieu. En vain, Valentine le rappelle. On l'entend descendre lentement.

« Ah ! le pauvre homme, vous avez vu dans quel état ils l'ont mis ? Non, ce n'est pas croyable. Qui aurait pensé que les Allemands faisaient de telles barbaries ? Vous avez vu cet épouvantail ? C'était un homme beau, fort, rieur. C'est le sculpteur Lebowitsy. Ils étaient venus l'arrêter ici, au milieu de ses élèves. Enfin, heureusement que tout cela est terminé, il ne nous reste plus qu'à tourner la page et oublier le plus vite possible toutes ces horreurs. »

Elle fait un petit geste comme pour chasser une mouche et frôlant gentiment la figure de Charles :

« Alors, Chouchou-Sirius, tu ne m'as pas présenté ton ami ?

– Si, si, il s'appelle Charles.

– Ah ! oui, j'avais oublié. Je m'en souviens maintenant puisque j'avais pensé en le voyant que Phébus lui aurait été. Vous ne trouvez pas mes enfants que Phébus… hi hi hi !

Phébus sur son char flamboyant
La la la la la la dans l'azur limpide
Dardait ses rayons enivrants
La la la la la la dans sa course rapide…

… de qui est ce poème ? Ah ! que c'est agaçant de… de… de… tu ne vois pas Chouchou-Sirius ? Ah ! quels merveilleux cheveux flamboyants. (Elle caresse la tête de Charles et ce geste dévoile un peu son sein.) Ah ! un vrai soleil. Dis-moi, Chouchou-Sirius, pourquoi ton ami ne dit-il rien ? Décontractez-vous, asseyez-vous mieux, là, là.

Mes chéris, jouez moins fort. Dites-moi, beau Phébus, dites-moi, connaissez-vous la sonate de Scriabine pour quatre mains ? »

Charles me lance un regard désespéré. Je vole à son secours.

« Bien sûr, qu'il adore. Dans sa famille, ils sont tous musiciens. Hein, Charles que tu adores la musique ? »

Charles hoche la tête et avale avec difficulté sa salive.

La quadruple mécanique aussitôt se déchaîne. Les doigts entrechoquent tous les os du vieux piano branlant. Dès les premières mesures, Valentine est secouée d'un frisson. Dans la nuit presque tombée, il me semble voir sur le bord du lit une tache claire avancer et se saisir rapidement d'une autre tache claire : la main de Valentine a capturé la main de Charles. Un fantôme de mouvement et tout a disparu, absorbé par le piège souple de la robe de chambre. Je reste encore un moment immobile, puis je me faufile discrètement sur le palier.

Arrivé en bas de l'escalier, devant la salle de croquis, mine de rien, je débarrasse les poches des manteaux pendus au vestiaire des quelques pièces de monnaie qui les encombrent inutilement. Puis, faisant sonner mon léger butin, je flânoche vers l'entrée.

Enfin, Charles dégringole l'escalier et arrive jusqu'à moi dans un long glissement sur les carreaux géométriques du couloir.

« Déjà ?

– Elle avait ses ours.

– Quoi ? À toi aussi, elle a dit qu'elle avait ses ours ? Mais elle les a tout le temps.

– Tu sais ce que je crois ? C'est une femme qui baise pas.

– Ah ! ça, tu ne peux pas dire ça, ça, je peux te jurer qu'elle baise. J'avais un copain, un Russe, qui se l'envoyait matin et soir quand c'était pas en plus au déjeuner… il s'appelait Grolsky.

– L'as-tu vue baiser ?

– Non, bien sûr que non.

– Alors ! »

Charles me propose d'aller boire une bière au *Dôme* et, tout en marchant, me raconte comment Valentine, après s'être emparée de sa main, l'a posée sur son sein.

« Pendant tout le temps où il y a eu de la musique, elle a gémi. Après la deuxième finale, les gosses sont sortis et elle m'a fait un pompier complètement dingue. Complètement dingue ! Tu te rends compte que pendant qu'elle me suçait, elle se marrait. Ça fait des trucs étonnants, des froids et chauds incroyables. Ah, non, inouï ! »

Sous les lumières électriques qui éclairent la terrasse du *Dôme*, la chevelure invraisemblable de mon nouvel ami jette des feux. Tous les consommateurs sont fascinés.

« Putain de putain ! Ah ! tu ne peux pas imaginer ces cheveux, quelle croix ! »

Il sort son mouchoir et essuie longuement ses paumes moites.

« Ah ! et puis merde, allez, on fout le camp, je ne peux plus rester ici, allez, viens, regarde toutes ces sales gueules. »

Au passage, il bouscule les clients, renverse les chaises, fait des bleus sur quelques tibias et roule les épaules avec une telle agressivité que personne ne bronche. En sortant, il cogne un garçon qui rebondit contre un autre garçon et ainsi de suite, ce qui fait tomber tout le jeu de quilles. Je sursaute. Les pièces de l'immense échiquier ont été projetées dans la neige. Le Roi, le Fou, l'Obélisque et les tours de Saint-Sulpice gisent parmi les glaçons. J'entends encore la voix de Charles, mais je ne comprends plus rien à ce qu'il me dit. J'entrouvre les yeux. Près de moi, Pauline dort la bouche ouverte, ses paupières palpitent. Elle doit rêver car elle respire par petits coups rapides et de légers gémissements s'échappent de ses lèvres.

« Pauline, dors-tu ? tu dors, Pauline ? »

Un instant, son regard bleu semble me fixer, puis de nouveau ses paupières retombent. Elle pousse un vague ronflement et se retourne d'une pièce. Je repars de mon côté sans plus me préoccuper d'elle.

Maintenant, nous avançons dans des perspectives illimitées. Nous bousculons les passants et fendons la nuit tiède avec impétuosité. Charles fait des enjambées gigantesques. Sa tête rouge est toujours en mouvement. Chaque fois que quelqu'un le dévisage, étonné par ce soleil ambulant, il serre les poings.

« Hé Charles ! Il m'est arrivé une drôle d'histoire l'autre jour devant le Vél' d'Hiv. Une bonne femme, c'était une espèce de vieille putain, m'a ramassé au milieu de la rue et m'a traîné jusqu'à sa chambre. C'est elle qui m'a dépucelé. Elle puait tellement que je lui ai dégueulé dessus. »

Charles hausse les épaules. Je transpire et me redresse. Il rigole et me propose de me présenter à sa mignonne petite sœurette.

« Pauline ! »

La cuisse de Pauline pèse sur mon ventre. Je la repousse, mais elle revient. Son genou s'enfonce dans mon estomac, je le repousse et il revient. Je prends sa cuisse et la rejette. Pas le temps de reprendre mon souffle qu'elle est déjà de nouveau sur mon ventre.

« Pau-li-ne, pousse-toi ! »

Pauline soupire et sa jambe se fait plus pesante. Je la soulève, elle retombe, je la resoulève, elle retombe. Je me tourne vers Charles qui marche de plus en plus vite et le supplie de me donner un petit coup de main, mais déjà il me parle de son frère. Sa voix résonne lugubrement sous les arcades du métro aérien :

« Mon frangin, tu verras comme il est beau, et pourtant, c'est drôle, il n'arrive pas à trouver de femmes. Il est un peu comme moi. C'est notre grand problème. Moi encore, je comprends, avec mes cheveux roux, à part, bien sûr, celles que ça excite particulièrement… (Ah ! si elle pouvait enlever sa jambe…) mais vraiment mon frère, c'est mystérieux. Heureusement que nous avons Elie Bélina (Ah, cette jambe !), pour ça, il est génial. Il descend dans la rue exactement comme un jardinier dans son jardin. Il nous demande gentiment si on préfère une blonde ou une brune et, à tout coup, il remonte avec une femme superbe, exactement comme un jardinier. (Ah ! si je pouvais demander à Elie Bélina d'aller la cueillir, et hop ! plus de jambe.)

– Comment, je ne comprends pas très bien, ce n'est pas le mari de ta mère ?

– Si, pourquoi ?

– Mais, mais, ta mère ? Ta mère, elle ne dit rien ?

– Pourquoi veux-tu qu'elle dise quelque chose ?

– Oh ! je ne sais pas moi… Hé Charles, est-ce que je peux te demander un petit service ? »

Il fait la sourde oreille :

« Au contraire, ma mère est ravie qu'Elie nous raccroche des femmes.

– Comment ? (Ah ! s'il n'y avait pas cette jambe !) Comment il les raccroche pour vous ?

– Mais bien sûr, qu'est-ce que tu avais compris ?

– Oh ! rien, alors, comme ça, il les raccroche pour vous ?

– Mais oui, puisque je te le dis.

– Fan-tas-ti-que ! et… et il vous les présente comme ça ?

– Bien sûr qu'il nous les présente. Une fois sur deux, c'est mon frère, une fois sur deux, c'est moi. En général il a le flair, Elie. C'est rare que ça ne marche pas. »

Je suis stupéfait et passionné.

« Mais, dis-moi, les femmes en question c'est des putains ?

– T'es pas fou ? mais pas du tout, c'est des femmes de tous les bords, d'une fois sur l'autre ça varie. C'est ça qui est marrant avec Elie. Une fois, ça sera une étudiante, et la fois d'après une mère de famille avec mari coincé derrière un bureau. D'ailleurs c'est les femmes de fonctionnaires qui marchent le mieux… tu vois le genre ? »

Je glisse d'un air désinvolte :

« À propos de marcher, peux-tu me rendre un tout petit service ? »

Mais Charles est sourd.

« Tu vois ce que je veux dire ? Le genre mari dans un ministère et la femme qui rêve à longueur de journée. Celles-là, Elie te les repère aussi sec. ».

J'insiste.

« … soulever cette jambe, peux-tu ? Hé Charles ! Charles, peux-tu me rendre un tout petit petit service ? »

Enfin, il m'a entendu.

« Un service ?

– Regarde, aide-moi à la soulever. »

J'écarte les draps et je lui dévoile la jambe de Pauline qui pèse sur mon ventre. Pauline pousse un grognement et entrouvre les yeux.

« Pauline, tu dors ? ta jambe, Pau-li-ne.

– Quoi ?

– Ta jambe ! »

Elle me regarde étonnée.

« Ma jambe ?

– Non, rien, je... je... je rêvais, je rêvais que Charles, je rêvais que ton frère ne voulait pas, parce que ta jambe... tu... tu... Non, tu ne peux pas comprendre. Ah ! Pauline, quelle tristesse, quelle tristesse. Ah ! que tout est triste, triste, triste. »

J'ai le nez qui me picote.

Je lui caresse le front, mais déjà elle s'est rendormie. Je reste un long moment accoudé sur mon oreiller.

Oui, Charles m'avait emmené chez Elie Bélina, et c'est ce jour-là que j'ai vu Pauline pour la première fois. Elie Bélina, accueillant comme lui seul savait l'être, m'avait installé dans un fauteuil et donné des cigarettes en m'encourageant à fumer à volonté. Chose inouïe à l'époque. C'était Barte, le copain d'Abel, qui le fournissait en cigarettes américaines, Barte faisait du marché noir et il lui arrivait toujours des histoires avec des valises. Donc Elie, après m'avoir poussé dans un fauteuil, s'était assis en face de moi dans un autre fauteuil. Nous avions allumé des cigarettes, et il m'avait gentiment posé la main sur le genou. Pour Elie Bélina, la sympathie s'exprimait par des pressions de main, des sourires attendris, penchements de tête, hochements, échange de cigarettes et feu partagé à la même allumette. Au fil des heures, les cendriers se remplissaient et la vigilante Martha les vidait, les lavait et les essuyait au fur et à mesure. Donc Elie Bélina avait penché la tête et m'avait souri avec une telle gentillesse, avec une telle expression de bonté… Je me retourne sur mon oreiller et je repousse un peu Pauline. Paris est enseveli sous la neige. Tous les concierges du quartier doivent s'en donner à cœur joie, car dehors le bruit de pelles remuées devient vraiment…

Pauline est morte. Est-ce possible ? Et Elie ? Mort lui aussi.

Elie, oui, le doux Elie Bélina m'avait souri en penchant sa grosse tête. Quelques cendres s'étaient détachées de sa cigarette et avaient roulé sur son ventre de bouddha. Il les avait ramassées dans le creux de sa main, mais Martha savait déjà que des cendres venaient de rouler sur le gilet d'Elie et elle accourait du fond de sa cuisine en brandissant une petite pelle et une balayette. Donc Elie, en penchant la tête, m'avait demandé, oui, comme ça, d'entrée : « Et alors Cyrus ? », comme si nous reprenions une conversation interrompue, comme si je lui devais la seconde moitié d'une passionnante histoire. Il faut dire que mes vêtements en loques et mes cheveux longs avaient de quoi l'intriguer. Elie m'avait encouragé à vider mon sac, et Martha, la bégayante Martha, hochait la tête à tout ce que je disais et ses lèvres très peintes accompagnaient mon récit de murmures muets. Soudain, le bruit d'une chasse d'eau derrière moi. Dans le reflet d'un miroir, je vois une porte s'ouvrir, une petite fille entrer. Elle avait des cheveux invraisemblables, coupés net au ras des sourcils, des lèvres trop fines et d'immenses yeux bleus humides. Elle n'avait certainement pas plus de quinze ans. Elle s'était sagement assise sur le coin d'une chaise.

« Mais… mais… mais qu'est-ce que tu fais, Pauline ?

– Je pars.

– Tu pars ? »

Son visage est bouffi et ses cheveux jaunes mal décolorés lui pendent sur le nez. Elle penche la tête, elle penche la tête et me regarde un long moment sans rien dire.

« Dis-moi, Paulinette, tu te souviens, la première fois que j'étais venu chez Elie Bélina, dis-moi, quel âge pouvais-tu bien avoir ? »

Elle hausse les épaules, me lance un regard ironique et descend l'échelle sans me répondre. Les yeux mi-clos, je la vois dans le jour grisâtre poser une valise au milieu de la chambre. Tout en s'habillant, elle y jette ses petites affaires. À demi nue, elle passe en revue ses bas. Dans le contre-jour, elle les fait glisser sur ses doigts largement ouverts. Enfin elle semble avoir trouvé la paire et, en bâillant, en enfile un sur sa jambe. Elle le fixe par les jarretelles. Pas de chance, une attache casse. Je ricane du haut de mon perchoir. Elle ne lève même pas la tête, arrache son porte-jarretelles qu'elle envoie dans un coin, fouille un moment dans la valise, sort des jarretières, retend ses bas et continue tranquillement le tri de ses petits linges.

« Tu sais, Pauline, à quoi je pensais ? »

Elle hausse les épaules pour bien me montrer qu'elle s'en fout.

« Je… je pensais, Pauline, qu'à vrai dire je ne t'ai jamais aimée.

– Tant mieux, mon pauvre Cyrus, comme ça tout sera plus simple.

– Tu l'as dit. Sais-tu ce que je viens de revoir en rêve ? Tu t'en fous, mais je vais te le dire quand même. Je me rappelais le jour où je t'ai vue pour la première fois. Tu sortais des chiottes. Oui, Pauline, tu m'apparus accompagnée d'une mélodieuse musique de chasse d'eau… Ha ha ha!

– Salaud!

– Pourquoi dis-tu ça? Le bruit de l'eau, c'est toujours joli. »

Elle ne me répond pas et entasse de plus en plus vite dans sa valise tout ce qui lui tombe sous la main.

« Hé, Pauline! Pau-li-i-ne! Sais-tu que les gens qui vont mourir revoient toute leur vie en quelques secondes? Eh bien moi, Pauline, je viens de revoir plein de choses. »

Et j'ajoute d'un ton emphatique:

« Oui, Pauline, tu peux ricaner, entre nous tout est mort. Oui, bien mort. Adieu, Pauline. Adieu! »

Et, lui tournant le dos, je m'enfouis sous les draps. J'entends remuer encore un moment dans la chambre et enfin la porte claque. Je me redresse sur le coude et, l'oreille tendue, j'écoute son pas s'éloigner… Elle arrive au bout du couloir… Elle commence à descendre l'escalier… Elle hésite, elle hésite… Non, elle repart… Encore une hésitation… Je grince. « Ha ha! Elle hésite… » Mais non, le bruit de ses talons s'affaiblit. Finicht. Adieu, Pauline.

Je prends conscience. Me voilà seul, seul, seul, seul.

« Bon débarras, ha ha ha! »

Le son de ma voix m'effraie, un croassement. Je répète:

« Bon débarrahahahahahahaha… »

Affreuse impression. Je me dis: ris encore un petit coup, pour voir.

« Ha ha ha ha ha ha ah ha ha ha ha ha ha. »

Rire vraiment trop lugubre. Il me semble bizarrement avoir déjà vécu cette scène des tas de fois.

À toute vitesse, je descends l'échelle. Il faut que je voie si elle va lever les yeux en passant dans la cour.

Le froid est vraiment infernal.

En trois bonds, je suis à la fenêtre. Impossible d'y voir dehors. Le givre sur la vitre est tellement épais que je suis obligé de le gratter avec mes ongles. Enfin j'ai juste le temps d'apercevoir Pauline au moment où elle disparaît sous le porche. Il ne reste d'elle que quatre petits pas imprimés sur la neige, quatre petits pas au fond de la cour, devant la loge de la concierge. Déjà le givre délicat se reforme, les fougères ressoudent leurs jolis dessins, la folie minérale s'est refermée.

Je m'arrache à la vitre et, tout grelottant, je cherche mes vêtements dans l'indescriptible désordre. Je patauge parmi les tubes de couleur écrasés. Je me heurte à tout. Je marche sur les restes des repas qui traînent à terre, restes de tous les repas solitaires avalés sur le pouce pendant que Pauline répétait au théâtre, pendant que Pauline cavalait…

« Ha ha ! »

Mon rire explose. Une larme pend au bout de mon nez. Larme de morve.

Il lui pend de la morve au bout du nez, il faut dire qu'à poil comme ça, dans ce froid, il va prendre la crève.

Je marmonne en fouillant dans l'invraisemblable bordel. Je rigole en grelottant à l'idée que ce fil de morve qui revient sans cesse au bout de mon nez pourrait me servir de pendule pour retrouver mon tricot, mon slip, mon pantalon, mes chaussettes. Je tire sur un chiffon : combinaison de Pauline maculée de peinture.

« Ah ! quel froid, quel frrrrroid, clac clac… clac clac clac… brrr, mais qu'est-ce qu'elle a bien pu foutre de mon tricot ? C'est pas possible qu'elle l'ait emporté. Non, pas possible.

Mais où est mon tricot ? Mon tricot ? Mon trico-o-o-ot ? Pas de tricot ! »

J'enfile mon manteau. Doublure glacée. Ça ira mieux quand elle sera réchauffée. Et mes chaussettes ? Elle n'aurait pas, quand même, emporté mes chaussettes ? Ah ! en voilà une. « Ha ha ha ha ha ha ha hahahahaha ! » Mon rire est vraiment grotesque. Enfin voilà la chaussette n° 2. Je grince tout haut :

« Hé Cyrus, t'as toujours pas retrouvé ton tricot, hein ? »

Je farfouille au milieu de mes toiles. Elles me dégringolent dessus les unes après les autres. Je peste et les renvoie dans la soupente. Au milieu de ce petit numéro, je pose mon pied dans une bassine d'eau savonneuse abandonnée par Pauline. Je manque m'étaler dans l'abominable fouillis. J'enlève ma chaussette trempée et essuie mon pied avec la vieille combine. Le voilà plein de peinture.

« Essence térébenthine. »

À cloche-pied, je cherche l'essence de térébenthine. Bien sûr, pas d'essence de térébenthine.

Lugubre écho.

« Pas d'essence térébenthine. »

Enfin je trouve un fond d'huile de lin.

« Essence térébenthine ou huile de lin, pareil au même. »

Je m'enduis le pied d'huile de lin.

Soudain, je prends conscience de la situation et je ricane, les larmes aux yeux, le pied plein d'huile, la vieille combinaison de Pauline à la main. Assis à même le sol, nu dans son vieux manteau, il pleurniche, grelotte et rit.

À la fin, j'ai réussi à mettre la main sur mes habits : mon tricot, mon pantalon et même une paire de chaussettes propres. Ce jour-là, je ne me suis pas rasé, pas lavé, ni donné un coup de peigne. J'ai marché dans la neige droit devant moi. Je devais avoir sinistre allure car les gens, sur les trottoirs, faisaient des bonds de côté pour m'éviter. Oui, je devais avoir sinistre allure car, lorsque je suis entré machinalement dans la galerie Bellaventura, la mère Boulba m'a glissé un billet de cinq cents balles dans le creux de la main. Elle attendait des clients. Ha ha, elle avait peur que je leur fasse peur.

Et j'ai erré des heures et des heures dans la neige qui commençait à fondre. Sans cesse je revenais vers l'esplanade du palais de Chaillot. Au fond de moi, j'étais certain qu'elle ne viendrait pas et je rôdais en tous sens sur l'esplanade sans plus très bien savoir que faire, ni où aller.

« Cyrus. »

Paysage flou. Lula debout, la main posée dans un geste gracieux sur le petit col d'écureuil. Mes lèvres aussitôt posées sur cette main. Visage noyé dans le flou délicieux. Sourire flou de Lula au milieu de sa chevelure d'un roux sombre.

« Ah ! Lula… »

C'est tout ce que je trouve à lui dire.

De nouveau, sa main dans ma main. Est-ce possible ? Elle est là. Elle s'inquiète de me retrouver si pâle, si exagérément heureux de la revoir. Pendant que je l'entraîne vers un café, je lui raconte ma désolante nuit et je ne lâche pas sa main que je porte sans arrêt à mes lèvres.

Non, je ne lâcherai plus jamais sa main.

Dans l'arrière-salle vide d'un petit café de la place du Trocadéro, un couple se penche sous la triste lumière verticale, et les lourds cheveux d'un roux sombre brillent sous la triste lumière, reflétés à l'infini par tous les miroirs.

Lorsqu'ils ressortent, la neige a presque complètement fondu. Les caniveaux sont engorgés d'une bouillie brunâtre que les roues des voitures projettent sur les passants.

Nous longeons les murs. Je la tiens par le bras. Lula rit pendant que je lui raconte notre future vie, car déjà je nage dans le futur. Elle secoue ses cheveux et ne répond rien, étonnée de mon exaltation. Soudain je me sens ému, ému à tel point qu'un ridicule sanglot se mêle à mes rires, ridicule sanglot accompagné d'une larme vite essuyée du revers de ma manche. Et, de nouveau, je parle, je fais des gestes fous. Les passants nous regardent, surpris qu'une jeune femme si jolie, si gracieuse, marche la main dans la main avec ce type mal rasé et gesticulant. J'entraîne Lula de rue en rue. Je l'aide à sauter par-dessus les caniveaux et les tas de neige brune. Pour mieux la soutenir, j'ai passé mon bras autour d'elle et ma main se trouve ainsi bien au chaud sous son bras.

Dans les allées du Champ-de-Mars, des pattes d'oiseau ont laissé de minuscules étoiles sur la neige. Nous tournons en rond et marchons sur nos propres traces. Lula sautille et pose ses pieds dans mes empreintes. Soudain, je casse une longue baguette et je dessine sur la neige son profil, et j'écris dessous *Lula Rezvani*. Un peu plus tard, dans le métro, je dessine encore son profil sur la vitre embuée et j'écris *Lula Rezvani*. Lorsque nous émergeons de la station, je dessine son profil sur le ciel, je dessine son profil sur Paris et, de rue en rue, je dessine son profil pendant qu'elle essaie en riant d'empêcher mon bras de faire ces gestes fous.

En montant jusqu'à ma chambre, sur le mur de chaque palier, j'ai dessiné le profil de Lula et enfin, au milieu de l'indescriptible fouillis, en quelques coups de pinceau, j'ai voulu peindre son profil. Lula riait et lançait des regards étonnés autour d'elle.

« Ah ! Lula, savez-vous, sais-tu, Lula, que votre profil est exactement semblable à celui de Minerve ? Est-ce qu'on t'a... Est-ce qu'on vous l'a déjà dit ? Lula est-ce qu'on vous a dit que vous ressemblez à Minerve ?

– Minerve ? Nnnnon. »

Elle sourit, et le bout de son nez bouge légèrement, oh ! très très légèrement, il faut avoir l'œil pour le voir.

« Savez-vous, Lula, que votre nez... que ton nez, quand vous souriez, bouge ? Il faut dire que tous les nez bougent, certains même beaucoup, mais le vôtre, justement, ce qu'il a de particulier, c'est comment dire ? c'est qu'il bouge à peine, oh ! à peine... quoi, juste ce qu'il faut, tu vois ce que je veux dire ? Aucune ligne n'est jamais brisée par le... par le... Quoi, c'est superbe. »

Elle me regarde sans comprendre. Il faut dire que je ne comprends rien moi-même à ce que je dis. Je parle, je raconte n'importe quoi. J'ai trop peur de laisser un silence et Lula sourit à tout.

Elle souriait d'un air amusé et tranquille. Ah ! elle comprenait parfaitement ce qui se passait en moi.

Je suis de plus en plus fébrile.

« Sinistres années, ah là là là là ! vous ne pouvez pas imaginer Lula. Non, tristes années, ah là la ! tristes comme vous pouvez pas imaginer ! »

Je m'attendris sur moi-même. Je bredouille, de plus en plus ému, et voilà que tout devient flou.

« Ah ! vous êtes trop belle. »

Découragé, je laisse tomber mon pinceau et, m'asseyant à ses pieds, je pose ma joue sur son genou. Elle penche son visage au-dessus du mien, ses cheveux frôlent mes lèvres et sa main me caresse le front… Sa main me caresse le front avec une rare douceur et, pendant que sa main passe et repasse devant mes yeux, je me dis que ce n'est pas normal d'être ému à ce point parce qu'une femme, une femme que je connais à peine me caresse doucement le front. J'enfouis mon visage dans sa robe, sa main vient sur ma nuque et je chavire, et je défaille, et je murmure son nom « Lula Lula Lula ». J'entoure ses jambes de mes bras, ses lèvres effleurent mon cou pendant que je couvre ses paumes de baisers, pendant que j'embrasse ses genoux et enfin ses jambes à même la peau. Lula s'est laissée glisser à terre. Soudain fortement enlacés, nous tanguons d'un côté à l'autre parmi les objets épars, faisant s'écrouler le peu de choses restées debout autour de nous.

Désordre et déhanchement. Délire et douceur. Murmures et rires. Soupirs et soupirs. Ses seins, ses hanches, ses jambes, ses jambes qui n'en finissent plus, ses jambes dévoilées. Malgré le froid intense, ses habits volent à travers la chambre, son manteau, sa petite robe verte, sa combine, ses bas… Nous basculons, nous nous étreignons comme des perdus. Nos dents s'entrechoquent. Tous mes livres se répandent autour de nous et le vieux phono, soudain déclenché, dévide son ressort. Quelques disques se cassent sous mon coude. Et nous roulons, débordants d'une joie jamais encore à ce point éprouvée.

Maintenant, Lula a répandu sur ses genoux le contenu d'une minuscule trousse. Petits pinceaux, petite brosse à cils, petite brosse à sourcils, houppette, crayon pour les yeux, poudrier, rouge à lèvres. Elle sourit devant la fenêtre et ses mains légères vont et viennent autour de son merveilleux visage…

Chanson

Après une folle crémaillère
elle s'était installée chez moi
dans ma p'tite chambre sous les toits
parmi mes disques parmi mes livres

Elle m'avait dit avec la candeur de ses grands yeux noirs
fais-moi une place sur ton vieux divan vert
une petite place dans ton p'tit univers
près de toi sous la lampe le soir

Elle installa sous ma petite fenêtre à tabatière
toutes ses p'tites brosses et ses pinceaux légers
dont une femme ne peut pas se passer
le soir avant de se coucher

Et nous vécûmes au jour le jour parmi mes livres ouverts
au son des disques qui me sont si chers
sous ma petite fenêtre à tabatière
d'éternelles amours passagères

Aïe ! quel fouillis parmi mes livres
parmi mes disques et mes papiers
ma guitare est désaccordée
et mes chansons depuis sont ivres

J'arrête d'écrire fasciné par ses gestes tant aimés, ses gestes tant et tant de fois répétés depuis ce jour où, dans ma chambre glacée, après notre première étreinte, Lula, ma gracieuse et rieuse Lula, avait fait sa toilette de chatte devant la pâle fenêtre voilée de givre.

Tif, tif, gestes précis, poudre sur le nez, noir autour des yeux, le crayon passe et repasse longeant délicatement la frange de cils. Puis, de son doigt, elle ombre ses paupières, paupières bombées, paupières mordorées, rehausse la courbe des sourcils qui dégage les lumineuses arcades. Poudre sur le front et sur les pommettes hautes. Encore une légère retouche au coin de l'œil avant de passer aux lèvres. Mais non, de nouveau le crayon revient, hésite, un rien, oh! moins que rien, à peine s'il s'est posé au prolongement de l'œil. Regard de biais dans le miroir, encore un effleurement et…

« Qu'est-ce qu'il y a chéri ?

– Oh! rien, je te regardais faire. Tous tes gestes, tout le délicieux rituel… je me disais que tu devrais me marquer l'ordre exact sur un petit bout de papier. Je… j'étais justement en train d'essayer d'écrire tout ça. Mais tous ces petits gestes… en vérité c'est tellement plus joli, c'est tellement… Ah! et puis j'en ai marre d'écrire! Et si on allait à Cannes…

– Au cinéma ? »

Lula était folle de joie. Il faut dire que nos virées à Cannes sont toujours joyeuses.

Voilà comment ça se passe. Lula se fait une beauté. Au-dessus de ma tête, c'est un festival. Je l'entends aller et venir en chantonnant. Par moments elle marche pieds nus, et par moments un bruit de talons… tic tic tic…

Enfin, la voilà qui descend. Je reçois un choc.

« Chéri, ça va comme ça ?

– Superbe.

– Tu dis n'importe quoi.

– Mais non, je te jure… mais dis-moi, tu ne vas pas garder ce blue-jea…

– Si, pourquoi ?

– Ah ! » Lula remonte, redescend. « Et comme ça ?

– Superbe… mais courte comme ça ?

– Ah ! tu la trouves si courte que ça ?

– C'est pas qu'elle est courte, mais à Cannes, dans une ville, tu sais bien que j'aime pas quand les gens nous regardent.

– Oh ! les gens… »

À la fin, je suis tellement énervé que je lâche ma plume et je commence à lui cavaler après à travers la maison. Je la dévorerais.

À peine sommes-nous en voiture que ça y est. Angoisse. Je me dis : qu'est-ce qui t'a pris de vouloir aller à Cannes comme ça ? Je glisse un œil vers Lula, mais elle a l'air si contente que mon début d'angoisse fond comme par magie. Les cerisiers sont en fleur. Le ciel est parfaitement bleu, et la mer scintille en contrebas de la route. Coup au cœur. Mon manuscrit. J'ai l'impression d'avoir oublié de mettre le pare-feu avant de partir. J'ai comme le pressentiment que ce livre est destiné à brûler. La route est mauve, bordée de tamaris, la mer brille très fort et Lula, blottie dans le coin de la voiture, fredonne.

« Tu sais, Lula, à quoi je pensais ?

– Non !

– Que je… je devrais planquer deux ou trois versions du livre… »

Lula me regarde étonnée.

« … une dans le coffre de la voiture, une deuxième… je sais pas où… et l'autre resterait à la maison… tu vois ce que je veux dire ?

– Nnnnnon, pas très bien. Comment ça ?

– Oh ! rien, je dis des conneries. »

Nous voici sur l'autoroute. Je jette de temps en temps des regards inquiets dans le rétroviseur. Une idée comme ça, complètement idiote, comme si la fumée pouvait à une telle distance… Ridicule. Lula me lance des coups d'œil espiègles. Pour changer le cours de mes sinistres pensées, je commence à détailler le menu du fameux déjeuner que nous allons faire au *Petit-Piano* avant d'aller au cinéma. Lula salive et mon estomac gargouille de toutes ces belles promesses.

« Après les crevettes, qu'est-ce que tu prends, dis Lula ? Moi, je te dis pas, secret !

– Eh bien, moi, je prends, tu sais cette espèce de poisson, tu vois, avec des câpres et tout… tu vois ?

– Bon. Alors moi je prends… con de camion ! Tu as vu ? Ah je déteste rouler !… Alors, moi je prends une dorade cuite au four avec des petites pommes de terre coupées en rondelles. Une couche d'oignons, une couche de pommes de terre, une couche d'oignons, une couche…

– Oh, moi aussi !

– Ah non ! toi tu as ton espèce de poisson aux câpres.

– Au fond, tu as raison, je garde mon poisson aux câpres.

– Eh bien, moi, tu vois, je n'en prendrais pour rien au monde. Et tu sais pourquoi ? Eh bien, parce que, quand on met des câpres avec du poisson, ça veut dire, il paraît… ça veut dire que le poisson n'est pas frais et que…

– Alors, je prends le au four !

– Bon, alors, si tu prends le au four, moi, je prends ce poisson-là parfaitement frais, tout simplement grillé. Comme ça, je suis sûr qu'ils ne me refilent pas un rossignol…

– Alors moi aussi…

– Ah ! et puis non, j'ai bien réfléchi, je vais plutôt prendre de la viande…

– Ah ! et pourquoi de la viande ?

– Oh ! une idée comme ça… avec tout ce mistral…

– Mistral, pourquoi mistral ?

– Tu demandes pourquoi mistral ? mais parce que, quand il y a mistral, il n'y a pas de poisson frais.

– Ah ?

– Donc je vais prendre tout simplement une viande marinée aux petits oignons… Comment ça s'appelle ?… Bœuf Stroumgloff, oui c'est ça…

– Alors deux bœufs… Stroubloffs…

– Avec des épinards à la crème…

– Oui, et avec ça des pommes de terre rissolées aux lardons…

– Et si on y mettait quelques girolles ?

– D'ac' !

– … avec de l'ail.

– D'ac'd'ac', mon amour ! »

Après, nous avons pris des salades sauvages de Peïra-Cava avec des croûtons frottés d'ail aussi, et puis nous avons tapé dans le plateau de fromages avec tellement d'entrain que, passé l'Esterel, le plateau était nettoyé et que le bourgogne nous avait tourné la tête. On a inventé toutes sortes de desserts, tartes aux pommes chaudes arrosées de confiture de myrtille, framboises de Djerba cuites au four sur lit de meringues, tarnitlia glacée piquetée de pignons, le tout saupoudré de ces fameuses amandes rouscaillées qui croquent sous la dent. Arrivés au péage de l'autoroute, nos estomacs déliraient d'impatience. Lula poussait des petits cris de joie à l'idée du merveilleux repas qui nous attendait.

Nous roulons dans la ville ensoleillée. Au bout d'une demi-heure, toujours pas trouvé de place pour ranger la voiture. Angoisse. Fugitive vision : manuscrit en feu. Ouf! rangés. Et nous voilà marchant, enlacés et sautillants. Pas de chance, le *Petit-Piano* est fermé. De restaurant en restaurant, notre ardeur tombe. Menus tarabiscotés, serveuses à l'affût, fumets un peu trop aux câpres. Lula est méfiante. Ouf! nous voilà assis. Longues hésitations sous l'œil impatient d'une serveuse. Coincés. Lula m'embrasse, je lui prends la main et je lui mordille le bout des doigts.

« Dis-moi, et si j'envoyais un exemplaire à Abel? Il faudrait une drôle de malchance pour que ça brûle simultanément chez lui et chez nous… »

Lula me regarde sans comprendre.

« Pourquoi veux-tu que ça brûle chez Abel?

– Oh! une idée… »

Enfin, voilà les hors-d'œuvre. Betterave molle et salade de pommes de terre cuites en d'autres temps, un anchois, un demi-œuf dur dont le jaune verdâtre a roulé de lui-même hors du blanc. Le blanc fripé. Quelle idée d'être venus à Cannes! Et dire qu'en ce moment la terrasse devant la maison doit être chaude de soleil. Les poiriers en fleur, les pruniers, les cerisiers en fleur, les premières roses… Profitant de notre absence, quelques pique-niqueurs ont dû s'installer sur l'herbe. Ils déballent sur une serviette toutes sortes de choses appétissantes. Après le repas, un bon cigare et hop! le feu…

« Chéri, à quoi penses-tu ?

– Oh ! je pensais que… qu'on aurait dû déjeuner à la maison et… et que, comme ça, après on se serait étendus dans l'herbe et… Non, le plus petit morceau, non, je t'assure, non, pas de frites et, surtout, ne mange pas de cresson ma chérie. Douve du foie. »

Au dessert, nous décidons de payer sans toucher à la glace industrielle-maison et d'aller jusqu'à une pâtisserie choisir quelques fameux gâteaux. Nous partons, joyeux, dans le soleil. Pas de chance, toutes les pâtisseries sont encore fermées. Chocolat ? Merveille ! Assis sur un banc, devant la mer, ils croquent une tablette de chocolat.

Maintenant Lula doit faire quelques courses. Aussitôt, me voilà dans un état second, l'œil vague, je la suis. Là où les choses commencent à… comment dire ?… à m'angoisser, c'est quand nous arrivons à hauteur de *Superchoc*. Sous la lumière morte, les rayons de Plexiglas s'alignent à l'infini. À la traîne de Lula, j'avance entre les comptoirs transparents sur lesquels se déplient des jambes de verre coupées à hauteur de la cuisse, bras sectionnés, mains gantées, têtes tranchées, perruques, fausses paupières articulées, présentoirs pour faux cils, fausses lèvres entrouvertes sur fausses dents de polyvinyle. Morceaux de femmes dans l'espace mort…

« Chéri, à quoi penses-tu ?

– Oh ! à rien, ma Lu. Je te suis. »

… Vieux surréalisme éternellement au rabais avec ses poupées, ses fétiches et ses masques de plumes. Subconscient libido moules marinières bolides déifique folie pour nyctalope cinq pour le prix d'un seul et trois en prime balwoïne miclebaoul zwind'l dad'l dad'l dad'l wouïkb'l swink'l bad'l did'l did'l. Par ici la sortie !

La main de Lula est de nouveau dans ma main. Les rues ensoleillées me font chaud au cœur, les palmiers de la Croisette balancent leurs têtes.

« Tu ne trouves pas que les palmiers…

– Ah ! ma chérie, devine à quoi je pensais ?

– Je ne sais pas, moi… tu devais te moquer de moi parce que, chaque fois que je vais à *Superchoc*, on ressort sans avoir rien acheté.

– Non, tu sais à quoi je pensais, je pensais que les pal…

– .. c'est curieux je ne peux pas me retenir d'y entrer et quand je…

– Qu'est-ce que tu voulais dire au sujet des palmiers ?

– Des palmiers ? Quels palmiers ?

– Mais si, Lula, tu m'as parlé des palmiers de la Croisette et c'est à ce moment que…

– Ah oui ! Oh ! c'était sans importance…

– Les palmiers quoi ?

– Non, c'était complètement idiot… je pensais que les palmiers avec l'Esterel au fond et la mer et le ciel, tout ça, en sortant de *Superchoc*, ça fait… comment dire…

– Chaud au cœur ?

– Oui, c'est ça, chaud au cœur, c'est exactement ce que j'allais dire. »

Ensuite nous voilà, gambadant sur la plage en contrebas de la Croisette. Lula a enlevé ses chaussures qu'elle tient par les talons et, moi, je cours à côté d'elle et je dessine sur le sable laissé lisse par la dernière vague le profil de Lula, *Lula Rezvani*, et nous repartons dans le soleil, heureux, débordants d'amour l'un pour l'autre. Ah ! que ne sommes-nous sur notre terrasse au soleil, rien que d'y penser je lui mordille l'oreille.

Enfin nous voilà au cinéma.

Noir.

Film plein de voitures. Femme pathétique. Homme falot. Vent dans les cheveux sur fond de sable. Spaghettis de pellicule.

« Allez, ma chérie, on se tire. »

La nuit tombe lorsque nous abordons l'autoroute. La vieille Mercury file. Lula s'est roulée en boule, la joue posée sur sa main, jambes repliées sous elle. Dans les reflets bleuâtres diffusés par le tableau de bord, je la vois lorsque je laisse mon œil aller légèrement vers la droite. Je la vois, ma Lula, floue et calme, vague tache pâle flottant contre la vitre. Ses pommettes hautes, son nez, ses paupières. Présence floue et modelée vers laquelle je tends la main. Tiédeur de ses lèvres un instant entrouvertes sur le bout de mes doigts, et puis son genou qui luit à peine et que j'ai frôlé au passage, sa jambe repliée que je caresse jusqu'à la cheville, sa cheville que je garde maintenant dans ma main. En serrant un peu, mes doigts se rejoindraient presque, bracelet autour de sa cheville, pendant que, dans le rétroviseur, les phares d'une voiture qui nous double se perdent dans le vide, engloutis à deux cents à l'heure, et ma main glisse le long de sa jambe pendant que devant nous des lucioles passent, et mes doigts remontent sous sa robe et dépassent le bas infiniment soyeux et viennent dans la douce tiédeur de sa peau se blottir pendant que de nouveau des phares m'éblouissent… Le volant dans mon autre main est irréel, lisse, mort. J'ai une envie folle de le lâcher complètement et de ne plus m'en préoccuper, j'ai une envie folle de me tourner vers Lula. Je lui lance un rapide regard et de nouveau je me fixe sur le petit morceau de route éclairé par les phares. Lueur aveuglante, je pousse un grognement et une fusée nous frôle. Ses feux rouges palpitent un instant avant de disparaître dans le puits sans fond. Ma main est maintenant enveloppée de tiédeur et j'aimerais poser mes lèvres dans cette tiédeur, dans cette ombre blanche, dans tout ce flou si émouvant. Je me dis : la voiture est lancée à une telle vitesse que si un obstacle imprévu surgissait, ce serait la mort immédiate. Aussitôt, je tourne la tête, je veux la voir encore et encore. Envie de l'embrasser sur les lèvres. Soudain Lula me fait un petit signe et j'ai tout juste le temps de voir les feux rouges d'un camion. Coup de volant, espace noir, phares dans le rétroviseur, cœur fou et fourmillement dans tout le corps. Lula ne dit rien, mais je la sens soudain très tendue. Je nous vois éclaboussés de sang, gisant sur le bord de l'autoroute...

« Ah ! Lula, un peu plus... »

... les unes après les autres des voitures ralentissent et viennent se ranger en demi-cercle. Leurs phares éclairent deux petites formes, deux toutes petites formes immobiles couchées à même le gravier du bas-côté...

« Ah ! ma Lula.

– Mon amour ? »

Je relâche légèrement la pression de mon pied sur l'accélérateur et Lula reprend sa respiration. On a enveloppé les deux corps avec... avec... De nouveau des phares éblouissants dans le rétroviseur et aussitôt les feux rouges engloutis. Je ralentis encore plus. On les a basculés sur des civières. Un flic s'est penché et a ramassé dans le gravier... Qu'est-ce qu'il a bien pu ramasser ? Quelque chose de brillant, qu'est-ce qu'il a bien pu ramasser, le flic ?...

« Ah ! ma chérie.

– Oui, mon amour, qu'est-ce qu'il y a mon amour ?

– Oh ! rien ma Lula, rien. »

Je relâche encore l'accélérateur… Qu'est-ce qu'il a bien pu ramasser le flic ?… Nous roulons maintenant tellement lentement que Lula, inquiète, se tourne vers moi et heurte de son bracelet la poignée de la portière. Ah ! j'en ai la gorge serrée.

« Ah ! Lula, que je t'aime, ma Lula.

– Mon amour. »

Sa main est venue sur ma bouche, et j'ai entrouvert mes lèvres au plus profond de sa paume. Toutes ces petites lignes mêlées sous mes lèvres, ce léger goût de sel, son délicieux parfum…

Elle a posé sa tête sur mon épaule, quelques mèches de ses cheveux soulevés par le courant d'air ont voleté autour de mes yeux. Maintenant, nous roulons sur la petite route qui zigzague derrière Fréjus. Elle est très étroite et des arbres fruitiers en fleurs la bordent et débordent par moments au point de frôler la voiture. Le ciel est étoilé et, en nous penchant un peu, nous voyons la lune, parfaitement ronde au-dessus de nous. La voiture semble flotter, suspendue sur le vide. Nous débouchons devant la mer, plate et lisse. Autour des petits récifs, elle remue légèrement, à peine un imperceptible scintillement dans le noir. Je fais un vague geste pour montrer à Lula qu'autour des récifs la mer scintille, mais Lula doit somnoler. Les mimosas balancent leurs touffes d'or, et les phares de la vieille Mercury les effleurent au passage. Je me dis : encore un quart d'heure, et nous serons chez nous en sûreté, dans notre petite maison, notre maison avec son arbre aux branches souples, notre maison isolée dans les vieilles collines recouvertes de chênes-liège et de châtaigniers, notre maison avec sa terrasse ombreuse envahie d'herbes et de fleurs des champs. Quelques marches entre les murs moussus, l'arche sous laquelle le soleil passe en biais, encore trois pas dans les trèfles et voilà la source avec ses antiques bassins. L'eau se déverse dans une vasque sculptée dans le grès rose et coule ensuite par une longue encoche jusqu'au premier bassin de grès rose, lui aussi. Là, face aux courants, les poissons aux nageoires pâles attendent, la bouche ouverte, les insectes qui se noient dans la vasque en forme de coquille. L'eau tourbillonne autour des délicates branchies, les poissons se balancent, et le flot coule dans le deuxième bassin, aussi de grès rose, et déborde parmi les… Éblouissement. Je klaxonne et donne un violent coup de frein. Lula déplie ses jambes.

Elle s'éclaircit la voix et me demande si je n'ai pas sommeil. Je grogne vaguement que non. La lune fait une vaste tache blanche sur la mer. Inox. Mes yeux se fixent et je dois faire un sérieux effort pour les détacher de la source qui coule dans la vasque de grès rose, bondit dans l'encoche, fait bouger les poissons, glisse dans le second bassin de grès rose, lui aussi… Coup de frein.

« Con de chat ! »

… rose aussi, grès rose, déborde par le trop-plein, éclabousse les violettes si serrées en cet endroit particulièrement abrité… l'autre jour, elle était allée en cueillir, mais le sol… trop détrempé… herbe épaisse et très verte… elle s'était agenouillée… Lula vient de pousser un petit cri. Il faut dire que je croyais aborder un autre virage que celui-là. J'ai été vraiment surpris.

« Pardon, ma Lula ! »

La voiture longe toujours la mer. Où en étais-je ? Ah oui ! Elle avait rien me montrant ses genoux mouillés et Maki-chien s'était mis à gambader autour d'elle en aboyant de sa grosse voix de clown. Donc, Lula avait cueilli de ses mains… de ses mains, une à une, elle avait cueilli toutes les violettes faisant un bouquet rond et charnu, tout à fait semblable à ceux qu'on peut acheter à Paris en hiver, sous la neige.

« Tu te souviens, les violettes ?… »

Elle se penche, elle doit sourire.

« … et le vieux phono qui s'était déclenché tout seul ?… »

Ma petite chambre glacée où j'avais déshabillé Lula pour la première fois. Maintenant nous abordons la série de tournants qui mène à nos collines perdues. Dans un moment, nous serons dans notre lit, l'un contre l'autre… J'avais allumé un réchaud à alcool pour faire chauffer du thé. Le froid était tel que Lula avait remis non seulement son petit manteau au col de fourrure mité, mais, en plus, je l'avais emmitouflée dans un vieil édredon à fleurs. Elle était vraiment très mignonne assise par terre, devant la fenêtre voilée de givre, enfouie jusqu'aux yeux dans les fleurettes. Je m'étais aussi enveloppé d'une vieille couverture dont les pans traînaient autour de moi. Chaque mouvement, chaque pas dans l'indescriptible fouillis était catastrophique. Tout croulait, se brisait. Même le réchaud, posé en équilibre sur une cuvette retournée, menaçait à chaque instant de rouler au milieu de la chambre. L'extrême confusion dans laquelle je pataugeais était à l'image de ma propre vie. Tout en cherchant la boîte à thé, j'essayais d'en retracer les grandes lignes pour Lula, qui m'écoutait enveloppée dans le vieil édredon. Je m'embrouillais dans ce gâchis, les vieilles chaussures de Pauline, les robes moisies roulées en boule, les dessous maculés de peinture, les bouteilles de shampooing vides et les monceaux de bigoudis. Chaque fois que je mettais la main sur une de ces pitoyables épaves, je l'expédiais dans la soupente qui m'avait jusqu'à présent servi de lit. Plus je me débattais dans tous ces vestiges écœurants, plus je fouillais en quête de l'introuvable boîte à thé, plus le naufrage prenait des proportions catastrophiques, à tel point qu'à la fin je commençais à tout saccager délibérément. Au fur et à mesure que le riz se répandait et que les nouilles craquaient sous mes pieds, je détaillais à Lula les plus émouvantes péripéties de ma vie mouvementée. Plus elle souriait, plus j'en remettais, si bien qu'à la fin rien ne tenait debout autour de moi. Mais j'avais retrouvé la boîte à thé. Lula secouait ses lourds cheveux et la bouilloire chantait délicieusement. C'est à ce moment précis qu'Abel frappa. Sur le pas de la porte, nous échangeons la rituelle accolade. En quelques mots, je le mets au courant du naufrage et l'entraîne dans mon sillage jusqu'à Lula toujours enveloppée de l'édredon fleuri. Abel ne fit pas l'étonné. Abel était toujours d'accord avec moi. Le bout du nez et les joues roses de Lula dévoilaient clairement à quel genre d'exercice nous venions de nous abandonner. Je sentis qu'Abel m'approuvait parfaitement d'avoir abordé dans les bras de cette souriante Lula qui nous servait calmement le thé… Je n'avais pas de bagages, plus de passé et une infinité d'années lumineuses devant moi…

Sous le jour gris de la fenêtre givrée, accroupis sur le sol, buvant notre thé au milieu de ce désordre extravagant, nous devions présenter un bien curieux tableau quand Pauline entra par la porte restée entrouverte. Elle s'avance en trébuchant sur les objets brisés, joue la désinvolte, empêtre ses talons dans les chiffons et atterrit avec un petit rire gêné à côté de Lula qui lui fait une place sous l'édredon fleuri. Abel, qui n'aime pas les situations compliquées, commence à s'agiter et veut nous laisser. Je le retiens par la manche et le force à rester. À peine est-il retombé à terre que nous voyons la bonne grosse tête d'Elie Bélina passer par l'entrebâillure.

Dès qu'Elie apparaît, tous les angles semblent s'arrondir, on se sent devenir indulgent, on s'attendrit sur soi-même et sur les autres, on s'étoufferait d'amour.

Je débarrasse un pouf pendant qu'Elie embrasse tout le monde, y compris Lula qu'il ne reconnaît pas et devant laquelle il reste un long moment en extase.

« Mais d'où sort cette ravissante Kalmouk ? »

Lula n'a rien de Kalmouk, mais c'est typiquement le genre de réflexion flatteuse qu'Elie balance d'entrée et qui fait toujours un effet extraordinaire. Lula rit et a l'air enchantée de ce compliment loufoque. Puis Elie secoue la tête d'un air navré et me dit qu'avant tout il faut que je sache qu'il est très très triste, profondément triste de ce que Pauline lui a appris, très désolé à l'idée que je ne sois plus son beau-fils. Et croisant ses belles mains sur son ventre de bouddha, il dévisage un long moment Lula en penchant la tête et en souriant du plus profond de sa fondante bonté.

« Exquise. Rare délicatesse de teint. Sensualité. Donnez-moi votre main, charmante Kalmouk, tu permets, n'est-ce pas, Cyrus, que ton ex-beau-père prenne la main de cette pure archaïque beauté ? Doigts longs, légèrement sinueux, excellent choix, Cyrus. Et comment s'appelle cette Minerve ? »

Au moment où j'ouvre la bouche, Pauline répond avec moi :

« Elle s'appelle Lula. »

Ce qui nous fait tous rire.

« Lioulia, diminutif de Lioudmila ? »

Lula secoue négativement la tête.

« Non ? Ah !… alors serait-ce Lioubianka ? » Lula, très amusée, secoue encore la tête.

« Alors, je sais, c'est Liou…

– Non, Danièle. »

Elie trouve la chose charmante.

« Et toi, Paulinette, amoureuse ailleurs ? »

Pauline hausse les épaules. Elie lui donne une tape sous le menton, sa main au passage effleure la joue de Lula puis la mienne et enfin son bras vient se poser sur l'épaule d'Abel sur laquelle il reste affectueusement appuyé.

« Alors comme ça, mes enfants, le charmant couple Cyrus-Pauline est mort ? »

Les deux intéressés hochent la tête.

« Définitivement mort ? »

Nous rehochons en souriant.

« Bien, bien mes enfants, il ne faut jamais aller contre les penchants, surtout s'ils sont contraires. Comme disent les paysans monténégrins : "Même d'un toit à deux pentes l'eau du ciel va droit à la rivière." Donc nous ne changerons rien au destin. »

Abel se frotte les mains en jubilant. Elie a l'air ravi. Son vaste visage transpire tellement de bonté que ça en devient inquiétant. Ses lèvres, continuellement entrouvertes dans un sourire soyeux, laissent à découvert deux grandes dents carrées, curieusement séparées par un espace vide, sorte de couloir d'aération toujours encombré de bulles, deux grandes dents d'un émail net plantées dans toute cette fuyante douceur. Lula, avec des gestes tranquilles, remet quelques pincées de thé dans la théière qu'elle arrose d'eau bouillante. Pauline, distraitement, agrandit un petit trou dans l'édredon. Abel dépiaute des mégots au-dessus de sa pipe, et moi, accoudé sur le sol, je plonge mon regard dans la bouche d'Elie Bélina, fasciné par ces deux éblouissantes dents. Elie fouille dans ses poches et sort quatre ou cinq paquets de cigarettes de diverses marques qu'il jette sur le tapis avec une poignée de boîtes d'allumettes.

« Prenez, prenez, mes enfants, servez-vous, Lioulia fume-t-elle ? Et toi, Abel, tu fumeras bien un cigare en compagnie du vieil Elie ? Et toi, très cher ex-beau-fils, cigare ? »

Il se tasse sur son pouf, son gros corps s'avachit, il penche la tête, et nous voilà bercés par le doux chant d'Elie Bélina.

« Tu te doutes bien, ma Paulinette chérie, que le jour où j'ai baisé ta mère pour la première fois, tu te doutes bien qu'une personne aussi… comment dire ?… douce, affectueuse, aussi aimante, dévouée que moi, un cœur aussi fondant que le mien n'était pas venu jusqu'à Martha sans avoir connu de bien étranges aventures. Ceci, pour vous dire, mes enfants, que le vieil Elie partage… comment dire… ? du plus profond de son âme, vos peines et vos joies. C'est le genre de discours que me tenait mon vieil oncle Arpak Stramowitsy lorsqu'à Belgrade je me mourais d'amour pour l'incomparable Zvetlana Zlouk. »

Nous pouffons tous de rire à ce nom si souvent évoqué. Elie sait qu'il n'a qu'à prononcer Zvetlana Zlouk devant nous pour instantanément semer la bonne humeur. Il faut dire que les aventures d'Elie avec cette femme prestigieuse sont inoubliables. J'envoie un sourire à Lula et je glisse ma main sous l'édredon, emprisonnant entre mes doigts sa cheville. Elie se tourne vers elle :

« Zvetlana Zlouk, ma chère Lioulia, était réputée à Belgrade pour sa prestigieuse beauté et les quelques hauts fonctionnaires de la chancellerie qui se l'étaient tapée lui avaient fait une réputation de baiseuse de premier ordre. »

Abel me fait un clin d'œil. Là, c'est sûr, Elie est en train de nous inventer une histoire sur mesure.

Dans le jour déclinant, je regarde Pauline. Son visage mangé par la frange jaune devient à chaque instant plus flou. La voix caressante d'Elie nous englue dans ses méandres somnifères.

« … et j'agitais ma canne tout en marchant d'un pas élastique… »

Lula, la bouche entrouverte, semble captivée.

« … et où allais-je ainsi ? Eh bien, mes enfants, je me rendais au premier rendez-vous que m'avait fixé Zvetlana Zlouk, la plus prestigieuse beauté des Balkans. »

Dans le demi-jour, il me semble voir Lula sourire. Dès qu'il est question d'amour, Lula est automatiquement passionnée. Elie effectue une légère rotation sur le pouf et continue son récit en s'adressant à elle. La nuit tombe maintenant avec une telle rapidité que presque plus rien n'émerge de l'épaisse grisaille. Dans ce jour mourant, je vois l'ongle de Pauline s'enfoncer entre les fleurettes et extirper des plumes, du cœur de l'épais édredon. Elle les roule entre ses doigts puis les jette de côté, introduit de nouveau son ongle par le petit trou, farfouille un moment et sa griffe ramène une nouvelle touffe de plumes qu'elle pétrit, déchiquette et rejette, et ainsi de suite, indéfiniment et, lorsque la nuit nous a complètement noyés, je sens à de très légères secousses qu'elle continue son insupportable picorage. Par moments, le cigare d'Abel rougeoie, jetant de brèves lueurs, et j'entrevois le visage penché de Lula. Je resserre mes doigts autour de sa cheville. Un dernier virage, et nous quittons la grand-route. Nous voici roulant sous les antiques châtaigniers. Les phares de la voiture éclairent leurs troncs tourmentés.

« Tu dors, ma chérie ?

– Mmmmm… nnnon.

– Nous arrivons, ma petite Lula. »

J'ai la bouche pâteuse, moi aussi je tombe de sommeil. Enfin nous nous engageons sur le chemin de terre. À plusieurs reprises, la voiture racle fortement les rochers entre les ornières.

Nous abordons le tournant où la terre effritée est tellement fine que, d'un coup d'œil, je sais toujours si un chat, un renard, une couleuvre ou une tortue a traversé notre chemin. J'appuie sur le low, et la voiture monte maintenant au ralenti entre les vieux pins. Une chouette flotte un moment dans la lueur des phares. Dès que Lula apparaissait à la fenêtre, les corneilles arrivaient comme des flèches… les corneilles sur les toits, les toits à l'infini…

Je coupe le contact et je serre Lula dans mes bras. Nous restons un moment immobiles, assommés par ce subit silence. Pas le courage de mettre pied à terre. Il faut dire que le spectacle est saisissant. La pleine lune éclaire violemment les collines, accusant les reliefs. Notre vallon, habituellement si doux, si riant, semble brutalement être retourné au chaos originel. Tous feux éteints, derrière l'immense pare-brise, nous contemplons, muets, la lune entourée d'un halo fantastique.

« Tu as sommeil, ma chérie ?

– Oh ! oui, je suis bien…

– Tu as vu la lune ? Ce halo ? C'est curieux, ce halo ? »
Lula se redresse, inquiète.

« Qu'est-ce qu'il a, ce halo ?

– Oh ! rien, je le trouve tout simplement bizarre.

– Bizarre ?… Mais bizarre comment ?

– Comme ça… Par moments j'ai l'impression… J'ai vraiment l'impression… Comment dire ? J'ai le sentiment d'avoir été brutalement projeté ailleurs, là, enfermés dans cette cabine de verre, devant un monde que nous sommes les premiers à découvrir, devant ce trou sombre, serrés l'un contre l'autre sur ce vide… »

Dès que Lula apparaissait et tendait le bras, elles fonçaient et frôlaient ses doigts de leurs becs durs. D'un mouvement brusque, elles arrachaient au passage les morceaux de pain ou de jambon et repartaient vers la tour Eiffel où elles nichaient. Leurs têtes étaient pointues avec, sur le dessus du crâne, un éclat blanchâtre. Certaines même, les plus vieilles, avaient la tête entièrement blanche. Elles volaient nerveusement. Leurs pattes repliées sous elles se décrispaient juste un peu au moment où elles s'emparaient de la nourriture. Leurs serres s'ouvraient et se refermaient en même temps que leurs becs. Elles avaient aussi des yeux parfaitement ronds, légèrement saillants, noirs et vifs…

Chaque printemps amenait une nouvelle génération qui, très vite, venait tournoyer autour de la fenêtre. C'était notre seul lien avec la nature libre et aérée. Le reste… des toits, des toits, des toits à l'infini, des toits durs, aigus, une démente géométrie de zinc, échelles de fer, gouttières tenues par des crochets, haubans d'acier, plaques de plomb, feuilles d'aluminium. Véritable enfer en été. Et puis aussi des cheminées, tout un biscornu entrelacs de tuyaux dégoulinants de suie, d'antennes, de bouches d'aération, ponts suspendus, superstructures tendues vers le ciel, tendues, tendues dans une escalade sans fin, surenchère maladive de pattes grêles, de coudes fous, d'érectiles asperges métalliques qui branlaient dans le vent, échafaudages barrés d'enfléchures minables tenant sur le vide par un invraisemblable rafistolage bricolé de fils de fer et de rivets pourris. Sale tignasse poussée par-dessus les respectables immeubles. Et, grouillant là-dedans, toute une population d'acrobates en espadrilles : zingueurs ramoneurs reboulonneurs déboucheurs arpenteurs géomètres poinçonneurs soudeurs peintres, en perpétuelle escarpolade, boîtes à outils à la traîne. Et Lula et moi, joue contre joue, à la fenêtre des jours entiers, au spectacle.

Je me déshabille et me glisse dans le lit.

Nous vivions deux
Si seuls dans la vie
Nous nous aimions
Le reste le reste
Importait peu
Importait peu.

Pour arriver jusqu'à notre chambre, il fallait monter interminablement, palier par palier, un escalier de service pour bonnes alpinistes, se tirer, s'accrocher à la rampe branlante d'un étage à l'autre, tourner sans fin dans la vis verticale. Heureusement, les jambes de Lula que je caressais à chaque marche me faisaient battre le cœur battre le cœur battre le cœur. Enfin, on reprenait souffle au dernier palier et on s'engageait dans le couloir qui zigzaguait entre les portes grises toutes identiques. Ça sentait le pain moisi, l'eau de Javel et la serpillière cuite. Ça sentait la petite misère, les minuscules fins de mois, les tout petits soucis de toutes sortes de gens qu'on ne voyait jamais et qui se glissaient du poste d'eau aux chiottes avec des bruits de pantoufles et de seaux remués. Ceux-là partaient à l'aurore et ne rentraient que le jour bien tombé. Le dimanche, on entendait un peu leur radio. Et puis, il y avait ceux qui vivaient pratiquement dans le couloir. D'abord, le père Godon, authentique flic en civil, authentique exhibitionniste-voyeur que nous surprenions toujours l'oreille collée à une porte ou l'œil à une serrure. La chambre où il vivait avec sa *respectable* épouse était tellement exiguë qu'il était obligé d'ouvrir sa porte lorsqu'il enfilait son imper. Alors, on pouvait voir ses maigres bras émerger dans le couloir et s'introduire l'un après l'autre dans les manches vides, la porte se refermer une seconde, le temps qu'il décroche son chapeau, et aussitôt, on entendait ses chaussures ferrées arpenter les coursives et dégringoler pendant un temps infini l'escalier. Toute la maison en était secouée. Son épouse, une immonde bonne femme volumineuse, était incroisable dans l'étroit couloir. On pouvait toujours essayer de s'effacer, que ce soit de face, de trois quarts ou de profil, impossible. Il fallait faire marche arrière jusqu'au premier embranchement. La mère Godon, profondément humiliée de ces manœuvres ferroviaires, passait alors à toute vapeur sans un regard, sans un merci. Elle fonçait sur ses bielles variqueuses se boucler dans les chiottes à la turque, qu'elle astiquait pendant des heures et des heures avec une obstination malsaine.

Une autre bonne femme *respectable* logeait aussi dans nos hauteurs. En passant devant sa porte, on pouvait être assuré d'apercevoir son visage d'huître par l'entrebâillure, pâle figure aux yeux battus, au front de cadavre. Elle semblait toujours attendre quelqu'un, sans doute le père fugitif de la petite fille qui promenait ses omoplates décollées, en faisant des pointes, les bras en arceau, dans tous les recoins. Le père Godon devait la trouver particulièrement excitante, la petite Violette, car dès qu'elle commençait à faire des galipettes sur ses chaussons, il se postait sur le pas de sa porte. Violette moulinait sur place, voletait avec ses omoplates en guise d'ailes, ramenait ses bras en demi-cercle au-dessus de sa tête hérissée de bigoudis, doigt en l'air, sourire crispé, genou pointu, pieds en canard chaussés de soie rose. Elle restait quelques secondes en équilibre comme ça, plus plate qu'une figure découpée dans du carton, sans épaisseur aucune, entre les murs rapprochés du couloir, les deux murs désespérément graisseux, petite figure exsangue, tendue, et soudain flop ! comme une grenouille, d'une détente, elle s'envolait entre sol et plafond et flop ! retombait en équerre, bras en arceau, tête penchée. Temps d'arrêt pendant lequel elle vacillait légèrement, puis elle se baissait en faisant aller les bras aigus le plus mollement possible au ras de terre (c'était le moment où le père Godon admirait sa petite culotte) et flop ! la grenouille faisait un nouveau saut.

Le dimanche matin, les bonnes passaient la tête dans le couloir et, tout en se pomponnant, s'extasiaient des sauts de la reinette. L'immonde Godon ne se tenait plus, se frottait les mains. Visiblement, il attendait que cette tendre pousse en chaussons roses soit arrivée à suffisante maturité pour être dégustée à la vinaigrette. Il s'en pourléchait d'avance.

Cette animation dans le clair-obscur était agrémentée de bruits de chasses d'eau, de seaux versés ; de chiffons secoués, de serpillières baladées, de balais cognés et de conversations amères au niveau des ovaires. Pendant que la petite reinette virevoltait, sautait et retombait, flop ! la mère Godon parlait matrice, trompes, glandes, canal et la maman de la ballerinette penchait son front pâle par l'entrebâillure et poussait des soupirs déchirants et fermait ses yeux battus et refoulait sa peine infinie, mettant tous ses espoirs dans les mollets et les vibrantes omoplates de son surgeon.

Lorsqu'un pas inhabituel montait l'escalier ou si une porte s'ouvrait un peu brusquement, pfuit ! comme par magie, le couloir était instantanément vide. Plus de mère Godon, plus de petite Violette, l'huître pâle refermait l'entrebâillure. Le morne boyau semblait abandonné.

Après avoir franchi l'interminable escalier, il fallait parcourir une assez longue portion de ce sinistre couloir avant d'arriver à notre chambre, notre chambrette, notre pays, notre lit, notre lit coincé, défoncé, forcé sous le plafond mansardé, enserré de trois côtés par les murs, notre lit sur lequel on basculait à peine entrés, faute de place, sur lequel nous passions nos journées, sur lequel nous nous roulions en riant, sur lequel nous lisions, écrivions, sur lequel nous nous déshabillions et nous rhabillions, sur lequel Lula se maquillait agenouillée sous la fenêtre, sur lequel je dessinais, et sur lequel nous nous aimions en perpétuel délire, jubilation et étonnement.

Notre lit, notre lit, notre lit, dont les draps tièdes sont imprégnés du parfum si particulier de Lula, notre lit au creux unique creusé à force d'étreintes et de sommeil corps contre corps, souffles mêlés, bras et jambes enlacés, ventre contre ventre, cambrés, désespérément noués l'un à l'autre jusqu'au plus profond du plus profond sommeil, conscients de nos mutuelles présences avec la peur, la peur obscure d'être arrachés, écartelés l'un de l'autre, peur animale, je le sais bien, peur enfantine que nous gardons en nous depuis ce premier jour où nous nous sommes connus.

Lula, près de moi, front contre la vitre, agenouillée sur notre lit. Au-dessous de nous, une infinité de lumières palpitent : Paris. Les cheveux de Lula me chatouillent la joue, ma main caresse son dos nu, mon autre main ses seins et son ventre replié, sa hanche contre ma hanche et sa cuisse nue contre ma cuisse nue… ou bien Lula penchée sur le petit réchaud à alcool, ou bien Lula en train de lire, oui, c'est ça, en train de lire et l'ombre de ses cils sur sa joue et sa main qui se tend vers moi, qui me cherche, et sa paume que je respire, et Lula qui referme son livre et pose ses lèvres dans mon cou et sa joue contre mon dos et ma bouche sur son ventre et sa bouche et ses bras et nos jambes sueur et pulsations langues lèvres et dents sueur et pulsations poitrine contre poitrine sueur et langueur ventre contre ventre toison contre toison.

Pendant ce temps, dans l'infect couloir, la mère Godon astiquait grattait briquait, la petite reinette flopait sur ses chaussons et, par-delà la fenêtre, les superstructures balancées par le vent d'hiver secouaient durement les artisans en péril. De temps en temps, une ombre rapide, une corneille, frôlait nos carreaux. On frappe. Lula plonge sous les draps. J'enfile mon pantalon. C'est Raoul ou Abel, ou Albert Tarradeau, le collectionneur rôdeur qui s'infiltre chez les peintres par tous les interstices, ou alors, c'est la mère Clodomir. Oui, la mère Clodomir.

Un jour Abel nous l'avait amenée car elle voulait m'acheter une toile. Abel l'avait connue par Barte. Barte était à l'époque secrétaire de Plâtre, Plâtre le philosophe. Et Hector Clodomir, bien que n'étant pas particulièrement partisan de la philosophie névrosée de Plâtre, le fréquentait pour le plaisir pur du trouble humide. Ce qui excitait la mère Clodomir, c'était qu'entre-temps Pauline était devenue… comment dire ?… la consolation de Sébastien Plâtre et que Hector Clodomir, passionné de dialectique humide, nous avait délégué sa femme, sorte de demi-nabotte envisonnée, qui s'était hissée jusqu'à notre nacelle suspendue, afin de voir si, par hasard, l'ex-mari de Pauline pouvait être manœuvré contre Plâtre. À sa grande surprise, elle trouve sous les toits deux stupides tourtereaux.

Donc on frappe. Lula saute sous les draps. J'enfile mon pantalon et la mère Clodomir entre dans notre délicieux petit cocon. Aussitôt, elle bécote Lula et s'affale sur le lit sous la pente mansardée. Il est évident que cette odeur d'amour frais, les joues de Lula, lui creusent un vide au niveau des trompes. D'emblée, elle se lance sur Plâtre et Pauline. Elle nous sort même une lettre subtilisée à Plâtre par Dubois-d'Aulne et échangée par Clodomir contre une lettre de la petite Russe, transfuge, disciple de Germain Fil l'existentiel sec, une lettre bourrée de fautes d'orthographe de la ravissante Elsa. Situation, comme on le voit, trop compliquée pour nous.

Pendant que la mère Clodomir nous détaille les dessous de ces joutes philosophiques, Lula, avec de tous petits mouvements sous les draps, enfile sa culotte, remet son soutien-gorge, son porte-jarretelles, ses bas. Enfin je lui donne sa robe, dans laquelle elle se coule en se levant. La mère Clodomir, minuscule tas de vison, recroquevillée au pied du lit, coincée sous la pente, parle, les yeux de plus en plus luisants. Elle se tasse, elle se tasse. Depuis qu'elle s'est jetée sur le lit elle a bien diminué de moitié. Ah ! qu'elle aimerait devenir encore plus petite, invisible. Ah ! qu'elle aimerait avoir des ventouses et des crochets, s'introduire entre les draps, s'insinuer au cœur du labyrinthe et rester là, tapie dans les odeurs de sexe. Elle aimerait attendre le bon moment et youp ! sauter en marche pour se fixer à jamais en pleine toison. Ses lèvres actives découvrent deux incisives jaunes et ses yeux en relief caressés par la lumière frisante semblent deux monstrueuses gouttes de glycérine sur le point de rouler.

« Merveilleuse Lula, ainsi vous dormez nue ? moi qui voulais vous offrir une chemise de nuit, hi hi hi ! et Cyrus, vous dormez nu aussi ?

– Mais oui, madame ! »

Regard rieur de Lula.

« Et l'hiver, comme ça, à dormir nus sous la fenêtre, vous n'avez pas peur de prendre froid ? »

Lula, agenouillée sur son oreiller, remet ses cils en ordre en m'envoyant des coups d'œil complices. Dans un demi-sourire, ses lèvres découvrent un peu ses dents entre lesquelles, par moments, un tout petit bout de langue passe, juste le temps d'humecter une brosse à cils, oh ! tellement vite, qu'il m'a fallu des mois pour savoir exactement ce que signifiait ce geste si rapide.

La mère Clodomir se tortille, ce qui ne fait que la coincer davantage sous la pente du plafond. De là où je suis, je ne vois d'elle qu'un tas informe.

« Et dites-moi, Lula ?... »

– Elle a tellement envie de savoir qu'elle ne sait plus quoi demander.

« ... dites-moi, ma petite Lula ?... dites-moi... »

Lula passe et repasse tranquillement son doigt sur ses paupières. De son autre main, elle tient la glace ovale qui lance de temps en temps un joyeux éclat. Soudain, je vois son œil dans le reflet, regard tendre et humide.

« Oui, je disais... Voulez-vous que je vous donne une avance sur le tableau qu'Hector veut acheter à Cyrus ?... Comme ça, si vous avez envie... Je ne sais pas, mes enfants, de faire la fête, de partir par exemple en taxi à travers Paris... »

Nous rions. Elle se tortille et, le temps d'un sourire, ses deux incisives viennent jusqu'au milieu de la chambre. Lula, maintenant, promène sa houppette un peu partout sur son visage, tif tif sur les pommettes, le menton, le front. J'ai une envie folle de la reprendre dans mes bras, de la couvrir de baisers, de la déshabiller à nouveau.

« Et dites-moi, mes enfants, si vous aviez un enfant ? Avez-vous songé à cette éventualité ? Que feriez-vous ?

– On se le ferait passer, madame. »

Ça lui scie les ovaires.

« Ah !... ce serait bien dommage, c'est si adorable, un enfant.

– Oh ! madame, les enfants, ça bouge trop pour un peintre.

– Ah ?… Mais un enfant ça vient qu'on le veuille ou pas. »

Elle croit nous avoir feintés, on fait les étonnés. Elle se tasse tellement sous la mansarde que je ne vois plus d'elle qu'un vague grumeau dans les replis, quelques poils de vison, deux yeux globuleux au ras des couvertures, tout au fond dans l'angle, un fantôme de mouvement d'où sort la petite voix.

« Franchement, Lula, franchement, mes enfants, il faudra me dire si…

– Si quoi, madame Clodomir ?

– Si un jour, vous voyez ce que je veux… eh bien, j'ai un très bon…

– Un très bon quoi, madame ?

– Gyné… vous voyez ce que je veux dire… cologue… »

Notre nacelle tangue légèrement pendant que la mère Clodomir fouille dans son sac et glisse quelques billets sous le genou de Lula.

« Voilà, mes enfants, un acompte sur le tableau de Cyrus. Nous viendrons un de ces jours, Hector et moi, le choisir. Bon, mes adorables petits, il faut que je parte. Si vous voyez Abel, dites-lui de passer, j'aurai peut-être l'espoir, pour lui, d'un travail chez un éditeur. Non, il ne peut pas rester comme ça chauffeur de taxi indéfiniment, un garçon d'une telle valeur. »

Elle se léchote les lèvres, s'ébroue, tente vainement à plusieurs reprises de s'extraire de son trou. Impossible. Elle s'est trop enfoncée. Je lui tends la main et la décroche d'un coup sec. Ça fait un bruit de ventouse.

À peine est-elle sortie de notre cocon, à peine son pas grêle d'insecte s'est-il perdu dans l'infini labyrinthe des coursives extérieures, que nous commençons à nous rouler sur notre lit, emportés dans un fou rire d'enfant. Je jette et rejette en l'air les cinq billets de mille qui tombent et retombent en voletant autour de nous.

Lorsqu'un peu plus tard nous passons devant la loge de Mme Clément, elle nous arrête avec sa vivacité habituelle.

« Alors, elle a craché ? »

Je lui montre le fric, elle a l'air ravie.

« Combien ?

– Cinq mille d'avance. » Elle fait la grimace. « Tous aussi radins. »

Pour Mme Clément, nous sommes l'image même de l'amour naïf. Quelque somme que je demande pour un tableau, elle la trouve toujours minable. De confiance, avant que je lui avoue combien j'ai obtenu, elle fait la grimace. Une fois pour toutes, elle a décidé que j'étais incapable de mener à bien nos petites affaires. Quand un amateur de peinture grimpe jusqu'à notre chambre, elle brûle de le suivre, rêvant de lui faire le prix fort à ma place, Robin des Bois en jupons. Elle nous avoue ne pas savoir ce qui la retient de soulager les poches de tous ces gens si morgueux qui fréquentent l'immeuble. Elle fait le geste de les délester de leurs bijoux et autres valeurs, et toc ! les assomme d'une matraque imaginaire. Elle s'est cousu une poche ventrale sous son tablier, poche secrète dans laquelle elle balance, ni vu, ni connu, tout ce qui lui tombe sous la main lorsqu'elle va aider à faire le service dans les étages cossus. Elle engloutit dans sa poche de kangourou une telle quantité de petits fours et de zakouskis que c'est à peine si elle arrive à se traîner jusqu'à notre nid pour dégorger son chargement. Nous voilà condamnés, Lula et moi, à minuscule cocktail sur minuscule cocktail. Douillettement installés sur notre lit, pendant des jours, nous partageons avec les corneilles de la tour Eiffel les miettes de saumon fumé, les misérables saucisses piquées de cure-dents, les religieuses et les millefeuilles rétrécis. Avaricieuse boustif pour gloutons bavardeux. Les corneilles raffolaient de ces reliefs. Elles poussaient leur étrange cri aux vibrations électriques, court-circuit sur tôle galvanisée. Gerbes de plumes noires autour des bras gracieux de Lula sur fond de cheminées et toits de métal. Entre mes cils, je la regarde. Assise devant le meuble de marbre qui lui sert de coiffeuse, elle démêle tranquillement ses cheveux en secouant la tête en arrière entre chaque coup de brosse, oui, comme un jeune poulain sauvage. Et, de nouveau, je glisse au sommeil. Ultime sursaut. Lula, auréolée par l'apaisante lumière des lampes à pétrole. Dehors, le miaulement déchirant d'un chat-huant. Ah ! que tout est calme, si doux. Une légère brise agite les palmes rêches du vieux palmier qui se balance sous la lune devant notre maison. Le vieux palmier dont le tronc velu, colonne d'auroch, sert de support à un rosier fou. Le vieux palmier enserré par les branches frêles d'un acacia. Paupières vraiment lourdes. Encore le chat-huant. Lula va venir dans un instant s'allonger contre moi. Terrible effort pour ne pas basculer dans le gouffre. Bouche pâteuse, j'articule :

« Lula, ma chérie, viens, sommeil, sommeil. »

Petit bruit familier de la brosse posée sur le marbre.

… Oui, par vocation Mme Clément était du côté des amants, du bord des clandestins, entremetteuse dans l'âme, justicière. Au cœur de toutes les intrigues de cœur, aidant de toute son astuce aux cocufiages burlesques, planquant les amants dérangés, retenant dans sa loge sous de futiles prétextes les maris trop tôt rentrés, orchestrant les sorties côté cour, les cavalcades côté jardin, toujours affairée d'amour. Pliée en deux de rire, elle nous racontait en confidence la dernière farce agrémentée de toutes sortes de détails crus, dans l'espoir de nous donner des idées pour nos plaisirs…

Jamais plus nous ne sommes retournés dans le quartier. Terrible remords, surtout pour Lula, plus reconnaissante que moi par nature.

Abel nous avait aidés à déménager avec son vieux taxi. Oui, Abel nous avait aidés à déménager avec son vieux G7. Et depuis, jamais plus retournés. Remords. Pourtant, sans Mme Clément, que serions-nous devenus ? Sans sa complicité, sans son aide de tous les jours ? Elle nous mijotait des soupes de légumes. Il y en avait toujours un bidon pour nous, derrière la porte de sa loge. Rien qu'à notre air, elle savait si nous avions besoin d'argent. Elle nous rattrapait dans le sombre couloir et nous glissait un bout de fromage ou de gâteau enveloppé dans un papier, et on était toujours sûrs de trouver en plus un billet plié menu. Combien d'argent nous a-t-elle donné, « prêté », forcé ? Ah là là ! remords, remords. Quand je pense que nous ne sommes jamais retournés la voir.

Enfin, Lula est dans mes bras, elle vient de souffler les lampes, sa joue s'est posée sur ma poitrine.

Leur tanguante nacelle était un lieu hors pesanteur. Ils voguaient à la frange du Champ-de-Mars, vers l'île des délices… Vers l'île des délices, à la pointe du mât, balancés, blottis, balbutiants, bercés, et une nuée de corneilles les entourait…

« Bonne nuit, mon amour.

– Bonne nuit, ma Lula. »

… Vieille maison cossue qui abrita leurs amours, vieille maison aux balcons sculptés d'acanthes et de faunes avec, au-dessus de chaque fenêtre, un ange joufflu, au nez mangé par les pluies et le gel…

« Dors bien, mon amour.

– Toi aussi, ma Lula, dors bien, ma chérie. »

Un deuxième chat-huant quelque part derrière la colline. Le palmier secoue ses palmes sèches avec un bruit de soie déchirée.

Au début, scrupuleusement, Mme Clément lui faisait des pâtées, l'emmenait pisser au Champ-de-Mars, le chouchoutait, lui parlait, lui filait du sucre, lui faisait faire le beau, lui essuyait les yeux, exactement tout ce que les patrons du chien (non, c'était une vieille chienne), exactement tout ce que les patrons de la vieille chienne lui avaient écrit sur la liste au moment de partir. Tout aurait dû marcher comme sur des roulettes si Mme Clément n'avait fait cette légère entorse au menu… Oh ! presque rien, au lieu du bifteck quotidien, un jour elle lui avait donné du poisson. Gloup ! La chienne, d'habitude si chichiteuse sur la pâtée, avait tout avalé. Le lendemain, elle ne toucha pas au steak, Mme Clément lui refile encore un poiscaille. Gloup ! Le lendemain pareil, le surlendemain pareil. À la fin, Mme Clément avait beau lui envoyer des coups de pied pour la tenir à distance, il fallait que l'immonde bête reconnaissante, qui l'avait prise en affection, se frotte à ses jambes, lui lèche les mains, l'œil anxieux et bavante d'impatience… Non, ce n'est pas tout à fait comme ça que ça s'est passé… Non, voilà exactement les faits. Des locataires étaient partis en vacances en laissant leur chienne en pension à Mme Clément, « une femme si bonne ». Ils lui avaient donné en même temps la liste de tout ce qu'il fallait et ne fallait pas faire pour que la chienne reste en forme. Quand ils sont revenus, plus de chienne, et Mme Clément en larmes. Jamais elle n'a pu expliquer ce qui était arrivé. Non, à vrai dire, elle avait raconté une vague histoire de poisson, mais elle pleurait tellement que les patrons de la chienne, émus par ce chagrin, lui avaient refilé une somme pour… comment dire?… En vérité, la pauvre bête était morte sans même prendre un seul repas, car elle… Non, les patrons avaient laissé une certaine somme à Mme Clément pour les frais d'entretien. La pauvre bête avait avalé une arête de poisson et était morte étouffée. Oui, c'est ça! une arête de poisson en travers du gosier. Mme Clément avait aussitôt balancé la dépouille de la vicieuse bête dans le calorifère. C'est ça, exact! *Car il y avait le calorifère de Mme Clément.* Dehors, la lune éclaire avec une telle violence que des rayons passent entre les lamelles disjointes des persiennes. Durs et nets comme des roseaux, ils tombent à l'oblique effleurant le fauteuil sur lequel Lula a jeté ses habits. La brise balance le palmier et les oiseaux de nuit roucoulent dans les châtaigniers derrière la maison. Grondement très lointain d'un avion à réaction qui fend la nuit étoilée. Le pilote, les mains nouées sur ses commandes, doit se sentir immortel à survoler comme ça l'humanité endormie. Couché sur le flanc, j'écoute mon cœur battre. Écœurante cadence. Frisson de dégoût d'être lié à ce mouvement. Entendre mon cœur battre pendant que, contre moi, Lula endormie respire si calmement, si calmement. Je caresse son corps, elle pousse un soupir et chuchote quelques mots incohérents. Angoisse. L'avion s'est perdu dans l'immense vide extérieur, dans l'espace mort. Mort. Mot vide.

Avant d'attaquer la vis sans fin qui menait à notre nacelle, il y avait trois minuscules marches qui s'enfonçaient sous terre. Une porte de fer peinte au minium et, derrière cette porte, le calorifère. Mme Clément passait sa vie à l'asticoter. À toute heure, on la voyait émerger, les joues rouges, les cheveux en désordre, le tablier roussi. Parfois, en passant, on l'entendait batailler sous terre, tisonner comme une folle l'énorme monstre de fonte. Des lueurs tremblaient sous la porte de fer, éclairant le couloir de reflets terribles. C'est dans ce calorifère que Mme Clément avait jeté la chienne, et puis aussi la chatte enceinte. Oui, Mme Clément si bonne pour nous. Il faut dire qu'à chaque portée, elle jetait tout vifs, en plein dans le foyer, les petits à peine sortis du ventre de leur mère. Oui, morts à peine nés, les petits chats. Coup au cœur. Je chuchote « Lula », mais elle dort trop profondément. Et puis, un jour que la chatte était encore enceinte, elle l'a prise dans ses bras, elle l'a caressée, dorlotée, elle l'a embrassée. La chatte ronronnait confiante et… youp ! dans le calorifère. Je me dresse sur le lit, la gorge serrée. La gentille chatte grise dans le gouffre incandescent. Je manque d'air. Les rayons de la lune sont presque horizontaux. La lune va dans un instant passer derrière la colline et nous serons plongés dans le noir, le noir absolu. Je ne peux pas dormir et, en plus, j'ai envie de pisser.

Allez, à trois tu y vas ! Une.. Deux… et le petit chat roux ? Ah ! c'était un vrai Landru, Mme Clément… Allez, trois !

Lula me demande d'une voix pâteuse ce qui se passe. Je lui conseille en riant d'aller pisser aussi. Jamais de la vie ! Elle me tourne le dos et se rendort au milieu d'un mot. Je m'allonge contre elle, je la respire, je me dilue dans le doux sommeil, j'expire à son rythme. Dans un instant, je vais perdre conscience. Cette idée me réveille. Dans un instant, nous n'existerons plus. Aussi simple que ça. Inconscience à perpétuité. Je pose des baisers sur son dos, des baisers plus légers qu'un souffle, moi qui t'aime tant, ma Lula. Et je sens ses vertèbres sous mes lèvres. Lula, Lula ! Je l'enlace fortement et je reste un long moment immobile contre elle. Soudain, sa main vient en tâtonnant caresser ma joue.

« Bonne nuit, mon amour.

– Bonne nuit, ma chérie, bonne nuit, ma Lula. »

Le calorifère de Mme Clément. Et la nuit où Mme Clément était montée nous prévenir qu'on lui avait téléphoné pour nous de chez mes parents ? Quand nous sommes arrivés, Pipa était ployée sur le côté, dans la pose exacte où la mort l'avait frappée. Pipa, mon amour d'enfance ! De sa bouche entrouverte coulait, coulait du sang mêlé de salive. Il y en avait partout, sur son oreiller, sur les draps… Pipa morte ! Ses grandes paupières sombres un peu soulevées sur le blanc de l'œil retourné. Et mon père, mon père ramassé au fond de son vieux fauteuil, jambes repliées très fort contre son ventre, crispé, le menton sur les genoux, grotesque avec ses bras noués autour de ses jambes. Ah ! il était effrayant avec ses cheveux gris qui pendaient, et son nez barbouillé de morve. Il ne faisait que secouer la tête à droite et à gauche, à droite et à gauche, et ses yeux étaient bouffis à force de pleurer. Il ouvrait tout grand la bouche, sans arrêt comme s'il manquait d'air. À peine entrés, Lula et moi, machinalement, nous nous sommes approchés de Pipa. Pipa ! Pipa, que j'essaie de redresser et que je serre en sanglotant contre ma poitrine. Pipa que je tente d'allonger, de déplier un peu. Ma langue frappe mon palais en quête d'un peu de salive, mes lèvres sont en bois. Et sa bouche ouverte. Affreuse grimace. Sa mâchoire que je lie avec une serviette que j'attache par-dessus ses longs cheveux noirs. Ah ! que mes gestes sont froids, lointains ! Mes mains sont engourdies. Lula ! Ma Lula ! Et nos gémissements de bêtes. Ah ! dans quel trou pataugeons-nous ! Je ne comprends plus la vie. Je geins à chaque mouvement, pendant que je vide une cuvette pleine de sang dans le petit lavabo du cagibi et que je lave un cendrier débordant de mousse rose. Je vais, je viens, je me heurte à tout. Avec une absurde obstination, je veux tout ranger comme si ça pouvait avoir la moindre importance. Je titube, je ramasse les coussins, les serviettes pleines de sang, les misérables chaussettes de mon père, ses caleçons qui traînent sur le tapis, son pantalon, sa chemise. Je bouge dans un brouillard. D'instinct, je reviens vers Lula, Lula qui me tend la main. Lula, Lula ! Je tombe à genoux, secoué de pleurs, et j'enfouis mon visage dans son ventre, et Lula penchée sur moi pleure le front sur ma nuque. Je la serre contre moi, je lui embrasse les yeux, la bouche, le nez. Ses bras se sont refermés sur moi. Ah Lula ! Un soupir, presque un sanglot. Elle murmure, inquiète, réveillée à demi. Je la rassure : « Dors, dors, ma chérie… »

Dans la nuit immense, dans la nuit gonflée de silence, je respire doucement. Je me suis couché sur le dos et j'ai sorti mes bras des draps moites, espérant que la fraîcheur, espérant confusément que la fraîcheur sur ma peau, la fraîcheur de l'air me ferait dériver. Voilà encore un avion. Est-ce vraiment un avion ? Grondement imperceptible, gêne dans les oreilles. Avion ? Fusée ? Peut-être un engin d'un genre tout à fait nouveau. À des hauteurs fantastiques, en ce moment, un homme fonce hors du monde, hors du temps. Les yeux rivés sur ses compteurs multicolores, il doit rire vers les étoiles car il échappe au sommeil, aux angoisses, lancé à une telle vitesse.

Quand je pense que Pipa, avant de mourir, avait demandé à être incinérée. L'idée de se décomposer lui était insupportable. Pipa, couchée dans le grand lit au milieu des cachemires. Vers la fin, quand Lula l'a connue, elle avait déjà ces terribles ombres autour des paupières, ses grandes paupières bombées, des noirs infinis, du vide. Et les joues, et son cou? Il ne restait que peau sur tendons. Et ses mains si belles, si expressives, si douces? Os, avec veines sinuantes. Son corps? Devenu si léger qu'il ne faisait même plus fléchir les oreillers. Seuls, ses yeux scintillaient de fièvre, reflétaient la vie. Mon père, depuis le temps qu'elle était comme ça, à l'agonie, ne voyait plus les ravages, ne voyait pas combien elle devenait transparente, sa Pipa. Ils avaient passé tant d'années ensemble, amoureusement unis, oui, unis par un amour rieur. Rieur. Car le rire est le bien le plus précieux que nous apporte l'amour, le véritable amour avec des courbes et des douceurs, l'amour penché et tendre, et balbutiant, et enveloppant. Atroce maladie qui avait si terriblement remodelé Pipa jusqu'à l'os, tout ce travail sous la peau, tout ce taraudage. Ah! le sang dans mes tempes, mes nerfs, mes os… et les draps trop tièdes.

Pipa se dressait sur le lit et montrait d'un air égaré le coin le plus reculé de la chambre. Mon père la prenait dans ses bras et la berçait longuement comme une enfant jusqu'à ce qu'elle se rendorme. Quand j'arrivais, je les trouvais épuisés par ces nuits, mon père enveloppé dans un manteau au fond de son vieux fauteuil et Pipa renversée parmi les coussins.

Dans la chambre sans air, nous avons passé la nuit immobiles devant le cadavre de Pipa.

À l'aube, Lula est allée chez la concierge et a rapporté du café brûlant. En vain avons-nous essayé d'en faire avaler à mon père. Il rejetait tout, il lui en ressortait même pas le nez et il poussait des gémissements misérables, des hoquets de chiot perdu. Ma grand-mère, affalée au pied du lit, bougeait sans arrêt la tête comme si elle disait non. Non non non non non ! Elle gisait, la figure barbouillée de larmes, et de temps en temps elle entrouvrait des yeux absents, et une longue plainte venue d'un autre âge nous faisait frissonner. Lula, enveloppée d'un vieux manteau s'était roulée en boule dans un fauteuil. La joue posée sur sa main, elle me regardait avec une rare tendresse. Enfin, je m'étais traîné jusqu'à elle, j'avais mis ma tête sur ses genoux et je m'étais instantanément endormi. Ah ! dormir, dormir. Je me retourne et caresse la hanche de Lula, sa hanche, si douce, si tiède, si rassurante, sa hanche de femme endormie et son ventre souple, tendu, si lisse avec le nombril que je cherche et que je sens sous mes doigts, légère encoche dans la chair, et enfin plus bas, sous ma paume recourbée, son sexe.

Le lendemain, ils étaient tous là. D'abord la Fabert. Puis la princesse Orloff était arrivée avec un lot impressionnant d'amulettes, d'icônes et de cierges parfumés. Tout ce qui restait d'antiquités russes dans le quartier, toutes les momies averties, s'étaient agglutinées devant la porte. La cour en était pleine, de ces spectres. Chaque fois qu'on ouvrait la porte, ils se démanchaient le cou pour voir la morte. Ils ne se tenaient plus d'aller faire des signes de croix. De temps en temps, je faisais entrer une fournée de ces fauves si chrétiens. À peine dans la chambre, ils se jetaient sur Pipa, signes de croix, baisers, cris et sanglots, icônes frottées, huiles saintes, eau bénite, pain bénit, sans parler des immondes fleurs et de tous les petits bouts de papier soigneusement pliés sur lesquels ces maniaques avaient calligraphié des prières en cyrillique. Le lit était devenu en quelques heures un dépotoir.

Ensuite, toutes les clientes de mon père ont défilé, toutes celles qui étaient tant et tant venues et revenues pour les tarots. Même l'énorme Violetta, soutenue par son maître d'hôtel et son chauffeur, oui, même cette antédiluvienne coquette sur ses escarpins piqués de strass, les joues craquelées de plâtre, a voulu bécoter le cadavre. Lula, assise dans un coin, regardait, effarée, les monstres défiler. Mon père n'avait pas bougé de sa place, le menton sur ses genoux, paupières enflées à ne plus pouvoir ouvrir les yeux, il défaillait à chaque mot de consolation, reprenant respiration dans une pauvre plainte.

Et il y avait la Fabert. La Fabert, organisatrice, était à son affaire. Elle allait et venait, jubilant de pouvoir dépenser son trop-plein d'énergie. En quelques heures, elle avait contacté tous les croque-morts de Paris, obtenu des devis, débattu le prix du cercueil, du convoi, trouvé un caveau au rabais. Elle était partout à la fois, des listes à la main, ses lunettes retenues à l'américaine par un fil de nylon. Elle cochait, faisait des croix sur ses calepins, téléphonait à la mairie, courait chez le docteur pour les certificats. C'était à croire que tant que Pipa ne serait pas profond sous terre, elle n'aurait pas de repos. Elle avait même fait venir un coiffeur. Terrible épreuve ! Il avait donné un coup de peigne à Pipa avant qu'on ne la dépose dans le cercueil capitonné. Encore une idée de la Fabert, cet ultime coup de peigne. Puis il s'était attaqué à mon père. Entre chaque sanglot, un coup de rasoir, et ainsi, petit à petit, il lui avait fait la barbe et coupé les cheveux. Ah ! j'entends encore le bruit des ciseaux voletant autour du misérable veuf. Mme Fabert encourageait mon père en zozotant et roucoulant. Elle le voulait beau. Il a fallu ensuite que je l'emmène pisser, il ne se rendait même plus compte combien il en avait envie. Et ainsi de suite toute la journée, une nouvelle nuit et toute une matinée. Jusqu'au cimetière, la torture fut parfaitement organisée pour le malheureux survivant. Mon père se laissait conduire aussi raide qu'un mannequin. On le traîna devant le trou. Le bruit sourd de la terre tombant sur le bois le réveilla, il poussa un cri et il fallut l'emporter vers la voiture. Ma grand-mère, réduite à l'état de loque, se collait à Lula, seule présence réellement féminine et douce dans ce désert. Elle fut parfaitement docile, pourvu que Lula ne lui lâchât pas la main.

La voiture des Fabert était spacieuse comme un wagon. Banquettes en cuir capitonné bleu ciel, tableau de bord rouge vif et glaces fumées. Un chauffeur noir la conduisait, coiffé d'une superbe chéchia. Avec la plus désinvolte familiarité, la Fabert tutoyait son chauffeur, l'appelant Bamboula. Bamboula riait tout seul et secouait la tête comme si un démon intérieur lui chuchotait sans arrêt de savoureuses histoires. Des fous rires muets agitaient ses épaules, et le gland de sa chéchia sautillait joyeusement. La Fabert s'était installée à l'avant, à demi tournée vers nous. Elle cochait ses éternelles listes avec un porte-mine en or, retenu par une fine chaîne ouvragée à son sac de crocodile dont les volumineuses écailles brillaient sur ses genoux. Lula était assise contre moi. Près d'elle, ma grand-mère se tenait très droite, les yeux fermés. De temps en temps, une larme suintait entre ses paupières et roulait sur sa joue, laissant une longue traînée humide parmi les petites rides. Mon père, tassé tout au fond, dans le coin, semblait revenir doucement à la vie, il respirait avec plus de calme et, à peine roulions-nous sur l'autoroute, que je le vis sortir discrètement une cigarette.

La pluie commença à tomber, et Bamboula déclencha les essuie-glaces, ce qui fit redoubler ses rires muets. Mon père eut un pauvre sourire qui tourna instantanément en pleurs. Il voulut se recroqueviller dans son coin mais ma grand-mère l'attira de force contre elle et ils sanglotèrent longtemps joue contre joue, dans la voiture aux vitres fumées. La pluie étoilait le vaste pare-brise sur lequel les essuie-glaces battaient follement.

Au soir tombant, la voiture bifurqua dans une allée sous des marronniers. Nous roulâmes un temps infini sur le gravier, entre des barrières d'un blanc éblouissant, derrière lesquelles des chevaux nous regardaient en secouant leurs crinières. Certains nous accompagnaient un moment en trottant d'un air hautain et la Fabert roucoulait leurs noms, leurs titres et leurs exploits sur les champs de courses.

« Voyez-vous, Cyrus, vous qui êtes peintre, vous devriez faire des portraits de chevaux. Savez-vous que vous pourriez gagner é-nor-mé-ment d'argent ? Nous vous en commanderions tous, Chichi Khan, Mme Flipert, Simpson, les O'Connor, sans parler de tous les gens qui ont l'amour du cheval chevillé au corps sans pour cela avoir un haras. La place, Cyrus, est à prendre. Lula, vous devriez user de vos beaux yeux pour le persuader. Son pauvre père serait si heureux qu'il réussisse. N'est-ce pas, Mony, que ce serait la plus belle consolation pour vous dans votre affreux malheur ? »

Enfin la voiture s'arrête et aussitôt la voix de la Fabert retombe car nous sommes délivrés du dégoûtant bruit de gravier écrasé. Toutes les portières s'ouvrent ensemble et des domestiques de tous sexes et de tous âges nous aident à nous extraire de la mélasse américaine. On nous conduit par un escalier en coquille vers le perron éclairé de lanternes de Venise sous lesquelles M. Fabert nous attend. Dès que mon père arrive à sa hauteur, il le presse sur son cœur en lui donnant toute une série de petits coups rapides sur les omoplates. À cette nouvelle marque de compassion, mon père éclate en sanglots.

« Allons, allons, mon pauvre Mony. »

Le ton de M. Fabert est tout à la fois compatissant et énervé, plus énervé d'ailleurs que compatissant. Il voit son week-end gâché. De la pluie, des larmes, c'en est trop pour un dimanche normand. Fantôme de baisemain à ma grand-mère que deux domestiques traînent jusqu'à l'affligeante cheminée genre château des Carpates. Bonjour avec sourcils haussés à Lula et, pour terminer ces condoléances, il m'administre entre deux portes une poignée de main penchée.

Devant la cheminée, deux énormes dobermans aux babines baveuses remuent dans une bergère, ouvrent un œil, bâillent et étirent leurs corps au poil tellement ras qu'ils semblent nus. Une jeune femme en chemisier imprimé léopard, « lovée » entre les deux bêtes, nous tend une main paresseuse au maximum de son bras et nous sert un sourire de magazine qui dévoile toutes ses dents bien serrées. Elle lance un fulgurant regard vertical vers Lula et ses yeux d'acier s'arrêtent un petit moment sur son ventre pendant que ses griffes peintes s'enfoncent dans les encolures des bêtes jumelles sur lesquelles elle s'appuie avec nonchalance. Hum !

Tintement des glaçons dans les verres. Lula s'est enfoncée jusqu'au menton dans un fauteuil trop cossu. Je me suis assis sur un des accoudoirs aussi vaste qu'une croupe de jument, à côté d'un cendrier en forme de sabot de cheval. La mère Fabert a poussé mon père dans une causeuse devant le feu. Il semble reprendre vie. La bonne chaleur lui fait venir un frisson, il tend les mains vers l'âtre et sourit tristement à notre hôtesse qui s'est agenouillée près de lui. Elle plisse ses gros yeux, son sein palpite, toute sa personne respire le goulu désir de palper le Maître, de l'engloutir sous sa chair abondante. Ah ! si nous n'étions pas là, je le sens, il passerait un bien chaleureux quart d'heure, le pauvre veuf.

Le père Fabert s'est posé du côté des dobermans. Un verre à la main, il lance des regards biaiseurs vers la jeune femme léopard qui s'amuse à lui tapoter les vertèbres de la pointe de sa botte. Nous restons tous un assez long moment silencieux. Finalement, ma grand-mère se lève et discrètement s'éclipse vers sa chambre. Nous aimerions bien en faire autant, Lula et moi, mais comme nous mourons de faim, d'un rapide regard échangé, nous convenons de ne pas bouger. À peine ma grand-mère est-elle sortie que la Fabert n'a pu résister, elle s'est traînée comme une otarie jusqu'à mon père. Trois ou quatre secousses de ses grosses hanches et elle s'est collée aux jambes du Maître. Au même moment, la femme léopard s'adresse à mon père. Elle parle sans desserrer les dents, les lèvres ouvertes sur un glacial sourire.

« Est-ce vrai, monsieur Rezvani, que vous êtes magicien ? »

La Fabert roucoule qu'il est non seulement magicien mais de plus prophète, et lance un regard entendu à la ronde.

Mon père tente d'expliquer quelque chose, mais avec toutes ces émotions son accent est devenu plus tordu que jamais. Après une ou deux tentatives, il renonce à transmettre quoi que ce soit de cohérent et toussote dans sa main. La léoparde se tourne vers moi et me demande si je suis bien le fils de... elle désigne mon père du menton... et si c'est vrai que je fais de la peinture abstraite. La Fabert hennit et déclare tout net que, depuis aujourd'hui, nous avons décidé de devenir portraitiste en chevaux. Je proteste mollement, découragé d'avance. Envie terrible de foutre le camp, de me lever, de prendre Lula par la main et de sortir. Mais l'idée de la pluie et de toutes ces barrières blanches... Je grimace un sourire niais. Je tente une offensive. Je les assomme à bout portant de toutes les théories vaseuses qui me tourmentaient à l'époque : la beauté, la douceur, le calme, la sensualité qu'un « artiste » devrait apporter à l'humanité en délire. Et me voilà parlant de ces statues enlacées que des explorateurs découvrent enserrées par les lianes au fond d'obscures forêts vierges, de ces couples à jamais déhanchés aux corps de pierre mêlés, aux visages souriants et paisibles. Je parle de ces mains aux doigts trop longs, des bras souples de ces divinités, de leurs hanches barrées de parures de perles, de leurs jambes croisées, de leurs chevilles alourdies de bracelets, de tous ces complexes enchevêtrements de corps parmi les éléphants et les digitales. Je parle de courbes et de douceur.

Enfin, nous passons à table. Le repas se traîne au milieu de l'insupportable ballet des domestiques en gants blancs. Les cristaux scintillent et le moindre mouvement maladroit déclenche des tintements trop ravissants, vite arrêtés par un doigt de coton. La Fabert s'est assise contre mon père. Elle lui coupe sa viande, elle la lui mâcherait presque. Au début, à chaque bouchée, il versait quelques larmes et puis, petit à petit, l'appétit est revenu, il s'est mis à engloutir et à boire verre sur verre. Le larbin, à la fin, ne le quittait plus. La bouteille à la main, il remplissait et mon père vidait. Arrivé au dessert, il riait tellement qu'il en pleurait. Et le voilà qui se lance sur Pipa. On ne pouvait plus l'arrêter. Il se met à raconter tous les moments heureux de leur vie. À chaque anecdote, il sanglote et rit tout à la fois. La léoparde le relance ironiquement, lui pose des questions sur cette Pipa si exemplaire. Mon père me prend à témoin.

« Cyrus ! Cyrus, raconte à madame comment Pipa avoir toujours été merveilleuse… »

Il sanglote, le front sur la nappe.

« … Ah ! raconte, Cyrus, comment Pipa, toujours rieuse. Raconte comment Pipa et Papa, toujours heureux ! Ah heureux heureux heureux ! malgré pas d'argent, malgré maladie… Pipa ! Pi-pa ! Pi-pa ! Pi-pa ! Pi-pa ! Pi-pa Pi-pa !… »

Litanie désespérée.

Il fallut emporter mon père, le déshabiller comme un petit enfant, le coucher, le dorloter, mais rien ne pouvait plus apaiser ses pleurs. D'être pour la première fois tout seul dans un lit glacé le mettait au désespoir. Le bruit d'une rafale de pluie contre la vitre lui donna une crise de nerfs. Il voulut se rhabiller, retourner tout de suite au cimetière. L'idée que toute cette eau pouvait s'infiltrer le rendait fou. Serrés bien fort l'un contre l'autre, toute la nuit, nous l'entendîmes gémir dans la chambre au-dessus de nous.

Le lendemain, il ventait et pleuvait tellement que les fenêtres du château, côté mer, étaient recouvertes d'une épaisse couche d'eau maintenue plaquée à la verticale par le vent du large. Ça suintait de partout, l'eau s'insinuait par les pores de la pierre et ressortait à l'intérieur, pulvérisée. Les précieux tapis, les moquettes étaient tellement imbibés d'humidité qu'il n'était pas question de poser pied à terre.

Après avoir enfilé nos vêtements, debout sur le lit à baldaquin, nous volons d'instinct vers la salle à manger, dans l'espoir d'obtenir un petit déjeuner.

De tous côtés, des domestiques s'affairent avec des serpillières, absorbent les embruns. Un vieux maître d'hôtel agenouillé devant une fenêtre nous conseille de monter jusqu'à la bibliothèque. Il nous promet un café brûlant qu'il nous apporte aussitôt. Nous nous installons sur un canapé. Emmitouflés dans une vaste couverture de fourrure, nous contemplons par un hublot les prairies inondées. Partout des barrières blanches se recoupent sur le gazon trop vert, ménageant des enclos, des couloirs, tout un effrayant labyrinthe à perte de vue. Limitant les prairies, un bâtiment de briques aux joints repeints blanc cru s'allonge à perpétuité. Des centaines de têtes de chevaux dépassent par des ouvertures régulièrement percées à même hauteur. Des hommes en suroît noir vont et viennent, rapides comme des fourmis, le long de cet infini bâtiment, ouvrent des portes, les referment, entrent et sortent. Parfois, un cheval est tiré de force hors de son alvéole par cinq ou six de ces fourmis agitées. Il secoue la grappe de nabots et hennit en tendant désespérément les naseaux vers le ciel. Ses pattes grêles martèlent le pavé et soudain, docile, tête basse, il se laisse emmener jusqu'à une camionnette dont la partie arrière est bizarrement articulée. Quelques coups de cravache, et la bête est bouclée dans l'étrange compartiment. La camionnette démarre et se perd dans la tourmente. Lula est apitoyée.

« Mais où crois-tu qu'ils les emmènent, ces pauvres chevaux ?

– À l'abattoir, bien sûr, ma chérie !

– Pas du tout ! »

Nous sursautons. C'est le père Fabert qui vient d'émerger derrière nous par l'escalier. Il lève le doigt et ajoute :

« … seulement ceux qui ne peuvent plus courir ou reproduire. Mais rassurez-vous, Lula, les abattoirs sont aussi modernes que des cliniques, et les bêtes y sont fort proprement tuées. Les chevaux sont trop impressionnables pour supporter la vue du sang. Non, rassurez-vous, ici, nous sélectionnons. C'est ainsi que se font les belles races. Le problème, c'est d'avoir des lignées sans faux croisement, sans ça, toutes les sept générations, vous avez un affreux petit bâtard qui ressort… comme pour les Bamboulas, exactement ! Tenez, justement, voyez-vous ce cheval là-bas, ce bai-brun si fougueux ? (Il s'assied près de nous sur le canapé.) Eh bien, vous voyez comme il boite ? Vous voyez, Lula ? Voyez-vous ? (Il pose sa main sur la couverture de fourrure sous laquelle nous sommes blottis côte à côte. Ce con-là croit tâter le genou de Lula, mais il se gourre, c'est le mien.) Eh bien, Lula, ce cheval s'appelle Moon-Horse, oui, Cheval de Lune. Ah ! entre deux et trois ans, il était irréel de beauté. (Ses doigts gratouillent très désagréablement la fourrure sur mon genou. Je change de position. Il s'aperçoit de sa méprise. Rougit même pas.)… Oui, absolument lunaire de beauté. Eh bien figurez-vous, Lula, qu'il a fait une malencontreuse chute à Longchamp. Ah ! son paturon n'était pas beau à voir. Ça a été un rude coup pour nous, une grosse perte, ma femme qui l'avait tant chouchouté… désespérée plusieurs jours… un vrai deuil. Voyez-vous, Cyrus, si à l'époque nous avions eu votre père, la chose ne serait pas arrivée, avec son magique pouvoir oriental… (Il fait deux ou trois ridicules simulacres au-dessus de nos têtes.) Et depuis, Moon-Horse est passé étalon. Il aurait mauvaise grâce de s'en plaindre… Hi hi ! »

Il s'humecte les lèvres d'un rapide coup de langue et jette un regard luisant à Lula.

« Par exemple, aujourd'hui, il va saillir une poulinière de Chichi Khan. Savez-vous comment ces choses se font ? »

Lula, passionnée, secoue ses cheveux.

« Eh bien, d'abord le boute-en-train… Mais au fait, voulez-vous assister à la chose ? »

Bien sûr qu'on veut, gros dégueulasse, je me dis, mais arrête de zieuter Lula comme ça. Devant ta femme ou la léoparde, tu te tiens à carreau, mais à jeun, tu m'as l'air fameusement dégourdi. Hé l'amateur !

Nous le suivons. On nous donne des bottes, des suroîts. Bamboula avance la voiture et, d'un bond, nous nous engouffrons dans le wagon. Démarrage en pleine flotte. Bamboula, penché, le nez contre le gigantesque pare-brise, évite les barrières, improvise des virages dans des gerbes immenses. En plus, avec l'humidité, les vitres en un instant sont embuées. Nous roulons au petit bonheur. Je prends la main de Lula et lui mordille le bout des doigts. Fabert allume un cigare et, déjà, nous pénétrons dans le manège. Sciure de bois et sable jusqu'à la cheville, odeur de crottin, de sueur humaine, hennissements, nuages de poussière, on n'y voit pas à deux mètres, tant bêtes et hommes piétinent furieusement. Des volées de sable giclent sous les sabots. À peine entrée, Lula se met à tousser. Fabert lui tapote le dos et oublie d'enlever sa main. Je grince des dents. Heureusement que le secrétaire de Chichi Khan s'avance et l'accapare. Nous respirons dans nos mouchoirs. Les yeux pleins de poussière, nous essayons de distinguer la poulinière coincée entre les planches. Sept ou huit hommes surexcités s'accrochent au mors, à sa crinière, à sa queue pour maintenir l'immense bête. Les naseaux dégoulinants d'écume, elle découvre ses grandes dents carrées, sous l'ampoule électrique qui pend entre les poutres. Son œil déjà très saillant roule de tous côtés. Elle aimerait bien voir le boute-en-train qui lui flaire le dos, se cabre et lui martèle les flancs dans de grands élans maladroits. Un cheval éternue bruyamment. Bruits de claques. Des hommes poussent des jurons. Un nuage de poussière monte jusqu'à la charpente du manège. Nous ne voyons rien. Un mouvement dans la foule et le boute-en-train est emmené pendant que l'étalon fait son entrée. Il danse sur place comme un cheval de cirque, s'ébroue et souffle fort, entouré d'une meute de valets. On le contient, on le guide et un nouveau nuage de sciure s'élève autour des deux monstres affairés.

Le grotesque coït achevé, Fabert tient à nous faire faire le tour de « ses » écuries.

Les bêtes entravées, garrottées, prisonnières à la chaîne, côte à côte, serrées dans les sangles, ficelées, étranglées de cuir et de métal se débattent dans la pénombre, hennissent, soufflent pitoyablement. Il nous fait les honneurs, nous vante l'exemplaire agencement. Sans cesse nous butons dans des cordages des fourches des fouets des selles des chaînes des chaînes et encore des chaînes. Surprenant un regard apitoyé de Lula, le père Fabert décroche une cravache et cingle la croupe d'un cheval noir pour nous prouver combien ces bêtes sont insensibles. De box en box, nous avançons dans l'odeur de crottin et d'urine rance. Parfois un homme, agenouillé dans la paille, enlève sa casquette sur notre passage. Et toujours des chevaux garrottés, alignés à l'infini dans la triste pénombre.

Enfin, Fabert ouvre une grille et nous pénétrons dans un long couloir dont les murs peints au Ripolin rose font penser à ceux d'une clinique. Des hommes en blouses blanches vont et viennent, chargés de seaux de détritus. Des deux côtés du couloir, des portes numérotées et, derrière les portes, des grognements de cochons. Fabert nous précise que nous sommes dans la plus perfectionnée porcherie de France, si ce n'est du monde. Son orgueil.

« Grâce au cochon, la plus vile des bêtes, je puis me payer le luxe de la plus noble ! »

Il sort cette maxime en nous clignant de l'œil pour bien montrer que ce n'est pas la première fois qu'il en use et combien il l'apprécie.

Il ouvre un judas :

« Tenez, Lula, justement, admirez cette superbe truie avec ses bébés. Ils n'ont que quelques heures. »

Il attire Lula d'autorité, la prend par l'épaule, l'oblige à venir contre sa joue regarder par l'étroit guichet. Je reste à piétiner derrière, hésitant à envoyer un formidable coup de pied au cul de ce monstre si assuré. D'une secousse, Lula s'est dégagée. Elle se frotte la joue en faisant une petite grimace. Fabert s'écarte et m'invite à regarder à mon tour. Je me dis : c'est sûr, pendant que tu tournes le dos, le vicieux va faire basculer Lula dans une trappe et, quand tu te retourneras, plus personne. C'est évident, toutes ces odeurs de paille l'excitent, l'affreux porcheron, c'est sûr qu'il bande dans sa culotte de cheval, ce porc. Je jette à toute vitesse un coup d'œil par le trou. Dans la pénombre, une grosse truie à la chair très rose se prélasse, entourée de larves frétillantes. Et youp, je me retourne. Fabert roule ses yeux de verre.

« Alors, n'est-ce pas touchant ? »

Lula se mord les lèvres au bord du fou rire. Et nous voilà repartis de judas en judas. Il veut nous les faire toutes admirer, ses accouchées.

Enfin, nous émergeons en pleine bourrasque. La pluie nous cingle à l'horizontale, le vent dément fait claquer nos suroîts, nous pousse en tous sens. Et l'autre, jamais à court, qui comme de rien passe d'autorité son bras autour de la taille de Lula, pour pas qu'elle s'envole. Heureusement, Lula lui échappe et c'est moi maintenant qui la tiens par la taille et ne la lâche plus. Nous avançons en vacillant et, devant nous, Fabert, suroît brassé, gueule en agitant les bras vers l'océan. De grandes mouettes, les ailes étalées dans le vent, montent et descendent, bercées par la folle tempête. Au fur et à mesure que nous approchons des falaises, les grondements de la mer se font coups de canon, et l'écume projetée à des hauteurs formidables retombe sur nous en paquets baveux. Fabert, par gestes, nous fait comprendre qu'ici s'arrêtent ses terres, coupées net comme au couteau. Chaque tempête en emporte une tranche, réduisant d'autant son domaine. Il s'excite, veut à tout prix nous entraîner au maximum, mais Lula, prudente, refuse d'avancer davantage. Et l'autre hurle que, tant que nous serons chez lui, nous ne risquons rien. Le voilà qui nous en fait la démonstration. Il rampe à quatre pattes jusqu'à l'extrême bord, fait deux ou trois moulinets lyriques vers les éléments, ridicule défi aux vagues immenses, et revient au galop. Au milieu du vacarme, il me semble entendre un lointain coup de klaxon et nous voyons la voiture multicolore au vaste pare-brise fumé foncer à travers flaques et boue en soulevant des gerbes d'eau jaune. Elle disparaît et réapparaît selon les creux et les bosses d'un chemin de terre transformé en ruisseau. Après bien des plongeons, elle vient s'arrêter près de nous en pleine bouillie. Nous nous précipitons dans les capitons et tombons pêle-mêle au milieu des dobermans, de la mère Fabert, Bamboula hilare, la léoparde et mon père. Chahut dans la buée, tout le monde se bécote pendant que la roulotte repart à l'aveugle.

Soudain, Fabert stoppe la voiture et baisse la vitre en roulant des yeux effarés. Le blockhaus a disparu. Le dernier grand ouvrage resté sur la falaise a été emporté dans la nuit. Lula pleurniche à mon oreille qu'elle veut descendre tout de suite, rentrer à pied, n'importe quoi plutôt que de rester comme ça suspendus sur le vide avec cet échappé. Enfin, à son grand soulagement, nous repartons vers l'intérieur des terres. À peine touchons-nous l'escalier du château qu'une flopée de domestiques entoure la voiture. Quand Fabert leur annonce que le blockhaus a disparu, ils jouent les étonnés. C'est évident qu'ils s'en foutent, ça se voit à la façon dont ils en remettent.

Et, pendant tout le repas, il n'est question que de ce blockhaus. La discipline mollit, les maîtres d'hôtel, si stylés hier soir, deviennent familiers à l'extrême. Une vague a suffi pour saper le protocole. Les voilà qui se mêlent à la conversation, coupent la parole, parlent par-dessus nos têtes.

Ma grand-mère se lève de table et file en douce vers sa chambre. Mon père qui, pendant tout le repas, avait gardé les yeux rivés sur son assiette, submergé par une nouvelle crise de désespoir, voudrait aller s'étendre près du feu dans le salon. Tout le monde le suit, assiette à dessert en main. C'est que la mère Fabert ne veut pas le laisser seul un instant, son veuf! Il pousse un déchirant soupir et s'allonge sur un divan contre lequel elle s'écroule dans sa pose préférée: otarie. Fabert se jette au fond d'un fauteuil et commence à fixer la léoparde qui, après s'être pelotonnée en compagnie de ses chiens dans l'habituelle bergère, croyant n'être vue de personne, tire vers lui... oh! le temps d'un éclair... une petite langue de serpent.

Nous nous installons un peu en retrait sur un divan. Un frisson de Lula et je grimpe chercher dans la galerie la couverture de fourrure sous laquelle nous nous blottissons. Un domestique arrive avec le café. Chacun son sucre. Et, pendant un long moment, on n'entend plus que le tintement aigrelet de toutes les cuillères tournées et retournées sur fond d'ouragan.

Contre moi, le corps de Lula est chaud, tellement délicieusement chaud que je plonge ma main sous la couverture directement vers ses hanches. Elle a beau me faire les gros yeux, avoir des rires muets et se défendre en serrant les cuisses, peu à peu j'arrive à faire glisser sa minuscule culotte le long de ses jambes et je la roule au fond de ma poche. Lula qui, au début, me lançait des regards mi-rieurs mi-effrayés a renoncé à se défendre et ferme les yeux. Il faut dire que je la caresse follement et que ces caresses folles me mettent en tel émoi que je décide quoi qu'il arrive...

« Café ? »

Nous ne nous donnons même pas la peine de répondre. Que l'ouragan l'emporte! Lula me chuchote que je suis fou, qu'on doit nous voir au travers de la couverture. Je lui mords l'oreille et, pour toute réponse, je pose sa main où il se doit.

Un terrible frémissement me parcourt. Lula, la joue sur mon épaule, fait semblant de dormir. Sa respiration devient légèrement saccadée. J'ai glissé mon autre main sous son pull et je m'acharne à dégrafer son soutien-gorge. Rien de plus énervant ! « … que vous devriez rester ici avec votre père et votre grand-mère deux ou trois semaines… » Ça y est, ma main se referme sur le sein de Lula, le sein droit, celui avec le grain de beauté juste à la tangente de la pâle aréole. Lourde et délicieuse chaleur pendant que mes doigts, plus bas, au plus doux de son ventre, mes doigts mêlent la soie et la mousse, le miel et toutes les crinières des cavales folles qui bondissent à travers steppes et torrents, crinières rousses, sombres, et naseaux d'une rare finesse, cavales cabrées, cavales cambrées, cavales à la nocturne respiration, cavales ambrées de lait… Sa main à elle s'est refermée, pulsations mêlées, refermée étroitement sur le résumé précis de mon corps. Caresse du sang venu droit de son cœur… J'émerge un instant de ma demi-conscience. « … oui, Cyrus, deux ou trois semaines… Vous en profiterez pour faire le portrait de Moon-Horse. Mon époux vous l'achèterait volontiers si vous arriviez à saisir la ressemblance. » Je balbutie que, moi, les chevaux… pendant que Lula espiègle me serre, faisant pulser mes artères. Je tente de dire que, moi, les chevaux… les chevaux et moi…, que le côté tellement disproportionné, et tout ça… La mère Fabert insiste. Et Lula resserre ses cuisses sur ma main, et sa main, et sa main, sur mon sexe à tel point que mes lèvres sont trop gonflées pour articuler. Heureusement, mon père se lance sur ma folie ; la peinture. Il geint sur mon talent gâché, sur mes chances perdues. Les larmes aux yeux, il me rappelle Michel-Ange-Molitor, ce surnom ridicule qu'il m'avait donné pendant la guerre.

Puis il raconte comment, Lula et moi, nous vivons dans une chambre tellement minuscule que nous avons dû scier le lit pour le faire tenir entre les deux murs. Ça les fait rire. Lit défoncé sous les toits où nous aimerions tant être en ce moment. Ils sont tous d'accord pour trouver ri-di-cu-le notre façon de vivre. Vivre si minablement quand, avec des relations, on peut… et avec son talent, bien sûr… en un rien de temps… sans parler de Lula, belle comme elle est, qui pourrait être mannequin ou même actrice… Tout le monde applaudit. Hollywood. Je me vois descendant de l'avion dans l'ombre de laLu vaniRez, vent dans les cheveux, bras agité, flash ! flash ! Son petit chien qui me tire ; laLu vaniRez dont les mains si douces, si douces me caressent en ce moment sous la couverture, ne l'oublions pas, laLu devant la foule des photographes ramenant de ce geste charmant devenu si célèbre son col de vison cognac qui palpite dans le vent. Flash ! flash ! sourire, lunettes noires, baisers envoyés à la foule derrière les barrières blanches. Gestes gracieux qui font ressortir si bien son mignon cul qu'en ce moment, ne l'oublie pas, mon cher Cyrus, tu caresses amoureusement. Ce cul, pour l'instant bien à toi ! Flash ! flash ! et moi, pendant qu'elle se donne à la foule, moi en plein tourbillon de valises, tiré, tiré par l'infernal dog-star champagne, jambes enroulées dans la laisse, je murmure : « laLu je t'adore, laLu je t'adore ! »… et la foule si aimante qui scande d'un seul poumon : « la-Lu-va-ni-Rez ! la-Lu-va-ni-Rez ! la-Lu-va-ni-Rez-la-Lu-vani-Rez ! »… Je murmure dans ses cheveux : « Lula, je t'adore, Lula, je t'adore. » Et elle m'embrasse pendant qu'autour du feu, sans plus même se préoccuper de nous, ils décident de notre avenir. « … mais voyons, chez Fath, vous qui connaissez Myrtille… » Angoisse. Lula mannequin. Elle s'appellerait Lala. Je vois ça d'ici, Lala, hi ! Lala dort encore, la pauvre chérie. Discrètement, je lorgne sur la montre américaine qui chuchote inlassablement l'heure. Une heure. Pauvre chérie, une heure de l'après-midi et je n'ose pas bouger. Période de collection, écrasée de fatigue. Et moi qui, à longueur de jour, poireaute dans tous les cafés des Champs-Elysées. Cauchemar. Je l'attire tout contre moi. La léoparde nous parle. Je ferme les yeux. Non jamais, jamais nous quitter. « Ah ! jamais nous quitter ! » La léoparde rit. Elle nous trouve très marrants. Oui, vraiment très marrants.

Soudain les dobermans bondissent et se mettent à aboyer. Dehors, coups de klaxon, des portières claquent. Les dobermans foncent vers l'entrée et reviennent en sautant autour d'un enfant habillé comme un adulte. Dix ans à peine. C'est Chichi Khan fils. Rare autorité, baisemain à l'otarie, baisemain à la léoparde, baisemain à Lula, vigoureuse poignée de main à Fabert, à mon père, à moi-même et le voilà qui se jette dans un fauteuil en poussant un soupir d'homme débordé. Ça, c'est sûr, tout son papa. Lui, en âge d'égalité avec les bêtes, repousse les dobermans trop accueillants. C'est connu, les Chichi Khan n'aiment pas les chiens. Impur. Il croise les jambes, sort sa pochette, essuie d'un air désinvolte quelques gouttes de pluie qui brillent sur son front, rajuste son nœud papillon à gros pois et, se tournant vers Fabert, gazouille d'une voix gutturale teintée d'un soupçon d'accent anglais :

« Alors, Fabert ? On m'a dit que ça s'est passé ce matin. Se peut-il que vous ne m'ayez pas attendu pour la saillie, moi qui… »

Lula explose de rire dans mon cou devant l'air si assuré et l'extraordinaire familiarité de cet enfant. Interrompu, il hausse les sourcils et tourne vers nous un regard étonné. Je pince un peu Lula pour qu'elle arrête. Effet contraire, elle redouble. Silence gêné. Enfin Chichi Khan fils continue comme si de rien n'était :

« Savez-vous, Fabert, que vous m'avez fait là un sale coup ? Papa Hamed va être très désobligé lorsque je lui dirai... »

Fabert veut l'interrompre. Sourire mielleux, il prend déjà sa respiration, mais l'effrayant mioche lève sa menotte où brille un énorme diamant.

« Permettez, Fabert, je termine, après, vous vous défendrez. Papa Hamed va être tout à fait contrarié, oui, très désobligé car je suis désobligé, très très désobligé... »

Une grimace tord son visage. Voilà l'enfant qui remonte à la surface. Il va pleurer. Fabert veut se précipiter pour le consoler, mais il est repoussé net par la petite voix métallique :

« Assis, Fabert ! »

Fabert retombe dans son fauteuil et roule vers nous des yeux amusés. Mon père a l'air fasciné. La léoparde crispe un sourire et demande à l'enfant comment vont les mirobolides. Aussitôt l'invraisemblable moutard éclate d'un franc rire.

« Les mirobolides, chère madame, deviennent de plus en plus tordants, surtout depuis que je leur coupe les cornes.

– Oh ! quelle horreur ! mais ils vont mourir...

– Mais ils meurent tous, chère madame, il ne manquerait plus que ça. J'espère bien. Dieu merci, ce ne sont pas les mirobolides neufs qui manquent ! Voulez-vous les voir ? »

Sans attendre la réponse, il frappe dans ses mains. Un homme basané, qui devait se tenir discrètement derrière la porte, fait un pas dans le salon et s'incline. L'enfant princier aboie :

« Mirobolides ! »

Le type s'éclipse, dehors une portière claque et déjà le voilà revenu. Il tient contre son ventre un coffret émaillé qu'il dépose au pied du petit Chichi Khan. L'enfant s'agenouille et invite tout le monde à venir voir de plus près. Lula se rafistole discrètement et, avant de quitter la couverture, me chuchote d'un ton suppliant de lui rendre sa culotte. Pas question, je me la garde.

Nous faisons cercle autour du coffret. À peine est-il ouvert qu'une odeur de putréfaction nous soulève le cœur. Dans la boîte, quelques poignées d'escargots morts et une paire de ciseaux. L'enfant plonge les mains en riant au milieu des coquilles qu'il fait rouler entre ses doigts. Bruit d'os.

Soudain, mon père porte son mouchoir à ses lèvres et sort précipitamment du salon. Je m'élance, mais il s'est déjà bouclé dans les chiottes. Je l'entends qui tousse. La mère Fabert m'a rejoint et nous piétinons derrière la porte à l'écouter vomir. Enfin il ressort, pâle, les vêtements en désordre. Il reste là, le dos voûté, tête basse, à renifler et murmurer des phrases incompréhensibles. Je lui prends doucement les mains et lui demande s'il ne veut pas se retirer un peu dans sa chambre, s'il ne veut pas dormir. Il fait un geste las. Une grosse larme roule le long de son nez et tombe sur ma main. Vas-y, papa, pleure pleure ! Vas-y, papa, pleure ! Vas-y, papa ! vas-y, papa, pleure ! vas-y, papa ! Rire du pic. Vasypapavasypapavasypapavasypapa-vasypapa-va… Rire du pic et cris grotesques des geais nasillards au moment où les premiers rayons du soleil frappent les collines d'en face.

Je me lève et me traîne tristement jusqu'à la fenêtre.

Les persiennes claquent, le ciel est rose et l'arbre devant notre maison découpe en tous sens ce paysage que j'aime tant, ce paysage parfaitement sauvage, sans une maison, sans un poteau, sans une route, jusqu'à l'horizon. À perte de vue, collines sur collines, chênes, pins, châtaigniers.

Je bâille, l'air frais du matin me donne un léger frisson et je retourne m'allonger un instant contre Lula. Le lit est chaud, merveilleusement chaud.

Ah ! ces affreuses images qui hantent les nuits des survivants.

« Tu te souviens de mon père avec les escargots ? Tu te souviens quand le fils du Khan avait ouvert la boîte avec les escargots morts et les ciseaux qui traînaient au fond ? Tu te souviens de ces affreux ciseaux rouillés, quand il s'était mis à remuer les coquilles sèches ?

– Quelles coquilles sèches ?

Comment s'appelait-il ? » Lula murmure sans ouvrir les yeux :

« Ali-Atchi-Khan.

– Ah ! oui, c'est ça, Ali-Atchi-Khan, tu sais que j'ai passé la moitié de la nuit à chercher ce nom, Ali-Atchi-Khan, Ali, oui c'est ça. J'étais persuadé que c'était Chichi Khan. Quelle idée Chichi-Khan. Ah ! j'ai cru devenir fou cette nuit.

– Mais tu aurais dû me réveiller.

– Tu crois qu'on te réveille comme ça ? C'est à peine si tu as bougé quand j'ai été pisser. Ah ! j'ai cru devenir fou, je n'ai pas fermé l'œil de la nuit. »

Je me lève, bâillant et titubant. Comme toujours lorsque je suis à demi réveillé, j'empoigne mon pantalon et j'essaie en le tenant bien ouvert au-dessous de moi de sauter dedans les deux jambes à la fois. Pas question. Rêve complètement idiot et parfaitement irréalisable. Aucun clown au monde n'a jamais réussi un tel exploit. Après avoir sauté deux ou trois fois à pieds joints, je renonce et je me l'enfile une jambe après l'autre, platement, comme tout le monde.

Pendant ce temps, Lula s'est redressée sur le lit, elle est restée un moment agenouillée, très cambrée en arrière, bras levés s'étirant au maximum et remuant les mains très haut au-dessus de sa tête par petits gestes saccadés. Je saute sur le lit auprès d'elle et j'embrasse ses seins, ses seins si chauds encore de tout ce sommeil, puis je lui mordille le ventre. Elle bâille et bascule sur le côté, j'en profite pour mordiller aussi sa hanche toute nervurée par les plis du drap et ses reins imprimés d'imperceptibles filigranes.

Enfin elle s'est levée et m'a rejoint dans la salle de bains. Tout en barbouillant mes joues de crème à raser, comme chaque matin, je vois dans le reflet de la glace ovale, par la fenêtre ouverte, le tronc du palmier, le vieux tronc velu se découper contre le ciel et de temps en temps, passant et repassant devant le paysage bleuté, le profil de Lula. Comme chaque matin, elle a relevé ses cheveux un peu en arrière, retenus par un ruban de velours noir, et je vois son cou gracieux sur lequel retombent quelques lourdes mèches échappées. Elle fait sa toilette et chantonne. Le ciel est bleu et les lointaines collines légèrement déviées par les défauts du miroir semblent s'animer dès que je bouge. Le rasoir sur la peau de mes joues fait un bruit de rabot. Ça résonne lugubrement dans mon crâne. Ah ! combien j'aimerais rester là à jamais, devant ce miroir, face aux reflets des collines sauvages pendant que Lula va et vient derrière moi et que, dehors, le soleil levant effleure l'une après l'autre les feuilles régulières de l'arbre aux branches souples, feuilles au dessin tellement simple que je les vois une à une trembler et osciller au-dessus de ma tête, emprisonnées dans la courbe étroite du miroir ovale, oui, une à une toutes les feuilles reflétées dans la courbe resserrée du miroir ovale et, contre ma joue, les douces collines voilées de brume bleue et le profil de Lula qui, soudain, derrière moi, s'est miraculeusement arrêtée, oh ! juste un instant, bouche entrouverte sur le bleu, un battement de cils, et de nouveau les collines bleues et le va-et-vient de Lula à sa toilette. Oui, tous les matins, j'attends cet instant où elle ouvrira la penderie et restera ainsi une seconde, juste le temps de faire jouer le battant, une seconde, bouche entrouverte, paupières baissées, cheveux retombant en lourdes mèches échappées, mèches cuivrées sur sa nuque. Ses bras se lèvent, un peu de tissu coloré passe devant le paysage bleu dans un cliquetis de bracelets, quelques mouvements fluides, et un bruit de fermeture rapidement tirée. Je me baisse et, tout en rinçant mon visage dans l'eau tiède, je pense, les yeux fermés, que notre vie est faite de ces détails flous. Profil de Lula sur le bleu voilé de la glace ovale. Profil embué, couronné de feuillages effleurés par un premier soleil, maintenant je te tiens, tu m'appartiens, image infiniment trop simple et trop complexe pour être vue en une seule fois, comme trop simples sont tous les merveilleux et miraculeux gestes que tu accomplis, Lula, tout au long d'une journée. Traits trop délicats, souffle sur souffle, effleurement sur effleurement qui finissent par laisser un précieux dépôt, poudre d'or sur poudre d'or. Oui, cette vie que j'aime tant est entièrement faite du désir de serrer encore et encore ce que nous possédons déjà.

Nous avons vécu jour après jour tant de jours heureux dans ce vallon perdu. Vallon tout à fait semblable au creux que forment deux mains réunies en coquille lorsqu'on veut y recueillir de l'eau. Notre maison est là, comme posée à la jointure des poignets, tournée au sud vers les doigts réunis, face aux collines arrondies et voilées de brume qui barrent à une assez grande distance notre horizon. La première ligne, tout au creux des paumes, ressemble à ce premier repli sous les chênes où serpente un minuscule ruisseau. Le deuxième pli, le plus profond, figure parfaitement la faille moussue, creusée entre les grandes roches plates fichées en terre, dont les tranches feuilletées brillent d'éclats de mica et de quartz. Entre les figuiers enchevêtrés, les roseaux et les mimosas aux troncs gris, coule un autre ruisseau. Quelques vasques naturelles, usées par les millénaires mouvements de l'eau, se succèdent, reliées les unes aux autres par des cascades entre les fougères – ces vasques où nous nous baignons et ces pierres obliques où nous allons nous étendre dans un rayon de soleil vert qui tranche à travers les arbres. Nous restons là de longs moments, les yeux mi-clos sous les feuilles molles des figuiers. Des libellules d'un bleu mauve, soudées dans un frêle accouplement, nous frôlent. Bruit de soie sèche. Le corps parcouru de picotements, nous ne bougeons plus, gonflés de bonheur, hors du temps. Brutalement, dans toute cette douceur sucrée, un avion à réaction déchire la lumière, défonce les collines, nous sabre en plein cœur. Et nous voilà debout, trop cruellement tirés du rêve, ne sachant plus très bien ce que nous faisons là, nus sous les feuilles, conscients tout à coup de notre extrême fragilité. Pendant que le triangle noir, symbole de mort plus terrible que tous les squelettes armés de faux, prend un immense virage au-dessus de l'Anatolie, revient droit sur nous, passe entre deux collines et va se désintégrer au plus épais des brumes antarctiques, nous nous habillons et repartons, précédés de Maki-chien qui gambade devant nous parmi les fougères à la poursuite des lézards verts et des écureuils.

Lentement nous remontons de vallon en vallon par des sentiers imperceptibles, souvenir d'anciens chemins qui reliaient les uns aux autres des hameaux aux noms oubliés et dont il ne reste souvent qu'un vague amas de pierres verdâtres entre lesquelles au printemps fleurissent des iris et des lys dégénérés. Par les châtaigneraies qui recouvrent les pentes, nous rejoignons notre petite maison que nous devinons entre les arbres. Présence chaude entourée de cyprès, de kakis, d'acacias, de mimosas, d'aloès…

Je me souviendrai toujours de notre émerveillement lorsque entre les roseaux nous avions vu pour la première fois sa façade au crépi écaillé. Les volets à lamelles étaient à demi fermés. Des roses trémières avaient pris racine entre les pierres des escaliers. Il en poussait même sur le seuil, preuve d'un réel abandon. Sur la terrasse, des herbes et des fleurs sauvages avaient tout envahi et d'antiques rosiers détachés des murs lançaient leurs longues pousses vers les arbres.

Nous nous étions assis les jambes pendantes sur le vieux mur face au paysage bleu et nous sommes restés longtemps à écouter le chant des grillons. Le soleil était chaud, et le bourdonnement des abeilles nous donnait envie de fermer les yeux. Ensuite, par le petit escalier de pierre taillée, aujourd'hui si familier, nous étions descendus jusqu'à la source. D'en bas, on ne voyait presque plus la maison enfouie sous les arbres et enserrée par les collines couvertes d'énormes châtaigniers. C'était très réconfortant d'apercevoir juste un bout de toit rose dépasser entre les branches. Sur la terrasse, un palmier, plusieurs acacias et un arbre d'une espèce que nous ne connaissions pas entremêlaient leurs feuillages à tel point que, vue de la source, la maison semblait à l'abri de toute calamité. Sur les berges contenues par de vieux murs, des poiriers, des pruniers, des cerisiers, retournaient paisiblement à la nature. De gros surgeons avaient jailli bien droit et semblaient autant d'arbres indépendants poussés à même les troncs morts. Un peu partout des escaliers de pierre menaient d'une terrasse à l'autre. Même une arche parfaitement inutile enjambait les marches qui descendaient vers la source. Tout cela était encombré de fougères, de graminées gigantesques, de mimosas, de roseaux, d'une infinité de fleurs dégénérées et, en particulier, de roses trémières de toutes les couleurs de la soie. Il en sortait même du maquis, très loin en dehors des berges. Elles jaillissaient droites et certaines étaient plus hautes que nous…

Nous étions arrivés par hasard dans ces *heureuses montagnes*, en pleine nuit, exténués d'avoir bataillé sur la vieille moto de Raoul. Catapultés par l'infernale mécanique, nous avions traversé la France. Je zigzaguais entre les obstacles, confondant la manette de l'accélérateur avec celle du débrayage, lancé en roue libre dans les descentes, bondissant à travers champs, sautant les caniveaux, dents serrées, crispé sur le guidon de la dégueulasse machine. Lula, la joue posée entre mes omoplates, les mains nouées sur mon ventre, ne bougeait absolument pas. Nous étions partis de Paris comme ça. Un jour Raoul nous avait proposé sa moto.

Raoul, à l'époque, arrivait chez nous à toute heure. Encore tout rouge d'avoir grimpé quatre à quatre jusqu'à notre petite chambre, il s'écroulait sur le lit en tendant à Lula des fleurs enveloppées dans *L'Équipe*. Trop essoufflé pour parler, il secouait la tête et levait très haut les sourcils, ce qui voulait dire : attendez mes enfants, attendez une minute que je reprenne souffle. Raoul n'arrivait jamais les mains vides, il tombait chez nous les bras chargés de fleurs, de livres, une bonne bouteille dans une poche, camembert et saucisson dans une autre, un pain sous le bras.

À peine avais-je rencontré Lula que d'autorité il nous avait pris sous son aile. Il nous avait trouvé une chambre, donné son lit que nous avions monté ensemble d'étage en étage et forcé à coups de masse entre les murs mansardés. Il nous avait donné ses draps, ses couvertures, il nous donnait aussi tout l'argent qu'il pouvait, et nous acceptions sans faire de façons. D'ailleurs nous acceptions l'argent de tout le monde, et tout le monde nous en donnait car nous vivions de miettes.

Donc Raoul enfonçait son grand corps de futur gros sur le lit et restait accoudé comme ça un moment. Enfin il passait sa main aux ongles carrés sur son front prématurément dégarni, et ses yeux se plissaient malicieusement pendant qu'il fouillait dans toutes ses poches en se tortillant beaucoup car ses pantalons étaient toujours trop étroits pour son corps en perpétuelle expansion. Il extirpait quelques billets chiffonnés qu'il défroissait sur son genou. Quand il en avait deux, il en jetait un sur le lit et rempochait l'autre. Quand il en avait trois, deux pour nous, un pour lui. Quatre ? Deux et deux et ainsi de suite. Et puis il y avait sa mo-to. Cette moto toute bricolée au guidon largement recourbé comme des cornes de zébu. À peine l'enfourchait-il qu'elle se cabrait, ruait, hennissait et Raoul, emporté comme malgré lui, tournait à l'horizontale le premier coin de rue. Il ne portait pas comme Yak, grand amateur de moto lui aussi, blouson de cuir et bottes luisantes, non, Raoul faisait de la moto nu-tête, en chemise, col grand ouvert, même par les pires gels. C'était sa façon désinvolte d'être.

Raoul était un homme du Nord et, comme tous les hommes du Nord, il avait un brun dans sa vie et, ce brun, c'était moi et Lula. Comme tous les hommes du Nord il avait les yeux bleus, le menton décidé, la bouche nette dans son dessin, toujours un peu fendue sur un sourire intérieur. Sous ses airs de Viking conquérant, Raoul était un être inquiet, indécis et tendre. Il peint. Il joue admirablement du piano malgré ses gros doigts. Il écrit en douce. En plus, il est champion de tir à l'arc, ceinture noire de judo et un as pour ce qui est de la moto…

Donc Raoul nous avait proposé de partir avec sa moto et, bêtement, j'avais accepté. Il m'avait donné les ultimes instructions pendant que l'infernale machine sautait sur place et me secouait durement. Raoul m'avait expliqué pour la centième fois comment je pouvais couper le contact en cas de détresse. La veille au soir encore, nous avions fait un dernier essai dans la cour du Louvre. Essai où je me montrai si peu doué pour la conduite que nous étions sur le point de renoncer.

À peine avais-je dégagé la moto de ses béquilles qu'elle me renversa. Raoul la redressa pendant que je souriais, crispé, vers Lula.

Déjà rien que pour la mettre en marche, il fallait la prendre en traître. Le starter tenait avec un élastique qu'on devait décrocher d'un rapide coup de genou au premier hoquet du moteur. J'étais devenu un as pour ce qui était de l'élastique mais, avec les gaz, je m'affolais. Au moment du coup de genou, un malencontreux réflexe me faisait faire une rotation instinctive du poignet, ce qui coupait les gaz, et tout le cycle était à recommencer. Enfin, en me concentrant, je réussis à faire exactement le contraire de ce que j'avais envie de faire et à maintenir l'accélération. Raoul, avec son angélique patience, m'avait expliqué ensuite le fonctionnement simultané de l'embrayage et des vitesses, qui ne passaient qu'à condition de taper à coups de pied sur le petit levier basculant.

J'enfourche l'ennemie et, en avant le rodéo. Premier tour en première, ça va. Deuxième tour, coup de pied, embrayage, seconde, un bond formidable et me voilà emporté entre les lampadaires. Je passe dans une pluie d'étincelles devant Lula et Raoul qui agitent les bras. Je fais comme ça plusieurs tours à une allure démente, ne sachant plus où sont les freins. À chaque passage, Raoul hurle et fait le geste de tout couper. Enfin je débraye, et la moto finit par s'arrêter contre le trottoir dans un bruit de moteur fou lancé à vide. Lula me crie d'abandonner. Pas question. Je me relance. Nouveau désastre. Cette fois, l'engin m'entraîne droit vers les Tuileries, je passe en trombe sous l'arc de triomphe du Carrousel et je me retrouve à plat ventre parmi les pensées d'une plate-bande, la moto couchée à côté de moi, roue arrière labourant la jolie pelouse. Troisième tentative et, enfin, je suis presque maître de l'engin. Je passe et repasse devant Raoul et Lula. Applaudissements.

Le lendemain matin, nous prenons donc notre envol sous les yeux de Mme Clément et de l'affreux Godon descendu exprès pour la circonstance. C'est qu'il aimerait bien qu'on se ramasse avant le coin de la rue.

Lula embrasse Mme Clément et cloc, j'enclenche la première. Nous voilà emportés un bras en l'air dans le plus ridicule style cow-boy optimiste d'affiches jus de fruits chimiques, Lula jupe flottante et moi plus décervelé en une seconde qu'un pilote de fusée. Nous traversons tous les carrefours comme on joue à la roulette russe. Tirés par les hurlements du moteur, nous remontons le boulevard Montparnasse vers l'Italie, Florence, Venise, Rome.

Pendant des heures nous roulons, soûlés par les hurlements de la stupide mécanique. Nous laissons loin derrière nous les dernières maisonnettes banlieusardes et nous fendons les vastes espaces de la Brie, hérissés de structures géométriques. Le ciel légèrement voilé par une brume claire laisse présager une chaude journée. La plaine, autour de nous, déploie ses molles ondulations qui vont se perdre dans les vapeurs. Des pylônes métalliques se dressent à perte de vue, immenses robots aux soudures complexes.

Crispé sur les commandes, les yeux mi-clos, je fonce dans le vide absolu. C'est ainsi qu'un jour des milliers de couples quitteront la terre, c'est ainsi qu'ils s'envoleront plus légers que des spores, plus légers que des bulles de savon vers les paradis qu'ils portaient en eux. Ils aborderont sur des planètes en forme de coquille où les dépressions du sol seront tout à fait semblables aux lignes de leurs paumes accolées. Certains vivront dans des cabanons enfouis sous les arbres et écriront des livres absurdes, d'autres peindront des tableaux inutiles, d'autres encore composeront des opéras indéchiffrables. Certains s'installeront au bord de la mer pour écrire des poèmes sur le sable humide à la frange de la dernière vague, poèmes aussitôt effacés et chaque jour récrits pour être effacés à nouveau. Déjà, ils profèrent des phrases ardentes auxquelles ils ne comprennent rien encore, ils avancent à la traîne de leurs hallucinations au milieu de ce zoo où radotent les perroquets et où gesticulent les singes. Ce zoo où les flics canalisent les peuples vers les musées et les bibliothèques, les obligeant à absorber des mots morts et à contempler des visions fanées.

Durement secoué, mon cerveau déploie des images vides, plus vides que la plaine et le ciel nu. Parfois, des corbeaux dérangés par notre furieuse course se lèvent lourdement pour retomber aussitôt, empêtrés dans la glaise. Et toujours les structures métalliques des lignes à haute tension enjambant les ondulations mouvantes entre lesquelles parfois de minuscules clochers pointent vers les mondes inconnus.

« Luuuuuuuuuuuuulaaaaaaaaaaaaaa ! »

Lula remue contre mon dos et je sens son souffle chaud derrière mon oreille. Les trépidations sont tellement violentes que j'ai l'impression de devenir plus creux qu'une cigale et ma voix dans les stridences prend des ampleurs grêles et des chevrotements dégueulasses. Lula me répond, mais je ne comprends pas un mot à ce qu'elle dit. Je rétrograde à coups de talon, et nous nous arrêtons parmi les fleurettes au bord de la route. Je coupe le contact, et le silence nous assomme. Longue séance de décompression. La voix de Lula me parvient feutrée, décolorée comme si elle me parlait à travers un hublot. Elle fait quelques pas sur la route. Autour d'elle, les espaces aplatis se déploient jusqu'à l'horizon. La route semble palpiter, embuée par les chaudes vapeurs de cette matinée d'été. Lula s'assied dans l'herbe. Elle secoue ses cheveux et s'étire pendant que je m'allonge, la nuque appuyée sur sa cuisse. Je vois son visage penché au-dessus de moi.

« C'est pas possible.

– Qu'est-ce qui n'est pas possible, ma Lula ?

– De rouler comme ça jusqu'à Rome.

– Ça c'est vrai… mais si tu veux, nous… je ne sais pas moi… nous pouvons bifurquer. Veux-tu que nous allions, je ne sais pas, en Bretagne ?

– Ou en Suisse, tu sais dans ce village ?

– Alors, Lula… Saturne ? La Lyre ? Pluton ? Mercure ? Vénus ?

Je fouille dans les sacoches et j'étale à même le goudron une carte multicolore. Avec une paille, nous comparons les distances. Nous nous traînons à quatre pattes, étonnés d'être là, perdus dans ces espaces vides traversés de lignes à haute tension.

À plusieurs reprises, d'énormes camions articulés nous frôlent et les conducteurs klaxonnent joyeusement : barrissements préhistoriques explosant en plein carrefour cosmique.

Enfin, après avoir bien palabré, cassé pas mal de pailles, comparé toutes les distances, nous décidons d'aller jusqu'à Lyon et, de là, selon notre courage et notre humeur, nous nous élancerons vers la Suisse l'Espagne. Vénus ou l'Italie. Nous pissons au bord de la route, ce qui donne à Lula l'idée de se changer car sa jupe est un piège à insectes. Non sans mal, nous sortons des sacoches une de mes chemises et un blue-jean. Je m'étends au milieu de la route et je la contemple. Debout dans cet univers aplati, elle se déshabille et se rhabille avec des gestes larges et gracieux. Lula dont les bras décrivent des courbes immenses et dont les jambes au-dessus de moi découpent un vaste triangle lumineux dans lequel sont soudain emprisonnées les superstructures métalliques et les fils de toutes les lignes à haute tension.

Et nous reprenons le combat. Je fais sauter la ferraille sur ses pneus. Le moteur repart dans sa folie de destruction. Je baisse mes lunettes et nous voilà de nouveau transpercés malaxés trépanés.

Pendant des heures, nous fendons des couloirs sans fin. Cerveaux martelés, secoués, disloqués, troués d'esquilles d'images, d'éclats de vision. Devant mes yeux, le verre teinté devient à chaque instant plus trouble. Morve d'insecte éclaté, écrasé, plaqué par la vitesse. Charnier démesuré par-dessus la plaine désolée. Pattes, ailes collées de jus, pollen et soleil, ah que j'aime la vie ! antennes et yeux à facettes, répandus par-dessus le paysage infini. Des nœuds de peau font des paquets grumeleux qui s'effilent en étoiles mouvantes. Accroché aux côtes, cet entrelacs s'étire et se contracte. De la taille aux omoplates, son dos ressemblait à la surface corrodée de la lune. Les chairs brûlées et irrégulièrement cicatrisées se tendent sur les vertèbres avec des luisances écœurantes. C'est à croire que des méduses séchées ont été soudées à chaud à même la chair. Il s'était arrêté sous un lampadaire et m'avait dévoilé son dos : « Touche, touche, c'est plus dur que de la corne. N'aie pas peur, tiens, c'est dommage que je n'aie pas un couteau sous la main… on peut piquer dedans… je ne sens plus rien, c'est mort, mort, plus mort que de la pierre. Je te dis de toucher, touche ! » J'avais tendu le doigt et effleuré avec dégoût l'effrayante surface. En effet c'était plus rugueux que de la pierre. « Ce que tu as vu, a été fait au cigare, c'est un miracle que j'en aie réchappé, des mois de fièvre et d'hôpital. Sans la Libération, je ne serais pas là. J'avais été au ravitaillement dans un village et j'ai été arrêté par une bande de miliciens. Ces ordures, des types qui avant la guerre étaient employés des postes, boulangers, épiciers, avec femmes et enfants, eh bien, ces salauds, ils ont fumé je ne sais pas combien de cigares pour me faire cette dentelle. Et quand on pense que les cigares devaient avoir un affreux goût de chair brûlée… sans parler des hurlements épouvantables que je poussais qui auraient dû leur faire tourner de l'œil. Non, je n'ai pas encore compris… »

Lula m'entoure le cou de ses bras et crie quelque chose tout contre mon oreille. Je réduis les gaz. Elle aimerait bien s'arrêter dans ce petit bois carré planté au milieu des champs. Je bifurque et après avoir bondi et rebondi sur un chemin de terre, nous pouvons enfin nous effondrer à l'ombre. Le corps encore tout tressautant, nous restons allongés dans l'herbe les bras en croix face au ciel. Lula respire, les yeux fermés, heureuse de ce silence.

« Lula, coucou, Lula, tu sais à quoi je pensais ? Je pensais que ce salaud de Raoul, à force de générosité, nous a foutus dans un drôle de pétrin. Au fond, c'est parce qu'on n'a pas osé refuser sa moto que nous sommes là comme des cons, loin de chez nous.

– C'est vrai. »

Je sens à sa voix qu'elle est aussi dégoûtée que moi. Ça me soulage.

« Si tu veux ma chérie, on retourne… Ah ! là là, qu'est-ce qui nous a pris de nous lancer comme ça sur les routes ? »

Lula prend un ton optimiste :

« Ou alors, voilà ce que je te propose : on roule jusqu'à ce qu'on trouve un restaurant, on fait un bon déjeuner, on claque tout le fric et demi-tour ! Qu'est-ce que tu en penses, mon chéri ? Et ce soir on est chez nous. »

Cette lâche proposition me réjouit tellement que je me mets à gambader entre les arbres. Je la saisis dans mes bras et nous nous laissons tomber sur la mousse. Tout à coup, une voix nous fait sursauter. D'un bond, nous voilà debout. Au-dessus de nos têtes, tout en haut d'un pylône, un homme en salopette nous fait des signes. Il se met à descendre de barre en barre en nous criant de l'attendre, qu'il a quelque chose à nous dire. Aussitôt, je saute sur la moto que je dégage de ses béquilles. Lula me presse de mettre en route. Coup de pied, coup de genou, le moteur rugit, Lula saute en selle derrière moi pendant que le type au-dessus de nous pousse des sifflements. Nous rejoignons la route à fond de train et reprenons le fastidieux voyage.

Quelques années avant de rencontrer Lula, il m'était arrivé, avec une fille nommée Olga Abraham, une juive hollandaise, une curieuse aventure à propos d'un type dans une locomotive en haut d'un pont de fer. Moi qui déteste voyager, sans raison, un matin j'avais posé mes pinceaux et j'étais sorti avec une envie folle de partir, comme ça, sur-le-champ. En général, ce genre d'envie me passe presque instantanément, rien qu'à regarder les gens qui vont et viennent dans les rues. Mais, ce jour-là, il a fallu que je tombe sur Olga Abraham. Olga Abraham était à l'époque folle amoureuse de mon copain Charles Goldstein. Olga Abraham tenait absolument à se faire baiser par Charlot et lui la fuyait comme la peste à cause de son sourire. Il faut dire que je le comprenais et que moi-même, à sa place, je me serais cavalé à l'autre bout du monde pour fuir le sourire d'Olga Abraham. Ce n'est pas qu'elle était moche, oh ! non, tant qu'elle ne souriait pas, elle était même pas mal du tout avec ses cheveux bouclés, ses yeux d'un noir très brillant, son petit cul dodu et ses lèvres charnues. Mais, dès qu'elle souriait, c'était terrible, car elle était affligée d'une mâchoire de requin, garnie de dents de cannibale. Une scie à ruban. Charles était terrorisé par ce sourire. Donc je tombe sur Olga et aussitôt elle me supplie, avec son affreux accent du Zuyderzee, de lui dire où se cache « Tcharl ». J'avais beau accélérer le pas, elle ne voulait plus me lâcher. Nous traversons la Seine et, sans nous en rendre compte, nous nous engageons dans le dédale humide des Halles. À l'époque, la simple vue d'un routier me mettait en transe et plusieurs fois déjà il m'était arrivé de partir sur-le-champ pour Nice ou Marseille aller-retour sans aucune autre raison que de rouler dans un camion. Donc je me faufile entre les tas de légumes et les cageots, espérant semer Olga. Rien à faire. J'avise un énorme camion en train de démarrer et je demande au chauffeur s'il veut bien m'emmener. Il cligne de l'œil vers Olga et me fait signe de monter. Je saute en marche et voilà Olga qui grimpe derrière moi et moi, comme un con, je n'ose pas redescendre. Olga s'installe dans un coin de la cabine et, coincés comme ça, nous roulons jusqu'à Nevers. Ah ! j'en étais malade d'être enfermé dans une cabine de camion avec Olga et ce routier rigolard qui n'arrêtait pas de faire des plaisanteries salées. Arrivés à Nevers, le type nous paye un coup à boire. Il espérait sans doute, voyant mon peu d'empressement, se taper ma « fiancée ». Mais à peine lui avait-elle envoyé son terrible sourire qu'il se met à bafouiller et nous quitte en hâte.

Que faire ? Moi, Cyrus, à Nevers, ville infecte ! Et avec qui ? Avec Olga Abraham ! Elle me sourit brrrrrrr et me dit que tant que je ne lui aurais pas livré Charlot, elle ne me lâcherait plus. Je hausse les épaules et, les mains dans les poches, je prends en sifflotant la direction des bords de la Loire, dans l'espoir de semer ce sparadrap dans le lit à demi sec du fleuve, labyrinthe d'eau et de buissons, plein de galets dégueulasses. Lorsqu'elle commence à se tordre les pieds, je ricane en dedans : Ha ha, tu vas voir, tes malheurs ne font que s'annoncer, petite horreur.

Maintenant, des haies découpent les champs. Par moments quelques arbres plantés au bord de la route nous abritent du soleil et, soudain, la moto plonge dans l'ombre verte d'une forêt touffue. Devant nous, l'asphalte est éclaboussé de lumières dansantes. À un léger mouvement de Lula, je sens qu'elle pousse un soupir de soulagement de rouler un peu à l'ombre.

… Ah ! si Olga Abraham s'était doutée de ce qui l'attendait, elle n'aurait pas fait un pas de plus et moi non plus. Donc nous avancions sur les galets poudreux et délibérément j'entre dans le fleuve. Très vite, nous avons de l'eau jusqu'aux genoux. Ça ne la décourage pas. Au contraire, elle donne de grandes claques sur l'eau, m'aspergeant copieusement le dos. Arrivés au milieu de la Loire, toujours sifflotant, les mains dans les poches, je change de tactique et je commence à descendre le courant, aussi paisible qu'un promeneur du dimanche sur les boulevards. Elle fait de même. J'avais repéré un peu plus bas un pont métallique dont une des piles en ciment baignait au milieu du fleuve. Je me dis : mine de rien, tu te diriges vers le pont. Dès que tu arrives à la pile, tu plonges, tu contournes, tu ressors de l'autre côté, et en un rien de temps tu la sèmes. J'avais compté sans ses qualités de nageuse. À peine avais-je disparu sous l'eau que je me sens agrippé par le pied et que je bois une fameuse tasse. Je refais surface en catastrophe et me voilà nez à nez avec le squale souriant. Je tente encore deux ou trois fois cette manœuvre dans l'eau boueuse. J'aurais pu tout aussi bien fermer les yeux et les rouvrir sans bouger car chaque fois que je reprenais souffle, elle était là, la bouche largement fendue au ras de l'eau. Soudain, plusieurs coups de sifflet formidables nous font sursauter et nous voyons juste au-dessus de nous, tout en haut du pont de fer, une locomotive qui ralentit et s'arrête. Olga, en bonne Hollandaise, se met à pousser des hurlements et à agiter les bras. Le chauffeur se penche et, les mains en porte-voix, nous crie quelque chose, puis il se tape le front avec le doigt et remet sa machine en mouvement. Ah ! j'ai la cervelle en morceaux, je me demande à quoi peut penser Lula en ce moment.

« Luuuuuuuuuuuuuuuulaaaaaaaaaaaaaaaaaa ! »

… Finalement, après avoir abordé sur l'autre rive, nous nous sommes déshabillés et nous avons accroché nos vêtements trempés aux branches des buissons. Ensuite, nous avons étalé nos papiers d'identité sur les pierres chaudes et Olga a déplié aussi quelques billets de mille qu'elle a mis à sécher en les coinçant avec des galets. Puis elle s'est étendue sur le sable. Comme ça, elle était assez bandante, mais plus le soleil lui chauffait le cul, plus elle souriait. Une vraie fleur carnivore. Nous sommes restés ainsi plusieurs heures à nous griller le dos. Olga a commencé à raconter sa vie. Au début je n'entendais que son immonde accent du Zuyderzee, puis peu à peu j'ai vu des images, et les images étaient insupportables. Nue sous le soleil trop blanc, à plat ventre, la tête penchée, elle parlait en grattant mécaniquement le sable crayeux. Elle m'avait montré le numéro bleu pâle tatoué sur son avant-bras et quelques cicatrices sur ses aines. Pour mieux les faire ressortir, elle s'était légèrement déhanchée.

Je les avais effleurées de mon doigt et elle m'avait souri. Aussitôt je m'étais reculé.

Au soir tombant, nous sommes partis à la recherche d'un bistrot ou d'une boulangerie. Nous avions très faim et nous nous traînions sur la route déserte, étonnés d'être là ensemble, sans raison, quelque part du côté de Nevers. Je sifflotais, les poings au fond de mes poches humides, et Olga derrière moi, manifestement découragée, marchait pieds nus, ses chaussures à la main. Enfin, nous avons échoué dans une vieille grange au bord de la route et je me suis enfoui dans la paille, le plus loin possible d'Olga. La « bonne odeur du foin » ne m'a jamais particulièrement excité, mais ce soir-là, après avoir éternué deux ou trois coups, voilà que je m'étais mis à penser à toutes les femmes que j'avais aimées ou désirées, eues ou pas eues, souhaitées, imaginées, inventées ou croisées en rêve, aperçues, suivies, sautées, pas sautées, et à toutes les femmes qui avaient posé les yeux sur moi. Je dérivais ainsi délicieusement de femme en femme, glissant doucement d'un sourire à l'autre vers l'inconscience, lorsqu'il me sembla entendre remuer derrière moi dans la paille. Je n'y fis pas particulièrement attention sur le moment car je commençais exactement à planer au-dessus de Lise Demugle, une grande rousse un peu lourde qui m'avait à l'époque échappé plusieurs fois *in extremis*. Tant que nous étions dans le métro, je pouvais l'embrasser, la caresser, lui faire n'importe quoi, jamais elle n'avait un geste restrictif, au contraire, debout dans la foule elle copulait en quelque sorte avec l'univers entier, mais à peine étions-nous seuls dans ma chambre qu'elle se crispait, croisait les bras sur sa poitrine, nouait ses jambes, se verrouillait, sourde à mes miaulements de jeune matou.

Un jour, elle m'avait invité chez elle, c'était à l'occasion de son anniversaire, tous ses amis et amies étaient là. Ses parents lui avaient gentiment abandonné la loge. (Ils étaient concierges.) Pendant que tout ce petit monde festoyait, Lise Demugle, la belle Lise, m'avait entraîné dans l'arrière-loge, et là, sur le lit de ses parents, elle m'avait attiré sur elle. Donc j'en étais là de mes réminiscences lorsque Olga Abraham me sauta dessus. Je n'eus pas le temps de faire ouf que déjà ses jambes se nouaient autour de mes reins et que nous roulions en tous sens dans la paille, crachant comme un couple de chats pelés. Moi je baisais Lise Demugle et Olga serrait Tcharl dans ses bras. Chevauchée de fantômes. La bouche pleine de foin, plus absents que deux poupées de son, nous faisions cliqueter nos os dans le grand vide masturbatoire. Quelque part du côté de Nevers, rampant, limant, acharnés, en plein noir, nous nous frottions, grinçants spectres furieusement noués, secoués, guignols dansants, pendant qu'en vérité Olga et Cyrus transpiraient, soulevaient des poids, des haltères, nageaient dans des piscines pleines de paille et d'aoutats, sautaient d'un trapèze à l'autre et montaient, montaient sans fin à la corde lisse jusqu'à ce que la giclée jaillisse par saccades. Olga pépie et pleurniche dans l'écœurante nuit et, sans transition, elle recommence à dévider la longue litanie. Cadavres de sa mère, de son père, de ses frères et sœurs, de ses cousins, nus tous, et osseux très, genoux énormes, plus blancs que les galets du lit de Loire. Elle fait ses comptes, recompte, vérifie les numéros bleus sur les avant-bras, soulève sa maman, oh! légère très, à peine trente-cinq kilos et son papa, pas beaucoup plus, ses frères, sœurs, et cousins, oh! les plus jeunes réduits à dix à peine, tout en creux et ombres, juste quelques... elle cherche le mot, s'embrouille... quelques... quelques... ça l'énerve de si mal parler, à la fin elle prend ma main et m'oblige à tâter sous son sein. Côtes ? Non, non, pas côtes, mot plus général. Squelettes ? Non, non, plus général encore (affreux accent du Zuyderzee). Os ? Ya, ya, os os. La voilà ravie. Os. Elle doit sourire dans le noir, brrrrrrr ! Elle ne sait plus où elle en était, elle veut tout recommencer. Ah non ! nein nein ! et pour la faire taire, je l'embrasse sur la bouche. Hi ! je sens ses dents pointues. Elle renoue ses jambes, se recolle à mon ventre, mais toutes ces histoires d'os m'ont tellement enfoncé sous terre que ni Lise Demugle, ni aucune surbandante évocation ne peuvent me tirer de l'affreux charnier où je pourris. Elle se frotte de plus en plus vite, me mordille le cou et me chevauche plus crispée qu'une sorcière sur son manche, mais moi je suis mort, moisi déjà, sexe liquéfié. L'os du sexe ? Nada, pâle souvenir. Côtes contre côtes, râteaux mêlés, elle se tortille et se frotte, jouissant à même le vide en faisant claquer ses mâchoires de louve.

Clac ! clac ! clac !... Plus rien. Nous roulons sur notre élan et finissons par nous arrêter parmi les fougères d'un sous-bois. Plus d'essence. Lula, enchantée, se couche dans l'herbe molle. Elle ne veut plus bouger. Le silence délicieux, la fraîcheur de l'épais feuillage, l'odeur des fougères neuves, quelques pépiements d'oiseaux, le chant d'un grillon, tant de douceur après la rude chevauchée, nous écrase. Je me roule sur le sol et je reste un long moment le visage enfoui dans la mousse humide. Quand je pense qu'il faudra refaire tout ce chemin pour revenir jusqu'à notre chambre, secoués, déchirés, des heures et des heures par les saccades de la machine, foncer muets à demi vifs dans cette plaine sans fin. À cette idée, je suis pris d'un tel dégoût que je propose à Lula tout simplement d'abandonner la moto de Raoul au bord de la route et de rentrer en auto-stop jusqu'à Paris. Bien que Lula partage mon dégoût, elle me dit que nous ne pouvons pas faire ça à Raoul. Je ricane que ça lui apprendra, à Raoul, d'être si connement généreux.

« Je ne lui ai jamais demandé de nous la prêter, sa saloperie. On devrait lui foutre le feu, à cette immonde ferraille, là tout de suite, comme ça, mais on est trop pondérés.

– Et si on la poussait jusqu'à la prochaine gare et qu'on la mette dans le train ?

– C'est ça, on la fout dans le train et on rentre en stop. »

Pour le stop, j'ai l'habitude.

« Tiens même, si tu veux on la fout dans le train, et nous, on rentre par Nice et… les aquariums de Monte-Carlo.

– C'est ça ! »

Nous roulons sur la mousse en riant comme des petits fous à l'idée d'expédier la moto de Raoul à Paris et, nous, de continuer, mains dans les poches vers l'Italie.

« Au moins, on pourra parler.

– Ça c'est vrai, ma chérie !

– C'est à devenir fous de rouler comme ça.

– Trop con ! »

Lula est tout à fait de mon avis.

« C'est même abrutissant.

– C'est le mot, ma Lula ! Tu l'as dit, abrutissant, et même je dirais dégradant.

– Débilitant et déprimant.

– Tu sais à quoi je pensais tout à l'heure en roulant ? Tu vas rire, je pensais à cette Hollandaise avec laquelle j'étais parti en stop jusqu'en Camargue. Histoire de fou ! Quand je pense qu'on avait fini par se battre comme des bêtes le long des routes…

– Cette fille si belle ? (Lula me lance un regard espiègle.) Hum hum.

– Ah !… je t'avais dit qu'elle était belle ?… Je ne me souvenais pas…

– Tu ne te souviens pas ? Tu m'avais raconté qu'elle était superbe et un jour on l'avait…

– Ah ! mais c'est vrai, on l'a rencontrée chez Yak. À part le sourire, elle était assez jolie, non ?

– Hum !

– Bon. Hum… disons hum, d'accord pour hum, disons qu'elle était un peu… hum. Eh bien, tout à l'heure, en roulant, je repensais à ce voyage insensé avec Hum. Tu vois, je crois qu'avant de te connaître, ma p'tite Martienne, j'étais tout simplement en train de devenir fou… Si, si, tu peux rire. Tu sais que j'ai manqué l'étrangler au coin d'un bois… si, si, pour de bon ! Il faut dire qu'elle était collante. Tu sais ce qu'elle faisait ? Elle… elle avait l'habitu… »

Je n'ai pas le temps de finir ma phrase qu'un énorme camion frigorifique rouge et bleu s'arrête devant nous. Le conducteur se penche et nous demande si nous sommes en panne. Je lui dis que nous n'avons plus d'essence, mais que ça nous est égal. Il nous propose de nous prendre avec notre moto jusqu'au prochain poste. Nous qui, il y a à peine quelques instants, nous réjouissions d'abandonner la moto, nous voilà en train d'accepter. Après avoir balancé la ferraille dans le frigo, nous nous installons sur la confortable banquette de la cabine. Lula, toujours contente, est enchantée de rouler à une telle hauteur suspendue au-dessus de la route.

« Humph! »

C'est elle qui vient de pousser un très profond soupir. Elle regarde autour d'elle, détaille les photos de femmes nues épinglées sur le rebord de la couchette dont le coquet rideau imprimé volette derrière nos têtes. Tout l'intrigue. Jamais elle n'aurait cru que c'était si agréable et si spacieux, presque aussi grand que notre chambre. Le routier sourit. Visiblement il est fier de son installation et les réflexions de Lula le flattent énormément.

« Ouvrez un peu le rideau derrière vous, vous allez voir. Attendez que j'allume. »

Sans quitter des yeux la route, il appuie sur un bouton. Lula s'agenouille sur la banquette et entrouvre le tissu à fleurs. Exclamation extasiée. Je renchéris. Il faut dire qu'il y a de quoi. La couchette est recouverte de fourrure synthétique et tout autour, pendues aux parois jusqu'à cacher complètement la tôle, des quantités de poupées, de houppettes multicolores et de trophées de foire se balancent par-dessus des cartons de tir poinçonnés et des photos-souvenir aux coins roulés. On peut voir notre conducteur, un œil fermé, pris sur le vif, en train de viser, ou bien riant aux éclats entouré de femmes aux lèvres trop fardées, on peut reconnaître sa grosse tête rougeaude sortant d'un corps de caricature, installé aux commandes d'un ridicule avion naïvement peint. Tout en manipulant son volant d'une main, il nous désigne du pouce par-dessus son épaule tous les ornements de sa « chambre à coucher » :

« Ça, là-haut, la grande poupée, c'est Mado, gagnée à Cavaillon, l'autre en face, au pied du lit, Mado n° 2, gagnée aussi à Cavaillon l'année d'après, le reste? (Grand geste négligent par-dessus sa tête.) Tantôt la foire de Sens, tantôt

Lyon, Montélimar, mais surtout Cavaillon, parce que, moi, je suis de Cavaillon. »

Ses coins d'yeux se plissent. Le camion vibre très fort et notre joyeux Cavaillonnais rétrograde de plusieurs vitesses. Nous attaquons une longue côte sur laquelle peine déjà une file d'énormes poids lourds. Nous mettons un temps fou à gratter un camion-citerne et Lula me lance des regards inquiets. Nous rattrapons un train de remorques rouges. Le Cavaillonnais le désigne du menton :

« Un bon copain. Mimile des Primeurs. »

Nous roulons, le nez contre l'impressionnant attelage dont l'échappement pourri nous expédie à bout portant une fumée noire et épaisse. Le routier crie vers nous qu'il va doubler. Il regarde sa montre, jette son mégot, klaxonne et « déboîte ». Le camion vibre de plus en plus fort. Lentement, nous doublons l'infinie remorque. Lula s'agite et toussotte. Enfin nous arrivons à hauteur de l'autre cabine dans laquelle un jeune type blond conduit d'une main, accoudé négligemment à sa portière. Notre conducteur hurle :

« Enfoiré ! à deux heures chez Camille ! Salut ! »

L'autre klaxonne. Lula a une trouille affreuse. Pour la rassurer, je lui montre devant nous la route parfaitement vide. Ultimes signaux et, enfin, nous nous rabattons. Lula pousse un énorme soupir. Encore deux ou trois barrissements et le conducteur se tourne vers nous :

« Ah ! c'est un marrant, c'est lui le premier qui a trimbalé la Louve. Vous vous souvenez l'année dernière, dans les journaux ? Mais si, la bonne femme qui a tué son époux et qui s'est cavalée. »

Je bafouille que nous, les journaux… Mais le Cavaillonnais s'en fout et continue sans m'entendre :

« Eh bien, elle a vécu dans la cabine de Mimile… j'sais pas moi… trois ou quatre mois. Je les ai croisés des tas de fois, toujours la petite tête blonde à côté de lui. Il l'avait ramassée en sortant de Paris avec vison et tout, parfumée et tout ça. Et puis, un jour, elle a rencontré Santini des Citernes Réunies, un vrai tombeur celui-là. C'est à peine si elle a touché terre en passant d'un camion à l'autre. Oh ! c'est pas qu'c'était une beauté, mais comment dire ? Mieux qu'ça ! Oui, à ce qu'il paraît, c'est à croire que d'avoir troué son époux, ça l'avait libérée du côté d'l'abandon. »

Il reste un moment silencieux et secoue la tête d'un air songeur pendant qu'une infinité de petites rides se ramassent au coin de son œil. Il se donne une grande tape sur la cuisse.

« Dommage ! »

Lula, passionnée, voudrait bien savoir pourquoi dommage. Le Cavaillonnais nous apprend qu'un jour les flics l'ont cueillie. Il rit à l'idée que nous n'ayons pas suivi le procès.

« Mais sur quelle planète vivez-vous ? Le procès de la Louve de la RN 7, c'est comme ça que les journalistes l'avaient appelée. Non, quelle idée, la Louve de la RN 7, ha ha ! Vous avez bien dû en entendre parler de ce procès, ça en a fait courir du monde, et du très joli. Eh bien, ce qu'ils ne lui ont pas pardonné, tous ces enfoirés, c'est pas d'avoir tué son affreux bonhomme, non, non, c'est d'avoir… c'est de s'être… quoi vous voyez ce que je veux dire… avec des routiers, ça ils lui ont pas pardonné. Ah ! si elle avait chialé, je dis pas, si elle avait eu des remords, si elle avait fait des chichis, demandé à voir ses gosses… Ah ! voilà *Le Relais Camille* ! »

Une longue file de camions encombre le bord de la route. Plus grands les uns que les autres, capots ouverts dans l'air chaud, pare-chocs contre pare-chocs, frappés de lettres immenses, rayés de bandes multicolores, étincelants de chromes sous le soleil de midi, ils sont superbes à voir avec leurs pneus hors mesure et leurs pare-brise poussiéreux. Troupeau antédiluvien. Citernes, remorques à bennes pivotantes, transports intercontinentaux, maraîchers au long cours, bananiers marseillais, transporteurs intergalaxiques, chargeurs Nord-Sud, 80 tonnes transocéaniques à triples cabines montées sur rotule, citernes sphériques pour air liquide, camions sonde et camions Titan, ils sont bien là une trentaine à attendre que leurs pilotes aient fini de se restaurer.

Le Cavaillonnais, à mesure que nous longeons la file, donne d'amples coups de sirène pour saluer des hommes en maillots de corps penchés dans l'air qui tremble au-dessus des moteurs. Certains vont et viennent avec des arrosoirs, d'autres, adossés contre les roues immenses, discutent le coup et nous font au passage des signes amicaux. Barrissements joyeux. Bonjour Mammouth ! Salut Diplodocus ! Pousse-toi Iguanodon ! Eh, Dinosaure, recule ! Pénible marche arrière d'un monstre transhumeur. Un rétroviseur flamboie dans le soleil et une explosion d'échappement aussitôt couverte par un nouveau barrissement nous assourdit. Le Cavaillonnais clame une série assez réussie de jurons. Encore quelques brusques décompressions des freins et nous voilà enfin rangés devant le caravansérail de l'an dix mille.

J'en ai le cœur qui saute de ce fabuleux spectacle et je vois aux lèvres entrouvertes de Lula qu'elle est fascinée. Nous bondissons sur le goudron blanc à la rencontre de nos ombres. L'air est torride, à peine respirable. Notre conducteur se poste au milieu de la route et agite très fort le bras vers la remorque rouge qui arrive au ralenti et vient se ranger au ras de nos roues. Mimile se penche par la portière et, avant de couper le contact, ponctue d'un formidable coup de trompe.

« Salut Cavaillon des Frigos !

– Salut Mimile des Primeurs ! »

Quelques grandes tapes affectueuses sur les épaules et ils s'en vont bras dessus, bras dessous vers la baraque en planches du *Relais Camille*. Nous nous faufilons à leur suite entre les camions, dans la chaude odeur d'huile et de fuel cuit. En passant, Mimile, pour se dégourdir les pattes, donne des coups de pied à tous les pneus à sa portée.

À peine avons-nous franchi le seuil du *Relais Camille* que, de la salle surbondée, partent des sifflements et de joyeux saluts. Le Cavaillonnais et Mimile font à la ronde de larges gestes d'empereurs victorieux et nous poussent vers une table libre. Aussitôt assis, la patronne est là. Les deux mains affectueusement posées sur les nuques de Mimile et de Cavaillon, elle interroge, s'inquiète des uns et des autres, leur donne des nouvelles, sait tout, veut tout savoir. Des verres sont rapidement remplis, vidés et remplis. Mimile clappe de la langue, souffle en louchant sur une mèche blonde qui lui revient sans cesse sur le nez, se fend d'un immense sourire ébréché et, renversant la tête contre le ventre de la patronne, lui envoie à la verticale tout un chapelet de compliments. Après avoir passé la commande, Cavaillon se frotte énergiquement les bras :

« Tu sais, Mimile, ce que je leur racontais tout à l'heure ? Ton histoire avec la Louve. C'est des drôles de Martiens, ces deux-là, tu t'rends compte qu'ils lisent pas les journaux, qu'ils n'ont pas la radio et que la Louve, ils connaissent pas. La Louve ? Pas entendu parler ! »

Lula, très amusée, approuve. Mimile hausse les sourcils, pose ses coudes au milieu de la table, se passe les deux mains sur la figure pour essuyer la sueur qui lui dégouline. Au moment où il va parler, la servante dépose devant chacun de nous le somptueux pâté Camille douillettement vautré sur un lit de cornichons Camille. Nous attaquons. Après avoir mastiqué un moment, en plein brouhaha, Mimile se tourne vers moi. Il aimerait bien que je lui explique comment, à notre époque, on peut vivre sans journaux et sans radio. Au fond, il trouve ça louche. On a beau raconter qu'on vit sous les toits, il ne voit pas le rapport. Enfin Lula a l'heureuse idée de dire que je suis peintre. Ah bon, il est rassuré ! Là, il comprend qu'on soit hors du coup.

« Alors comme ça vous vous baladez à travers la France pour… (Il fait le geste de peinturlurer.)

– Oh ! non, je ne fais pas de paysage.

– Alors, vous faites des femmes nues ? (Rapide regard vers Lula.)

– Nnnnon, pas exactement, pas des femmes nues !

– Alors, des fleurs ? (Index écrasé contre la nappe fleurie.)

– … »

Mimile s'énerve.

« Alors quoi ?

– Rien ! je… je peins pour le… hum, pour… »

Mimile tape du poing sur la table et, du coup, me tutoie :

« Alors, tu peins ou tu peins pas ?

– Je peins des choses qui… »

Cavaillon soudain a une idée :

« Ah ! je vois, ça y est, je vois, il fait des casseroles de cuivre avec des lapins morts et des fruits et des légumes et des bouts de viande, tout ça mélangé sur des nappes. Tu vois, Mimile, ce que je veux dire ? Mais si ! Au *Relais des Trois Moines*, à la sortie de Montélimar… »

Lula me prend la main sous la table. J'ai la bouche sèche. Lâchement, je hoche. Oui, oui, c'est ça, des légumes, c'est exactement ça. Mimile est ravi de pouvoir me cataloguer.

« Eh bien, je suis content de connaître… de rencontrer un type qui fait ces trucs-là. Comment t'appelles ça ? »

Je chuchote :

« Nature morte.

– Nature morte ? (Il avale d'un trait un verre de vin.) Eh bien moi, te froisse pas, hein… eh bien moi, je trouve que c'est du temps perdu de recopier des lapins morts et tout ça… Tu trouves pas, Cavaillon ? »

Pour toute réponse, Cavaillon lui montre par la vitre un camion-citerne jaune et violet qui arrive au ralenti et manœuvre sur le terre-plein devant le *Relais Camille*. Aussitôt Mimile repousse sa chaise et sort. En trois bonds, le voilà sur le marchepied du camion. Un silence impressionnant tombe dans la salle. Tous les routiers, la fourchette en l'air, regardent dehors. Mme Rose accourt depuis le fond de sa cuisine, se penche sur Cavaillon qui en profite pour lui passer la main sous les jupes. Elle le supplie d'intervenir. Cavaillon hausse les épaules, se lève et se dirige d'un air solennel vers la porte. Bruit assourdissant de toutes les chaises repoussées d'un seul mouvement. Les routiers le suivent sous le soleil blanc. Mimile, toujours perché sur le marchepied, semble dans un état de rage folle. Enfin, la portière opposée claque et nous voyons apparaître, contournant le nez du camion, un grand type très brun qui s'avance d'un air nonchalant. Au passage il donne une vigoureuse tape sur le capot violet. La tôle résonne. Quelques routiers ricanent, se poussent de leurs gros coudes. Ah, y faut dire qu'le coup du coup d'poing sur l'capot, fallait y penser ! Fameux Santini ! Pas eu le temps de voir, que le grand brun valdingue et tombe assis sur le cul. Grrrrraou ! Tous ensemble, ils viennent de rugir. Qu'est-ce qui s'est passé, t'as vu ? Non ! Et toi ? Rien vu ! Plus d'Santini ! Oh si, là, là ! Par terre l'Santini des Citernes ! Sur l'cul, assis ! Mimile se frotte le poing, se dandine et lance à la ronde son sourire ébréché. L'autre sort un peigne et recoiffe d'un air désinvolte ses cheveux noirs et très gominés dont une mèche s'était décollée sous le choc. Ah ! dis donc, t'as vu com' ?… Hé, t'as vu s'il l'a mouché, l'Santini ? Mais l'Santini y veut pas s'battre, pas question. Assis par terre, qu'est c'qu'y fait ? Y s'recoiffe comme si… et rebaoum ! En plein dans le sourire. Mouché l'Santini ! Il crache un long jet de salive teinté de sang et passe sa main sur ses cheveux comme s'il n'y avait au monde que sa coiffure qui le préoccupe. S'émeut pas l'Santini des Citernes réunies, s'émeut pas la loque. Y crachote bien quelques dents d'devant, deux trois caillots, un long jet d'salive, et quoi qu'y fait ? Y s'recoif encor'. Ça alors ! Merdalors ! l'est fou ! Dis, t'es fêlé Santi ? Mimile se dandine toujours sur place, souffle sur ses phalanges et d'un large revers, essuie la sueur qui lui dégouline sur la figure. Lula, écœurée du spectacle, me tire par la manche. Elle étouffe sous ce soleil blanc. Elle voudrait partir mais impossible de remuer. « Al'veut partir la p'tite dame, al'veut plus voir, c'est qu'al'est sensib', al'aime pas l'sang ! » Oui oui, elle veut partir, ma Lula, mais impossible de remuer au milieu de tous ces torses en gilets de corps. Grrrrraou ! qu'ils font tous, Grrrrrraou ! Là, Mimile, faut dire qu'il a eu l'doigté. L'a saisi l'Santini par une touffe, puis par la noreille, puis par l'blaire et l'a s'coué comme un cocotier. Santini des Citernes réunies, là y n'en r'vient pas, y reste complèt'ment nahuri à s'tâter l'blaire la noreille la moumoute et tout. Ah ! là là, j'en ai la gorge serrée et Lula crispe ses doigts sur mon bras. Grrrrrrrrraou ! Une immense clameur monte sous le ciel torride. Cri glacé des grands singes velus. Y faut dire qu'le Santini, là il a été plus rapide que Mimile des Primeurs. D'un coup d'rein l'a envoyé ses arpions, les jamb'et tout, autour du cou d'Mimile qu'a pas vu v'nir l'attaque. Ah ! c't'un vrai serpent l'Santini, soupl'et tout comme pas possib'. Mimile y s'met du coup à rugir comme un tig'. Y fait quelques pas en s'secouant, mais ce serpent d'Santini lâche pas la prise, oh ça non, bien au contrair'y r'serre, y noue ses musc'. Ah ça pour un serpent, c't'un drôle de serpent, une pieuv'oui ! Et soudain au n'ébahissement d'tous, qu'est c'qu'y fait, l'Mimile ? Eh bien, tenez-vous bien, y s'met à miauler pareil comme un tig'. Miaou miaou miaou ! Et l'aut', la vache, l'serpent qui serrait serrait. Ah ! dans l'genre reptil'pouvait pas faire mieux. Et voilà qu'le Mimile à force d'rugir, ses yeux y prennent un éclat jaune d'or et y s'met à feuler, un vrai tig'd'la savane soupl'et nerveux et impatient pendant qu'l'serpent balance sa têt'plate et siffle langue en i grec. Mais c'est pas tout. Non contents d'êt'devenus des féroces, y commencent à s'emmêler tel'ment qu'ça fait dans toute cette poussière un nœud et qu'tous autour y s'mettent à sauter sur place, à s'gratter sous les bras, à faire tchik tchik tchik, quoi des vrais singes sous l'soleil. Les griffes de ma Lula s'enfoncent dans mon bras. Je pousse quelques grognements pour la rassurer. Ma gorge est sèche et c'est avec la plus grande difficulté que j'avale ma salive. Grrrrrrrrrraou grrrrrraaaaaou ma Lahoula ! Je grogne je tremb'et les poils de mon échine se dressent tous à la fois. Malahoula Grrrrrrrrrr ! Les deux adversaires roulent'au milieu de la poussière entre les iguanodons multicolores et les diplodocus. Il y a même un mammouth qui se met à barrir dans les volutes de vapeurs sulfureuses. Les singes velus, au comble de l'affolement, sautent sur place complètement surexcités, ils se grattent fébriles, ils poussent toutes sortes de petits cris et retombent sur les mains. Tchik tchik tchik ! C'est à peine si j'arrive à respirer. Mes narines sont sèches. Le tigre fait deux ou trois va-et-vient autour du cadavre flasque avachi chiffon chiffe flou. Et soudain voilà que les singes s'écartent en hurlant, grimpent s'agrippent aux rochers, partout en déroute. Tchik tchik tchik ! Ah ! un vrai cauchemar. Mes yeux se brouillent, je me gratte sous les bras, je ne peux plus respirer… Je ne peux plus respirer, mes yeux se brouillent… Malahoula, recroquevillée sur un rocher, hurle vers le soleil. J'essaie à plusieurs reprises de l'entraîner, mais elle est tellement terrorisée qu'elle ne veut pas bouger. Je la tire par sa longue crinière. Malahoula ! Malahoula ! Mais elle n'entend pas mes grognements. Maintenant, le tigre étripe tranquillement le grand singe dont les mains noires s'agitent vers le ciel. Grrrrrrrrraoula-houla ! Étranges gargouillis. Est-ce moi, ou le singe qui agonise, ou est-ce le tigre qui ronronne en fouillant avec son mufle dans le ventre béant ? De bizarres sanglots sortent de ma poitrine… Grrraouaouaouaouaou ! J'arrache Malahoula de son rocher et je l'entraîne. Nos mains font un bruit rêche sur les pierres volcaniques. D'instinct, nous nous dirigeons vers la forêt. Déjà d'immenses fougères se dressent entre les blocs de lave. Si le tigre nous poursuit, nous aurons toujours la possibilité de nous suspendre à une palme. Tout en bondissant à toute vitesse sur mes quatre mains, je crie :

« Gralahoula m'gu Malahoula ! »

Et de sa voix mélodieuse elle me répond :

« Gzig ! »

– T'en fais pas mon amour, je lui dis, c'est pas si gzig que ça, ma beauté, je te ferai la courte échelle ! »

Comme nous sommes très essoufflés nous nous taisons. Bruit rêche de nos mains sur les roches volcaniques. Enfin, à bout de force, nous nous effondrons au bord d'une petite mare dans laquelle coule une source. Malahoula sourit et j'allonge une de mes mains pour palper sa longue crinière d'un roux sombre. Elle frotte son visage dans ma paume, ce qui veut dire qu'elle a soif. Aussitôt, je réunis mes mains et je recueille de l'eau. Elle boit par petits coups en allongeant un peu les lèvres. Malahoula est très moderne, elle ne lape pas, elle aspire l'eau. Chaque fois, je m'en émerveille.

« Malahoula, c'est vach'ment gzig de boire comme ça ! Comment fais-tu ? »

Elle rit, arrache une feuille d'un baloundanier dont le lourd feuillage pend au-dessus de nos têtes et, s'en servant comme d'un éventail, elle se cache la figure, ne laissant dépasser qu'un œil. Cela veut dire qu'elle est confuse et que mon compliment la touche énormément. Je frappe très fort ma poitrine de mes poings, Baoum Baoum Baoum ! Malahoula doit sourire derrière sa feuille de… Comment ça s'appelle ? Elle doit sourire car son œil habituellement en forme de noyau du fruit de cet arbre qui fait des fleurs roses au printemps aux Baléares, eh bien, son œil se plisse très joliment.

« Malahoula, avoue qu'on est bien là ! »

En la prenant dans mes grands bras, je la serre aussi légèrement qu'il m'est possible contre mon torse.

« Aï houla !

– Pardon Malahoula ! »

Elle se blottit et nous restons un long moment l'un contre l'autre. Les larges feuilles du baloundanier balancées par la brise balaient l'air, et les fougères arborescentes aux troncs velus se découpent contre le ciel cru. De temps en temps un ptérodactyle passe au ras des promontoires en agitant sa voilure sombre. Malahoula respire doucement contre moi, elle sait que je veille. Jamais je ne dors des trois yeux. Toujours un œil ouvert. Il faut dire que nous vivons à une drôle d'époque. Si ce n'est pas un machérodus qui vous étripe, c'est un mammouth qui vous écrase. Le danger est partout, sous la moindre feuille, entre les pétales des fleurs, même dans les fruits. L'esprit ainsi occupé par toutes sortes de pensées floues, j'écoutais Malahoula respirer et mes lèvres posées au coin de ses lèvres buvaient sa délicieuse chaleur. – Tchik tchik tchik ! – Coït coït coït ! – Tchik ! – Houla houla ! – Dong dong dong ! Chant des crapauds buffles. – Coït coït coït ! chant d'amour des singes hurleurs. – Grrlougrlougrlou ! Cri des ptérodactyles qui s'enfilent en plein vol. – Tchoc tchoc tchoc ! Deux tortues frottent leurs carapaces. – Tchoc tchoc ! – Dong dong dong ! – Zzzzzzzzzz – Bang ! une claque « Pas eu ! » – Zzzzzzzzzz – « Bouge pas, ma chérie ! » Paf ! – « Eu ! » Nature dégueulasse, quand te maîtriserons-nous ? Malahoula grogne et soupire. J'allonge les lèvres et j'aspire sa peau. Ça fait des petits bruits sifflants. Psiouk psiouk psiouk ! Malahoula aime ça. Elle ronronne. Les yeux fermés, elle sourit en dedans. Psiouk ! Autour de la bouche. J'aspire à la commissure, puis un peu plus haut, là sur l'aile du nez, puis sur l'œil, psiouk ! J'ai dû psiouker trop fort car Malahoula ne peut plus ouvrir l'œil.

– Pardon, Malahoula, pas fait exprès.

Malahoula me caresse la joue. Doucement, doucement, du dos de sa main et, à mon tour, je ronronne. Grrrrraou ! Je change de position, et mes lèvres aspirent maintenant derrière son oreille puis partout sur le cou, et plus bas sur le petit os horizontal avec lequel on fait de si jolis hameçons. Je psioukise les salières en écartant la fourrure de bison et je pose des tas de psiouks émus à la naissance de ses seins. J'enfonce mes lèvres dans la pesante chaleur et je m'attarde longuement au bord de l'aréole brune. Je hume toute cette douceur. Malahoula que je tiens entre mes lèvres. Elle respire lentement. Je ferme les yeux et automatiquement mon œil pinéal s'entrouvre. Il doit être légèrement myope car je vois le paysage flou et un peu étiré. Le grand volcan Tokotoko qui se dresse au-dessus de nous me paraît tout à coup gonflé et soyeux. Sa pointe caressée de fumerolles bleues se découpe sur le ciel trouble. Ma langue s'attarde s'enroule glisse et joue pendant que Malahoula gémit. Là-bas, sur le volcan, un ptérodactyle frôle le sommet, plane sur ses immenses membranes flâne frôle effleure et Malahoula gémit. J'ai une envie folle de fermer mon œil pinéal, mais pas question. Ici le moindre instant d'inattention, et c'est la mort.

Au-dessus de nous, les feuilles du baloundanier se balancent. Balounda balounda balounda. Calme langoureux. La source coule. Son débit trop régulier m'énerve car il m'oblige à sélectionner avec une intensité accrue les bruits de cette nature crue. Je détache doucement les nœuds de cuir qui retiennent la lourde-fourrure. Je me dis en passant qu'il faudra que je tue un nouveau bison avant les grands froids car toutes ces aventures ont mis la fourrure de Malahoula en lambeaux. Je m'acharne sur les nœuds et enfin je dévoile son ventre. Grrraou! Psiouk psiouk psiouk! Une vague chaude me fait balbutier et grrrrrronder grrraou! Il faut dire que sa peau est tellement fine que je ne peux m'empêcher de grincer des dents. Malahoula Grrrrraou! Terrible envie de planter mes crocs dans cette chair blanche. L'ombre du baloundanier dessine des taches mouvantes entre lesquelles passent par moments de très jolis ronds de soleil. Enfin je frotte mon visage dans sa toison. Grrraou! Malahoula! Et quelque part, très loin, Malahoula feule avec de chaudes modulations de la gorge.

Nous sursautons, le cœur battant.

« Qu'est-ce qu'il y a?

– Tu as entendu?

– Non.

– Et toi?

– Qu'est-ce que tu as entendu?

– Rien.

– Et toi?

– Je ne sais pas, comme si quelqu'un…

– Si quelqu'un quoi?

– Si quelqu'un, j'sais pas… »

Je scrute les buissons. J'ai une trouille affreuse. Et s'il y avait un type planqué derrière un arbre.

« Lula, passe ton pull en vitesse, tu enfileras ton blue-jean après. »

Je saute sur mes jambes et bsik! je remonte la fermeture de ma braguette. L'oreille au guet, je reste ainsi un moment immobile. Lula assise sur la mousse remet de l'ordre dans ses cheveux. Un long rayon de soleil tombe du haut des arbres. Il tranche en oblique et vient se morceler sur le sol en une infinité de ronds jaunes. Il y en a sur les genoux de Lula, sur la mousse. Ils scintillent et palpitent, s'éteignent, s'allument, sur son épaule, dans ses cheveux. Par moments, une fine lame de lumière s'accroche au nickel de la moto et un éblouissement irisé troue la pénombre du sous-bois. Autour de nous, les grands troncs verdâtres se dressent bêtement et vont tout droit se confondre au plafond de feuillage. J'ai beau scruter dans toute cette salade, je ne vois pas de voyeur. Je reviens m'asseoir près de Lula et nous nous embrassons. Odeur de nos lèvres. Odeur d'amour. Odeur de salive chaude et de sexe.

« Ah ! Lula, c'est pas possible. Je ne tiens plus.

– Moi non plus. »

Et, de nouveau, je lui enlève son pull et son blue-jean. Je glisse des regards inquiets à droite et à gauche, mais à part les rayons de lumière, rien ne bouge.

Une fois, comme ça, nous avions été pique-niquer au bois de Meudon. On avait pris le petit train à Mirabeau jusqu'à Meudon-Val-Fleuri. Nous avions marché longtemps à travers bois, cherchant un coin tranquille pour nous allonger à l'ombre. Enfin nous nous étions installés sous de grands arbres. J'avais posé mon imperméable par terre et Lula avait étalé sur la doublure à carreaux toutes nos provisions. Sans arrêt, j'embrassais Lula, je lui mordillais les doigts, j'avais même mis sa main entre deux morceaux de pain et je faisais semblant de la manger en sandwich. Je lui mordillais aussi les genoux, les oreilles, le bout du nez et elle agitait les jambes dans la mousse tant elle était elle-même énervée. Quoi, nous faisions tous les petits gestes imbéciles qu'inventent les couples qui se croient seuls dans les bois. En un mot, nous nagions en plein tertiaire quand, tout à coup, nous avons senti qu'il y en avait plein. Plein de quoi ? Plein de regards entre les branches et les buissons. Nous nous étions arrêtés de rire et j'avais commencé à scruter le sous-bois. Rien rien rien puis soudain j'en avais vu un. Debout contre un tronc, avec son imper pisseux, il se confondait parfaitement à la nature. Mains dans les poches, il ne bougeait pas. Nous sommes restés un long moment immobiles et, enfin, il a foutu le camp. Mais Lula en avait déjà repéré un autre et, un peu plus loin, encore un autre à plat ventre, avec un grand béret. Ça faisait comme un champignon noir dans les feuilles mortes. Je chuchotais à Lula de ramasser mine de rien nos affaires, mais elle était tellement impressionnée par tous ces types à demi invisibles qu'elle était incapable de faire le moindre mouvement. Exaspéré par ces visqueuses présences, je m'étais mis debout et de toutes mes forces j'avais rugi. Graoooou ! Aussitôt le béret s'était dissous dans un grand bruit de feuilles mortes et plein de types flous avaient filé entre les troncs. Nous étions tellement affolés que nous avions tout abandonné sur place. Cette partie de campagne s'était terminée fort joyeusement sur notre lit.

Maintenant, Lula me serre contre elle et me chuchote à l'oreille qu'elle ne peut plus attendre. Moi non plus, moi non plus, je deviens fou.

« Viens !

– Je, je…

– Viens !

– Heu… je, je, je… »

Très énervant. Ça fait déjà un moment que je bataille avec la fermeture de ma braguette. Elle a dû se coincer quand je l'ai remontée si vite tout à l'heure. Je m'acharne sur la petite boucle métallique. Vers le bas, vers le haut, à droite, à gauche, je la secoue désespérément. Rien à faire. Je suis prisonnier de mon blue-jean.

Lula s'inquiète :

« Qu'est-ce qu'il y a ?

– Il y a la fermeture… »

Elle se penche et s'escrime à son tour. Rien à faire. Coincé. Ah ! il ne manquait plus que ça.

C'est fou le temps que nous avons mis à trouver les ciseaux au fond d'une des sacoches de la moto. Puis il a fallu que Lula coupe avec la plus grande délicatesse le bout de tissu qui s'était pris entre les mailles de fer. Enfin libre ! Nous avons transporté nos affaires un peu plus loin et nous nous sommes couchés sur nos habits. Sous les grands troncs humides, au milieu des rayons de soleil.

En reprenant la route, nous étions un peu moins énervés, mais pas pour longtemps car, à partir de Lyon, des orages ont commencé à nous poursuivre. Les hurlements de la moto, les nuages noirs, cette lourde chaleur, ce mutisme obligatoire, le paysage con qui fuyait sans fin des deux côtés de la route, tout ça nous avait si bien tapé sur les nerfs qu'en un rien de temps nous nous étions sentis dangereusement rechargés en électricité.

Chaque fois que nous posions pied à terre, nous nous jetions dans les bras l'un de l'autre et nos peaux étaient parcourues de grands frissons. À force de chevaucher cette moto en rut, nous n'avions plus qu'une idée : faire l'amour, faire l'amour, faire l'amour longuement, très longuement en prenant bien notre temps. Nous rêvions d'un coin sombre et tiède où nous lover, d'un trou ombreux loin des routes et du bruit, loin des hommes et de leur futile va-et-vient.

À plusieurs reprises, nous nous engageons sur des sentiers, croyant trouver une grange ou une maison abandonnée et, chaque fois, il nous faut tourner bride avec un chien aux trousses.

Nous traversons Aix, Brignoles, puis Le Luc, à une allure de cauchemar et le soir tombe déjà lorsque nous abordons une grande plaine parsemée de rocs rouges entre lesquels se dressaient des pins parasols comme nous n'en avions jamais vus. Leurs troncs aux larges écailles en losange reflétaient la lumière du couchant et leurs têtes d'un violet sombre se pressaient à perte de vue, adoucissant les pentes des premières collines. Le soleil à bout de course pendait, immense et rayé de vapeurs. Nous roulions hors de ce monde.

La nuit nous surprit perdus sur un chemin de terre dans des montagnes recouvertes d'épaisses forêts. De grosses gouttes s'écrasaient sur nos fronts et soulevaient dans la lumière de notre phare des flocons de poussière. Pour comble de bonheur (car la suite prouvera combien cette panne fut heureuse), la moto s'arrêta court, moteur et phare éteints. Le ciel lourdement chargé craquait de tous côtés, parcouru de nervures électriques. Un grondement continu, que nous n'avions pas entendu tant que le moteur tournait, annonçait un fameux orage d'été. Brusquement, un vent chaud remua toutes les feuilles, et un bruit semblable au piétinement d'un troupeau nous avertit que la pluie arrivait droit sur nous. En un instant nous voilà trempés.

C'est ainsi que nous abordâmes ce « paradis », accueillis par un infernal déluge. Lula, qui a une peur animale des éléments, poussait des exclamations angoissées à chaque éclair, et sa voix se perdait dans le bruit de l'eau et du tonnerre. La foudre autour de nous frappait successivement toutes les collines, dévoilant par intermittence le plus impressionnant paysage. Nous avancions en poussant la moto sur un chemin défoncé, transformé en ruisseau de boue. D'un côté, d'énormes châtaigniers aux troncs évidés et noircis, de l'autre, un abîme cahoteux où s'entremêlaient rochers, pins, chênes, troncs brisés… Soudain, à la faveur d'un éclair, je vis un cabanon. Je le devinai plutôt entre les buissons et les arbres, à quelques mètres en contrebas du chemin. Une décharge particulièrement féroce accompagnée d'un fantastique claquement coupa court à toute hésitation. Nous plongeons entre les buissons, glissant sur la terre visqueuse, déboulant entre les pierres, nous accrochant à tout, fouettés en plein visage. J'ouvre la porte et Lula se réfugie au sec pendant que je retourne à la moto chercher des allumettes.

En quelques instants, j'avais fait un grand feu dans la cheminée. Nous nous débarrassons de nos vêtements trempés. À peine Lula est-elle nue devant les flammes que je m'agenouille et j'entoure ses jambes de mes bras. Elle me caresse la tête. Nous restons ainsi sans rien dire à écouter la pluie. Les ombres bougent autour de nous et le ventre de Lula contre ma joue me brûle.

Combien de fois depuis, combien de fois la pluie régulière, la chaude pluie d'été nous a bercés. Un flot d'images me submergent, toutes presque pareilles et pourtant tellement particulières. Un tel flot de sensations, toutes si violemment éprouvées et chaque fois miraculeusement renouvelées dans leur fragile déséquilibre.

Ma Lula, je te revois devant tous les feux de bois, je te revois légèrement déhanchée.

Lula nue devant le feu, nos vêtements gluants jetés à terre.

Et ce rire enfantin, cette jubilation, ce rire venu des âges oubliés, rire qui précéda la parole, rire de bien-être devant le miracle du feu et du désir. Rire complice des couples qui s'élancent vers le plaisir.

Et dehors, la pluie. Non, plus la pluie, un souvenir de pluie, feuille sur feuille. Bruit calme, bruit semblable à l'odeur de champignon et de mousse. Bruit troublé par les derniers grondements de l'orage qui roule par-delà les collines vers les grandes plaines où se dressent les pins parasols géants. Vers les grandes plaines rouges du Carbonifère.

Ma Lula, je m'agenouille devant ta beauté et j'enfouis mon visage dans la mousse au goût de sel. Et, ainsi agenouillé, je caresse ton dos pendant que ma langue écarte les pulpes des fruits innombrables. Pétales de chair nue, tellement nue que la plume me manque et que des mots sans suite éclatent dans mon crâne.

Visions rouge et or. Lentes processions d'ombres colorées. Ombres chaudes et lisses. Rouge et or curieusement foncés. Foncés et lents. Rouge et or lents comme seront tous les couchants sur la plaine ocre entre les troncs de pierre dressés.

Ma Lula, ainsi à la lueur de mille feux, je t'ai déshabillée mille et mille fois. Et, chaque fois, nos gestes naissaient pour la première fois.

Feux de chêne et feux résineux, feux d'olivier au parfum d'ambre gris, feux de branches mêlées.

Ma Lula de tous les temps.

Ma Lula qui chaque instant réinvente la femme.

Cette fois tu as jeté tes vêtements mouillés comme d'autres fois tu as émergé de la soie.

Et sur ma langue j'ai senti ce goût de sel

Tu te tais

Tu respires lentement

Tu te plies

Tes seins frôlent mon dos

Tu te redresses

Tu te cambres

Tu bascules

Et tu retombes parmi les coussins innombrables qui encombrent notre lit Tu retombes et je m'allonge contre toi entre deux eaux

Tes bracelets tintent

Dehors le vent la pluie ou le ciel bleu Dehors la neige peut-être ou peut-être le brouillard et sûrement la guerre pendant que tes bracelets tintent Sous ma main tes longues jambes voilées de bas lisses fumés fantomatiques bas plus fins que tous les voiles des poissons chinois bas de brume – le cœur me manque – de brume.

Et là

Ici

Ta peau nue

Encore plus nue entrouverte

Qui bat

Tes aines veinées de bleu et ton ventre

Qui bat

Et aussi la sueur et j'oubliais le soleil entre les branches et j'oubliais la brise et j'oubliais la mouche prisonnière contre la vitre

Qui bat

Et dehors les cigales scandent leur folie
Le chat ronronne
Et tue
Des flocons de neige se posent sur tes cils
Tu ris
Et nous roulons sur le lit
Nus
À demi nus
Moi nu et toi à demi habillée
Toi nue et moi que tu dévêts

Nos mains se croisent pendant qu'un avion supersonique en pleine pulsation nous traverse sans pour cela troubler notre accouplement pas plus que ne nous troublent les volcans en travail ni les raz de marée

Incisés
Greffés
Sauvagement unis
Indivisibles
Férocement un

Nous roulons lèvres gonflées corps volutés légers et lourds denses et fluides l'esprit baignant dans de glauques lumières oppressés chavirants au bord du rire au bord des cris au bord extrême de la plus extrême explosion sensuelle

Masse critique apparemment assoupie nous nous tournons et retournons secoués de sursauts

De détentes
De tensions
Me retenant et te tenant
Te donnant et toi tenue
À peine bougeante
Vague après vague,

Et soudain agitée
Et moi
Et moi aspiré
Expirant de plaisir
Au bord
À l'extrême bord
Me retenant encore
Pour ton plaisir
Dans de vertigineuses descentes
Pendant que toi
Souffle court
Paupières bombées
Jouissante infiniment
Jouissante et rejouissante
Tu dépasses ton plaisir
Dans la douce lumière
Sieste asiatique Sieste arabique Sieste judaïque Sieste certainement pas nordique
Lula balbutiante
Femme
Toi
Nous
Nerf à nerf soudés
Dentelle de nerfs
Toile nervurée
Enlacés corps étroitement mêlés sur l'édredon des îles
Nus entre les lions et les palmes roses
Toi ma femme et moi
Nous
Perdant souffle dans l'appesant silence
Ma Lula bleue

Ma Lula haletante
Ma Lula qui se cambre et que je tiens
Par les lèvres les jambes les seins les mains
Que j'enveloppe de mon esprit
Que je possède véritablement
Oui en toute simplicité et délicieuses complications

Pendant ce temps dehors par-delà les collines par-delà la plaine par-delà les rivières où sommeillent les sauriens aux crêtes de marbre noir se rue le flot têtu ininterrompu multicolore barrissant Flot de métal de chrome de verre Bolides en folie lancés au ras du goudron dans les fumées d'échappement Bolides plus légers que coquilles vides Bernard-l'ermite fonçant en plein bitume Crochets griffus refermés sur leurs volants Sexes rétractés avec oripeaux par-dessus recouvrant la complexe fragilité de boyaux trompes matrices prostates poumons artères etc Paquets de chair lancés au ras du macadam Cerveaux projetés vers l'éclatement final Sanglant feu d'artifice Viscères répandus sur gravier Rate foie cœur tenant encore à l'aorte Côlons pendant en gracieux festons sur branches et buissons fleuris des bas-côtés

Mort Mort Mort
Mon amour
Ma Lula chérie
Enveloppe-moi de ta chair
Enveloppe-moi de ta bouche

Et je m'enfonce en toi pendant que derrière les persiennes closes le soleil explose en gerbes crissantes explose et retombe sur le monde minéralisé chauffé à blanc explose et retombe en gouttes chitineuses Grouillis multipattes d'antennes pinces dards grappins anneaux rotulés surmontés d'yeux à facettes Tensions avides en perpétuelle mastication

Taraudage sexuel Coït de scies fêlées et de violons d'élytres Étripages minuscules Gastronomie chirurgicale.

Et dehors la terre se dessèche grésille se fendille éclate en esquilles

Ah! ma Lula Je me roule en toi Je bats en toi bandant de spasmes Au bord extrême de l'éjaculation Au bord de la mort Au bord de l'anéantissante fête Au bord de la dilution Et toi ouverte mon amour et refermée sur moi Enveloppante et gémissante Soyeuse et brûlante Toi Toi Toi Lula unique et multiple

Lula que je baise follement pendant que le soleil et les astres toute la cosmique pourriture tourne à contresens et se déséquilibre

Lula

Lula ô mon amour de jeunesse

Lula mon amour

Je te baise avec désespoir et mon sang mes os mes nerfs réduits brusquement en magma de mercure incandescent se ruent par le canal de ma verge

Lula chavirante de douceur Lula au vagin soyeux Au vagin vallonné Au vagin vaginé Au vallon valvulé Vallon parcouru de tressaillements imperceptibles Chaudes lèvres nues tapies entre les mousses au creux des épaisseurs de miel de glaise de limon de sel Tu te resserres autour de mon pénis lisse Nervuré Arqué en toi Que d'une ultime secousse j'arrache Délice de volonté dénaturée en regain de plaisir

Et je retombe sur toi

Inondée de sperme

Et souriante

Répandu

Et caressante

Sur ton ventre
Et berçante
Secousse par secousse
Et débordante toi aussi
Éjaculé par vagues lourdes
Pendant que gémissante et reconnaissante
Pendant que gémissant et reconnaissant
Pendant que gémissants et reconnaissants
Nous palpitons dans la folie des violons fêlés et des scies musicales toutes ensemble déchaînées
Pénombre d'une sieste d'été
Lula ton nom chuchoté
Lula contre ta bouche
Lula sur ma langue
Lula ton nom qui monte en bulles vers mes lèvres
Lula mêlée à ma salive
Lula caressant mon palais pendant que de nouveau je me penche accoudé et que j'embrasse tranquillement ton corps parcelle par parcelle odorante et que dehors par-delà les persiennes tous les insectes accordés sur la pire fréquence électrique vrillent la nonchalance et la douceur

J'embrasse encore et encore par pure amoureuse reconnaissance ton corps gracieux devenu pesant lourdement parfumé ensommeillé désarticulé bras jambes torse bassin comme autant de mondes indépendants que je déplace à peine pour poser mes lèvres aux jointures et dans les creux

Lenteur presque végétale Tension tout à fait particulière

Quelque chose dans le genre des germinations nocturnes

Et soudain dans toute cette langueur l'explosion inattendue de nos rires

Nous voilà gambadants. Je mets à fond sur le pick-up *Falstaff La Flûte enchantée Tristan* et je tourne tous les boutons à leur maximum de puissance. Nous faisons le tour de la maison en courant pendant que Maki-chien aboie et que Gundula Janowitz, Kirsten Flagstaaaaaaaaat ou Mariela Badigulda braillent à l'extrême des aigus et que le téléphone sonne et que Fischkau, Nicolai Gedda ou Sarastro répondent et que toutes les vitres tremblent d'un bang supersonique et que et que…

Le lendemain matin, lorsque nous sommes sortis sur le seuil du petit cabanon, nous avons tout de suite senti que jamais plus nous ne pourrions nous arracher à ces vallées, à ces collines usées, enfouies sous les arbres et le lierre. Chaque feuille tremblait au soleil levant et une odeur forte montait du maquis humide. Pieds nus dans l'herbe, nous nous frottions les yeux.

Nature ordonnée jadis par la main de l'homme et retournée depuis à la sauvagerie. Oui, nature très « romantique », que nous aimons à la folie et dont nous connaissons aujourd'hui,, à des kilomètres à la ronde, chaque pierre, chaque trou d'eau, chaque vieux mur. Un jour les bulldozers, les marteaux-piqueurs, rogneront la douceur et le silence. *Ils* dynamitent déjà les vieux arbres trop nonchalamment penchés. *Ils* ont fait sauter les merveilleux rochers plats où nous allions nous étendre près de l'eau à Tirassol. Pierres auréolées de lichen pétrifié sur lesquelles nous regardions, en nous séchant au soleil, courir les tortues d'eau aux yeux cerclés d'or.

Lorsque d'énormes complexes industriels envahiront ces vallées, lorsque des rampes de lancement s'élèveront sur ces collines, profitant de leur inclinaison idéale, quand ces montagnes auront été plus perforées qu'un fromage, et qu'une épaisse chape de plastique recouvrira ce sol grouillant d'insectes, ce sol étoilé de poudre de mica (à tel point que le chat en est tout scintillant des moustaches à la queue, de s'être roulé dans cette poussière) un jour un homme assis à la place précise où je me trouve en ce moment en train d'écrire, un de ces hommes futurs lira ces descriptions tout en manipulant le clavier complexe d'un guideur transgalaxique. Cet *homme nouveau* s'émerveillera de ma prodigieuse voyance car toutes mes rétrogrades descriptions concorderont bizarrement avec les récits de voyage des cosmonautes les plus cybernés qui parleront de collines, d'arbres, de ruisseaux entrevus sur de paisibles planètes, de couples rieurs, de chats scintillants et de curieux triangles noirs sabrant le ciel. Images en tout point semblables à celles décrites sur cet antique livre par hasard exhumé. Je parle de ces temps où l'homme aura depuis longtemps oublié cet aspect pour nous si familier de la Terre et il suffira d'une planète un peu moisie pour émouvoir aux larmes les voyageurs, oui, exactement comme Lula et moi, ce premier matin après la pluie, lorsque pieds nus dans l'herbe nous avions découvert les collines, les arbres et les ruisseaux de notre nouveau monde.

À perte de vue, la terre ne sera plus qu'un immense et rassurant labyrinthe de béton. Des murs des planchers des plafonds des portes des couloirs des escaliers des sorties de secours vers d'autres escaliers couloirs murs portes plafonds planchers caves abris souterrains chromés avec portes plafonds planchers parfaitement emboîtés et couloirs couloirs couloirs sans fin menant à des piscines, d'immenses piscines bleues entourées de chaises longues en pluribynil multicolore. À côté de ces chaises longues, des tables rondes en vynile blanc attendront garnies en permanence de verres roses bleus jaune vif rouges mauves orange et de toutes sortes d'autres couleurs stimulantes. Sur ces tables, des piles de lunettes noires seront disposées pour aider à la conversation. Ils sont devenus tellement prudents qu'ils ne peuvent plus parler sans cacher leur regard derrière des lunettes noires. Leurs enfants, répliques exactes de leurs parents, portent déjà des tas d'appareils remodeleurs. Ils jouent au water-polo avec des ballons aux couleurs vives. De temps en temps, ils émergent des piscines bleu outremer et viennent sagement manger des glaces multicolores avec des cuillères en plastique rouge mauve vert jaune. Puis ils retournent à leurs jeux aquatiques. Ils crient dans l'air orange du matin au soir pour expulser leur trop-plein d'énergie. La nuit venue, ils rêveront qu'ils nagent dans de grandes piscines bleu outremer pleines de ballons rouges verts bleus jaunes et, s'ils désirent que leurs rêves soient fluorescents, mais qu'ils tournent donc ce petit bouton rouge vers le vert, ou ce petit bouton vert vers le rouge…

« Ainsi mes enfants, votre vie coulera sans problème. Voyez-vous cet immeuble de béton ? C'est là ! Regardez bien, là, juste au-dessus de l'enseigne lumineuse du marchand d'essence AVIA. Toutes ces fenêtres au second, ce sont pour ainsi dire les vôtres, hi hi hi ! »

À peine étions-nous rentrés à Paris que la mère Clodomir était venue nous annoncer la nouvelle. Elle nous avait trouvé un appartement épatant dans un quartier aéré, vivant, dynamique. Logement merveilleux de trois pièces cuisine salle d'eau, ensoleillé, vide-ordures et ainsi de suite.

Ah ! on aurait dû se méfier de ces gens si désintéressés qui nous laissaient du jour au lendemain leur beau trois pièces.

Aussitôt, la mère Clodomir nous avait embarqués en taxi pour visiter Porte Décibel notre futur logis. À mesure que nous approchions des boulevards Terrifériques, elle s'agitait et nous assommait de son crachotis de perruche. Elle nous traçait un tableau idyllique de notre vie en appartement. (Ah ! on aurait dû se méfier !) Comment nous pourrions, en étant si épatamment logés, recevoir les collectionneurs et comment Lula irait ouvrir la porte, belle comme elle est…

« Et il y a une cuisine, une salle d'eau, un beau vide-ordures… »

Le chauffeur du taxi l'interrompt brutalement et lui demande s'il doit réellement traverser le boulevard. Bien sûr qu'il doit traverser le boulevard. Il hausse les épaules et murmure quelque chose comme « Vous l'aurez voulu » et Youp, il fonce dans la furieuse mêlée entre les camions, essayant de couper pour nous déposer à l'angle du boulevard Terriférique, mais il a dû mal calculer son coup car nous voilà pris dans le flot infernal et emportés en un rien de temps vers la Porte de Saint-Dingue. Le chauffeur a beau donner de grands coups de gouvernail, agiter le bras par la portière, titiller les pédales et manipuler tous les petits boutons de son tableau de bord, impossible de biaiser. Nous dépassons les grands immeubles de béton et finalement, après bien des émotions, le taxi touche l'autre rive, à quelque chose comme cinq cents mètres plus bas.

La mère Clodomir nous attrape chacun par un bras, et nous remontons le long du Terriférique, nous traînant sur l'asphalte, les oreilles défoncées, incapables d'articuler un seul mot dans l'air trop dense. À peine sommes-nous dans la cage d'escalier que la mère Clodomir, tout en grimpant, nous sort une vraie mélasse sur la poésie jamais vue de ces boulevards, merveilleuses artères, source d'inspiration inestimable…

« D'un côté, vous dominez la circulation et, par-derrière, vous verrez, mes enfants, vous avez un coup d'œil unique sur les terrains vagues des anciennes fortifications. Je crois même qu'on peut voir un arbre par une des fenêtres, n'est-ce pas, madame ? »

La pâle locataire qui nous a ouvert se traîne jusqu'aux chiottes et, après nous avoir fait monter debout sur la lunette, nous montre en effet, dans un affreux terrain vague, un arbre griffu entouré de cahutes en planches recouvertes de papier goudronné. « Les villages bicots », murmure-t-elle. Ensuite nous visitons l'une après l'autre les trois pièces cubiques, puis la cuisine avec vide-ordures, la salle d'eau demi-portion avec douche incorporée, le tout inamovible. « Quoi, tout ce qu'il faut pour abriter un bonheur unique comme le vôtre. » Ah, on aurait dû se méfier ! Mais on était si jeunes et si inexpérimentés. Pauvres de nous ! Qui aurait pu nous prévenir ?

Quelques jours après, lorsque Abel nous aida à déménager avec son taxi, il fut sincèrement heureux de nous voir dans un si spacieux appartement et, lorsqu'un rayon de soleil se glissa entre deux pans de béton, il ne se tint plus de notre bonne fortune et fila acheter une bouteille de champagne que nous avons bue assis sur nos balluchons.

Au début, nous jouions à cache-cache et gambadions d'une pièce à l'autre, fous de joie d'avoir un peu de recul. Voir entrer Lula dans la « salle de séjour » et refermer la porte derrière elle, la regarder faire les cinq pas qui la séparaient de moi, tous ces nouveaux gestes qu'elle accomplissait dans ce nouvel espace m'enchantaient. J'avais l'impression de nager à l'intérieur d'un de ces ridicules films quand, par exemple, on voit l'héroïne entrer sur ses talons hauts, nue, rien qu'avec ses bas, aller en se déhanchant jusqu'à la fenêtre, et fermer les rideaux en lançant par-dessus son épaule une interrogation amoureuse au héros… et que la vamp ondule pendant un temps infini en balançant ses hanches et s'agenouille négligemment sur le tapis de fourrure et qu'elle pousse un mignon petit cri parce qu'un de ses bas vient de filer et qu'elle mouille son doigt et essaie d'arrêter la maille et que, et que… etc., etc. Oui, j'avais l'impression de vivre en permanence avec Lula à l'intérieur de ce genre de carton-pâte. Nous n'avions ni fauteuil ni tapis. À part notre lit, nous n'avions pratiquement aucun meuble, peut-être une ou deux chaises et une table de jardin. Mais l'espace cubique de nos trois pièces nous donnait ce sentiment d'être en continuelle représentation. Et même lorsque nous nous baisions quelque part dans un des trois cubes de béton, c'était avec une conscience lancinante qui ne nous quittait pas d'être observés. Était-ce le bruit fantastique qui montait des boulevards Terriferiques ? Était-ce les vibrations qui ébranlaient nuit et jour les murs, à tel point que nous avions l'impression que d'un instant à l'autre nous pourrions nous retrouver en plein boulevard à gigoter dans les décombres ? Était-ce d'entendre les radios des uns et de tous les autres ? Était-ce d'entendre mot à mot tout ce que disaient les gens ? Était-ce de les entendre se racler la gorge en chiant et tourner mélancoliquement les pages de leur journal. Était-ce d'entendre les gens du dessus ou du dessous se frotter charnellement pendant que nous-mêmes étions pareillement occupés ? Ce qui est certain, c'est que nous avions le sentiment de vivre à X exemplaires.

Au début, d'être entrés dans ce rythme « communautaire » nous amusait plutôt, et on riait lorsqu'en tirant la chasse toutes les chasses des innombrables alvéoles partaient ensemble, ou bien quand nous enlevions nos chaussures et que, de tous les côtés à la fois des centaines de chaussures valsaient dans les cubes de béton. Bouha ! Eh bien, pauvres innocents que nous étions, nous nous tordions de rire, et des coups de balai cognés aux murs, planchers et plafonds nous répondaient, ce qui, pauvres innocents que nous étions, redoublait nos rires charmants. Mais nous allons voir… une minute, je ricane… oui, nous allons voir maintenant comment ces rires si charmants nous quittèrent.

Une nuit, nous voilà brusquement réveillés et, chose étrange, non pas réveillés par l'infernal et ininterrompu trafic des Terrifériques, non non, réveillés tout bêtement par les pleurs d'un bébé juste au-dessus de nous. Un tout petit bébé de rien du tout dans le plafond. On entend la maman qui le prend dans ses bras, qui lui chante une gentille berceuse, le papa même qui vient sur ses pantoufles et, tout attendri du spectacle, pose un sonore baiser sur le front serein de la maman… quoi, tout le charmant petit cirque des familles. Bon ! enfin tout ça se rendort, et soudain, comme si une fêlure avait éclaté dans mon crâne, j'ai *entendu le vrai bruit*, le bruit hallucinant qui nous hachait vifs depuis notre arrivée : le bruit des Terrifériques.

Lula dormait contre moi et je suis resté de longues heures, les mains nouées sous ma nuque à écouter l'atroce vacarme.

Et, tout à coup, j'ai compris pourquoi nos prédécesseurs avaient si facilement laissé leur somptueux tri-cubes cuisine, s. d'e. tt. con. v.-ord. etc. sans reprise, mille coups de chapeau et poignées de main. Oui, en une seconde j'ai tout compris, et une sueur dégueulasse m'a instantanément inondé de la tête aux pieds.

Je suis resté comme ça les yeux grands ouverts et, pour ajouter à mon angoisse, je me suis aperçu que l'enseigne de néon AVIA scellée sous nos fenêtres grésillait et éclairait jusqu'au plus caché recoin du cube de béton dans lequel nous gisions. Je voyais les vêtements de Lula jetés sur le dossier de la chaise, passer du rose au bleu et du bleu au rose dans l'éclairage fondant, pendant que montait du Terriférique l'effroyable vacarme. Mous et dégoulinants par-dessus le dossier comme poignée de tripes rosâtres, les vêtements de Lula secoués par les vibrations et les martèlements. Ses bas balancés comme peaux de serpents mauvasses. Et cette luisance, là ? Une des attaches d'acier du porte-jarretelles reflétant le néon comme un œil ouvert, et un peu plus bas, ramassée sur elle-même, pas plus grosse que le poing, sa culotte que je devine mêlée en chiffon à sa combinaison, étroitement mélangées, dentelles effilochées, le tout posé sur un pull dont une manche pend comme le bras d'un mort. Et puis par terre sa jupe tombée, et à côté ses escarpins, l'un debout, l'autre couché, la pointe métallique du talon faisant un minuscule point lumineux au ras du plancher. Plus près, un tas agité, fouillis grossier, ma dépouille à moi, plus près encore un livre ouvert dont les pages décollées semblent tourner toutes seules dans cette lumière de music-hall. Et là, tout à fait contre moi, l'épaule de Lula mauve et bleu, sa douce épaule couleur AVIA et un peu de son sein AVIA et ses paupières AVIA, ma Lula AVIA de néon. Et dehors, l'aube enfin, pendant que sur les Terrifériques le bruit ininterrompu monte de quelques crans, et c'est l'heure où des millions de gens s'élancent vers leurs bureaux et les usines. Partout autour de nous, les réveils font entendre leurs gaies sonneries, et la promesse d'une nouvelle journée met la ville en émoi. Une multitude de pieds nus jaillissent des draps chauds et se posent avec un charmant bruit mat. L'aigre grelottement des premiers pipis jaillis du sexe à l'égout me serre le cœur. Je revois les vasques usées, les minuscules cascades entre les fougères, les libellules sous les feuilles de figuiers et, sur l'eau tranquille, le saut d'une grenouille dérangée, floc ! une autre grenouille, floc ! une autre encore. Ah j'en transpire ! Déjà tous les moulins à café déchaînent leur infernal bruit triangulaire sur fond de speaker, gorge tranchée. Premières gifles dans la jolie aube.

Contre moi, Lula s'agite dans un mauvais sommeil. Je sombre, vaincu par la fatigue, dans la putréfaction des rêves tardifs. Ma langue gonflée colle à mon palais, et mes fosses nasales trop sèches me font mal quand j'avale. Les heures passent dans ce soûlant vacarme, le corps taraudé, l'esprit chirurgicalement découpé en fines tranches, le cerveau oblitéré par une machine à répétition. Et, de temps en temps, s'insinuant dans la bouillie, le fin clinc, musical à pleurer, le clinc léger, presque champêtre de la sonnerie d'un autobus. Clinc ! en plein cœur comme un coup de seringue glacé. Et se répandent par tout mon corps les ondes fraîches de ce clinc obsédant.

Parfois, entrouvrant les paupières, je vois très près de mon visage le visage de Lula : landes, plateaux, vallons, familière géographie avec ses grains de beauté, ses luisances aux ailes du nez et ses adorables plantations de cils et sourcils, parallèles parenthèses que je regardais avec émotion tressaillir.

Lula entre deux eaux, torturée de bruit, elle aussi, que je serre dans la lumière grise d'un matin d'hiver. Lula qui refuse d'ouvrir les yeux et se blottit encore plus étroitement, à tel point que, gagné par son sommeil, je me rendors, coulant à nouveau dans l'hallucinant torrent d'acier, cent fois guillotiné, désossé, transpercé. Et toujours ce clinc musical qui tombe comme un glaçon dans la braise.

Chaque matin, nous restions ainsi sous le marteau-pilon à flotter dans cet affreux demi-sommeil, et les mots tendres, tous ces balbutiements si naturels aux couples hors pesanteur enfoncés dans les voluptés du demi-réveil, tous ces chuchotements, ces habituelles bulles de bien-être, se transformaient ici en plaintes et crispations. Traversés par ce va-et-vient de machines ivres, nous bougions vaguement, ni morts ni vifs. Je gisais là, crispé, tordu, sexe en demi-érection contre ma Lula, Adam trop tôt foudroyé, et Lula, les cheveux sur la figure, tressaillait comme si toutes les dégueulasses trompettes l'appelaient à se dégluer. Nous qui, il y a quelques semaines encore, gambadions de vallon en vallon, que faisions-nous là, étendus dans ce cube de béton, couchés dans cet infini champ de bataille, recroquevillés, coudes et genoux pointus, bouches ouvertes vers un ciel sanglant, à nous tourner sur notre couche, à nous retourner, et à nous retourner plus lents que de grands malades, les yeux fermés sur ces visions de fin du monde ? Souple va-et-vient d'engins noirs. Semeuses batteuses lieuses fléaux roues à aubes hélices marteaux tuyères incandescentes enclumes sonnantes, clanc, clanc, clanc tombées dans un piston. Ah ! j'en arrivais à rêver de chirurgie, de n'entendre plus rien, pas exactement tout à fait rien, d'entendre battre mon cœur et le bruit de mes viscères en travail, d'entendre aussi le chuintement de mon sang filant dans mes artères, et aussi ma langue cogner contre mon palais, et mes os craquer, et ma moelle frémir. Je restais couché sur le dos, respirant lentement, et le vent dans mes poumons chantait comme une tornade de brise et des milliers de petites plumes valsaient dans un ciel bleu. Ainsi, doucement, je glissais vers la folie.

Lula, de son côté, rêvait elle aussi de silence.

Tout au long du jour, nous accomplissions les gestes de la vie, nous étions tendres l'un pour l'autre et même souvent rieurs ; mais le vacarme était tel que par moments Lula pleurait pour rien et je la consolais de rien, la berçant contre moi, là là là là là, ma Lula, et Lula consolée de rien me consolait à son tour pour rien avec douceur, me consolait du bruit. Et nous nous étreignions comme si nous nous étions retrouvés après une séparation infinie. Lula m'embrassait à perdre haleine et le coït des camions en chaleur commençait. Couilles en forme de marteau piqueur, je m'enfonçais sans préambule dans l'ovarienne moiteur de ma Lula inoxydable. Des grues rouges soulevaient mon pénis, et le derrik, clanc, clanc, clanc, se mettait en mouvement. Je forais à la chignole dans ma Lula échevelée pendant que tous les camions branleurs faisaient sauter leurs attelages sur les pavés des Terrifériques Boulevards. Je limais le vagin aux doux pétales d'acier chromé de ma Lula échevelée, renversée en plein sulfure, échevelée échevelée, jambes largement ouvertes et refermées puis croisées sur mes reins de métal poli. Nous grincions des dents et remuions hanches et bielles, pinces et bennes entremêlées, plus affairées que deux bulldozers à la saison des amours. Nous roulions en tous sens, toujours et toujours martelés de bruit, et je m'enfonçais, sexe tournant à quelque chose comme 5 000 000 000 tours/seconde, dans le ventre de ma Lula… En fait, je limais les barreaux de notre prison de béton, je limais chair sur chair dans l'unique faille de douceur au centre de cette démence. Et le miracle avait lieu. Malgré les grincements, les chocs des grues et des palans fous, malgré les foreuses à répétition, je dis bien malgré ce délire d'écrous, de cloches fêlées, de couperets, de poinçons qui nous clouaient sur notre lit, malgré tout cela, nous finissions par aborder l'autre rive où nous reprenions souffle quelques instants.

Parfois, la mère Clodomir venait visiter ses tourtereaux chéris, elle ne se tenait plus de nous voir nous débattre dans cette tourmente. Elle posait son léger croupion sur le bord du lit et en avant les bons conseils :

« Maintenant que vous avez un si coquet appartement, mes enfants, il faudrait un peu le meubler… Comment Lula, vous qui vous habillez d'un rien, comment se fait-il que vous ne fassiez pas l'effort d'embellir votre nid ? »

On entrouvrait un peu un œil pour voir si c'était sérieux, si c'était vraiment pour de vrai qu'elle osait nous gazouiller de telles fadaises. Mais non, elle ne plaisantait pas. Et en avant !

« Il vous faudrait des rideaux, des coussins, des descentes de lit… Vraiment ce n'est pas sérieux de vous laisser… »

Le reste se perdait dans l'affreux bruit des Terrifériques.

« Mais, madame Clodomir… vous n'entendez pas ?

– Pardon ?

– Je dis… je vous demandais si vous n'entendiez pas le bruit… »

Elle penche la tête, cligne ses pâles paupières, remuote les ailes, gratte un peu de fumier avec ses pattes.

« Cot cot ! Cot cot ! Cot cot codèque !

– Oh ! vous dites ça, madame Clodomir, parce que vous n'y vivez pas.

– Coot coooooot codèque ! Cot cot ! Couic !

– Ne croyez pas ça, madame Clodomir, l'amour n'a rien à voir avec les boules Quies.

– Cloc ! cloc ! couic codèque ! Cot cot couic ! »

Ah, mais c'est qu'elle se cramponne à son idée de l'amour zéphirique, l'amour plume au vent, l'amour passe partout… l'amour…

« Cotcotcotcotcotcotcot ! clouic ! cloc codèque, mes enfants.

– Eh bien non, madame Clodomir, depuis que nous sommes ici, notre unique pensée, c'est d'en foutre le camp.

– Couaque ?

– Si si, à jamais !

– Couaque ! codèque cloc à jamais ?

– Oui, nous cherchons à échanger contre une chambre de bonne. »

Elle le prend en plein gésier.

« Codèque de bonne ? »

On finissait par lui soutirer quelques billets. Oh ! c'était pas beaucoup plus cher que le cinéma et infiniment plus distrayant, de nous voir comme ça, désespérés, accrochés l'un à l'autre.

Bleu mauve bleu mauve. Grimaces sur nos visages. L'enseigne palpitait dans le jour tombant. Clowns malgré nous, nous émergions des draps informes. Dans la triste pénombre, nous restions assis au bord du lit, découragés d'avance. Que faire ? Où aller ? Nous étouffions dans ce bruit, cette folie de métal. Sortir, respirer. Mais où aller dans ce dégueulis communautaire ? Nous restions comme ça, écœurés à pleurer, incapables d'allumer l'électricité, incapables du moindre projet. Enfin une explosion ou un coup de sirène me faisait sursauter. Je me traînais jusqu'à mes habits que j'enfilais dans la lumière dansante. Je ramassais les petits chiffons de Lula et les lui tendais. À son tour, elle s'habillait et nous sortions sans savoir, hésitants, vacillants parmi les passants.

Dehors, la fête bat son plein. C'est la guerre. La haine. Le dégoût. Les gens s'insultent, muets. Un rien, et tout le monde se saute à la gorge. Depuis le temps qu'on ne se respecte plus, qu'on ne se parle plus. Depuis le temps qu'on a honte d'être pareils à ceux qu'on croise. Poussés, heurtés sur le visqueux pavé, canalisés, les piétons s'élancent entre les clous. Coup de sifflet. Coude à coude, le flot des agités traverse. Des femmes montrent le poing aux automobilistes, des hommes donnent des coups sur les capots. Haine haine haine. Vert. Laminoir en folie, métal en rut. Rugissement. Haine haine haine. Démarrage meurtrier. Les derniers à pied cavalent, sautent de justesse sur le trottoir. Les agités recroquevillés titillent leurs pédales, enclenchent leurs vitesses, foncent méchamment, fendent les Terrifériques. C'est la course. Les moteurs hurlent jusqu'au rouge. Stridence des freins. Là, oh ! pas loin, les voilà déjà arrêtés. Les piétons en folie s'élancent à leur tour. Femmes enfants vieillards hommes de tout âge se marchent sur les pieds, se poussent, se filent de méchants coups de coude. Haine haine haine. On piétine dans le crachin. Sur le pavé, les reflets de la foule sont mous. Poulpes dansants dans des irisations d'huile. Plus haut, contre le ciel soufre, des signes palpitent. Néons optimistes, pétillants. Faux soleils échevelés coiffant la morte danse. Sur fond de bielles, étoiles planètes constellations s'allument s'éteignent. Comètes d'ampoules et de tubes dans les nuages au ras des toits. Cavalcade remous panique sous les néons en saccades. Visages blancs. Mains balancées d'avant en arrière au bout des bras pour accélérer par le ballant la galopade. Ils se croisent, agités, nerveux, débordent des trottoirs, sautent, se déhanchent pour s'éviter, se frôlent. Visages blafards frappés de couleurs fausses. Yeux narines bouches, autant de trous sur la nuit. Une femme tombe au milieu. Des oranges roulent. Vert. Les fous démarrent. Elle a eu chaud. Ses bas sont troués aux genoux, mais elle les a récupérées ses oranges. Sifflet. Rouge. Elle sourit, gênée. Sifflet. Vert. Des grappes vacillent au bord des carrefours. Sifflet. Rouge. Les rues sont envahies. Ils écument, hurlent, furieux. De tous côtés ça klaxonne. Sifflet. Violet. Le ciel grésille. Les maisons tanguent. Sifflet. Jaune. Des voitures flambent. Des coups de feu partent des toits. On s'empoigne sur les trottoirs. Enfin la vengeance ! L'heure a sonné. Vert. Les autos foncent dans le tas. « Hé, donnez-moi un tank ! un bulldozer ! une mitraillette que je te descende tous ces gêneurs ! » Rouge. La foule entoure une voiture qui a mordu sur le passage, effleuré quelqu'un au mollet. Dedans, un agité blafard. Par la vitre baissée, un poing, PAF ! lui écrase le pif. Ses lunettes sautent. Quelqu'un ouvre la portière. On extrait l'horrible conductailleur. Impossible de le déplier. Normal. Depuis le temps qu'il est assis dans ses pédales. Le monstre tient plus debout. Désappris. Un type lui fout un coup de pied en même temps qu'une femme le tire par les cheveux. Pas mèche. L'automobiliste pleurniche. Plié en deux, il cherche à tâtons ses carreaux, rampe, menton aux genoux. Les piétons ricanent. On le plaindrait presque d'être à ce point sans os. Enfin le voilà de nouveau derrière son volant. Vert. Youp ! il a foncé dans le tas et disparu du côté de Denfert. On traîne deux ou trois piétons morts jusqu'à la première pharmacie. La foule affamée grossit à vue. Des flics en gants blancs tapent à coups de matraque, tapent tapent tapent dans l'tas, mais les agités à pied veulent plus avancer. Veulent voir. Flairer. Savoir. Se donner un départ pour imaginer chez eux au fit. Seuls.

« Où qu'y sont les cadav' ? »

On se démanche le cou. On se hausse sur les orteils. Sous la grande croix de néon, on se met en quinconce. Vert rouge vert rouge. Sirènes. Motards.

« V'là l'ambu…

– Poussez-vous hé, connos !

– Hé ça va, hé !

– Non, mais dis, hé !

– Oh ! Hé mollo, hé ! »

Un casqué poliç'mar botté sanglé, plein de cuir et de chichis chromés, repousse la manaille. Des flics porteurs de civières suivent. On charge les morts, mous et bragnieubeugneuglants. Ils passent à l'horizontale, doigts raclant le goudron. Leurs joues sont pas beaucoup plus pâles que celles des debouts. On les pose autour de l'ambulance. Des en blouses blanches les tâtent, font du bouche-à-bouche pour montrer qu'ils savent, s'affairent, auscultent. Les flics, matraques en l'air, ne rêvent que de cogner sur les badauds béants qui cavalent sur place tant le spec'tac'est excitant.

« Combien y'a n'a d'morts ?

– Moi j'ai pas vu mais y paraît qu'y en a 8 !

– 8 ?

– Voui !

– Le monsieur y dit 6 !
– 6 ?
– Voui !
– Qu'est c'qu'y s'est passé ?
– Oh ! un tomobilis'qu'a foncé !
– Dans l'tas, comme ça ?
– Voui !
– Putain !
– Gonflé l'mec !
– Et où qu'il est l'chauffard ? »

Quelqu'un montre le carrefour Denfert.

« L'a contourné l'lion ! Youp sur les chapeaux !
– L'a disparu vers l'Obs' !
– Oh !
– Ouais !
– Gonflé !
– Ah ça oui faut l'êt' !
– Et il était en quoi ?
– En quoi il était l'chauffard ?
– En citron j'crois !
– Madame dit qu'non !
– En quoi qu'il était alors si c'est pas en citron ?
– Le p'tit dit en pannard !
– Tu dis en Panhard ?
– Même qu'il a r'levé l'N° !
– V'z'avez entendu il a relevé l'N° !
– V'z'avez entendu m'sieur l'agent ? l'p'tit il l'a r'levé ! »

La maman se rengorge. File une tarte au p'tit qu'est pas assez rapide.

« Alors tu l'craches ton N° Trézor ? »

Le p'tit farfouille dans l'carnet. Y faut dire que comme y marque tous les N°, y s'y r'trouv'plus. Y s'mouille le doigt et feuillette. Sa môman a piétine sur ses scarpins, nervée. Le flic lui y s'mordille les bacantes en arpionnant sur ses grabiots ferrés. Autour les aut'y s'tiennent plus d'savoir le N°. Y font des 8 avec leur cou, y risquent le torti mais y veulent tant savoir, êt'renseignés, au courant, rien manquer, êt'parmi ceux qui les I^ers^ ont aperçu vu reluqué saisi l'N° du chauffard, ce monstrueux monstre qu'est déjà à la une du canard, en gras, titré gros comme la main. La preuve : ANÇ'OIR DERNIÈRE – L'CHAUFFARD DENFERT A ÉTÉ R'TROUVÉ GRÂÇ'À SES PNEUS EN SANG.

La foule se précipite, arrache les journaux au crieur, l'assomme même, le pousse à l'égout. On s'agglutine sous les néons verts jaunes roses mauves. On s'attroupe, on commente :

« Y paraît qu'il est rital, l'meurtrier.

– Mais non, c't'un bicot.

– Bicot Rital Juif Macaque... Tout pareil. C'est pas qu'j'sois raciste mais... »

Tiens, ça tombe bien, justement en v'là un d'bicot avec ses fourrures et ses tapis.

« Hé Ali, qu'est c'qui t'a pris d'foncer com'ça ?

– Moi ? »

Y s'étonne sous son fez, y s'retourn'rait presque pour êt'sûr qu'c'est pas quelqu'un derrière à qui on en voudrait par hasard.

« Voui toi ! pourquoi qu't'a foncé com'ça ? dis un peu, dis !

– Moi ? »

Voix suraiguë du bicot qu'a peur.

« Moi y en avoir pas foncé qu'y j't'y dis ! »

Les gens se marrent. Ah! il est parfait çui-là, dans son rôle de bicot.

« Ha ha! (fait l'agent l'imitant)… toi y a n'avoir pas foncé?

– Non qu'y j't'y dis, moi n'y a n'avoir pas foncé!

– Répète un peu que toi n'y a n'avoir pas foncé!

– Moi avoir foncé!

– Ah bon! »

Le bicot qu'avait été pris au colbac est relâché. Y s'marre complice. Sa dent en or brille sous le néon. Rose bleu rose bleu. La foule au fond le trouve sympa. Le bicot le sent, prend de l'assurance, en fait des tonnes, parle archi p'tit nègre, fait grimaces et mimiques.

« Moi y en avoir foncé sur tapis volant. T'y veux m'achtir pouf? eh mon zami, moi pauv'minab'Nord'Af! Hi hi hi hi hi! »

Insupportable.

Le flic se dandine. Voudrait bien un peu sa part de ce beau succès.

« Dis, Ali Mohamed, toi y en avoir papier? Aboule!

– Papié? t'y veux voir papié? hi hi hi! t'y vas voir, si t'y veux voir, t'y vas voir, t'y impatient'pas, m'sieur l'azan! »

Il fouille sous ses tapis, relève sa vaste blouse bleue. Sa dent en or lance des feux. Enfin y sort tout. L'flic lit même pas. L'empoigne. Au fourgon l'bicot! Râle même pas l'métèque. Si un peu quand même pour la forme. Au poste ou ici, qu'est-ce que ça peut lui fout'? Sa dent en or brille derrière le grillage du panier. Oh! il est chez lui, à force. En parfait partenaire qui connaît son rôle sur le bout du doigt, il sait bien que sans lui à quoi ils serviraient les flics? Hein?

À quoi ? Oh ! c'est qu'il est autant chez lui au commissariat que les agents de police. Même peut-être plus.

Enfin pendant cette diversion, le p'tit garçon a r'trouvé l'N°. Le flic se met en mesure de faire l'transfert sur son carnet personnel. Mais pas eu l'temps que BAOUM ! C'est un camion qui vient d'aplatir une toute rutilante qu'on croirait juste sortie d'l'usine, avec moteur à l'arrière. Dedans, l'mec coincé râle. L'agent siffle. Ça pimponne déjà. V'là les plombiers ! On découpe au chalumeau. Le type dedans gémit exprès très fort. C'est qu'on est au théâtre jusqu'au bout. Chacun son rôle. Ça sent la chair brûlée. Rouscaillée. Au même moment des coups d'feu claquent. C'est le hold-up du soir. Des types en passe-montagne cavalent de toit en toit direct sur les voitures. Ceux-là, ça fait déjà un moment qu'ils l'ont perdu l'respect des carrosseries. Mitraillettes au poing, ils bondissent. Tous les flics à plat ventre. Les vitres de la banque du coin volent en éclats.

« Ta-ra-ta-ta-ta-ta-ta-ta-ta… ta… ta ! »

Un employé (fidèle) (trente ans de présence) vacille sur le seuil. Il est épatant. Depuis le temps qu'il l'attendait son moment. La foule applaudit. Pfschuiffffffffff ! Il expire et l'air chassé de ses poumons fait trrrrrrrrr à cause du sifflet à roulettes qu'il serre entre ses dents. En attendant, les gangsters ont fait main basse sur toute la paye. Les voilà déjà remontés dans la traction qui sur les chapeaux d'roue trépidait au carrefour. Hurlement des pneus aussitôt couverts par les accordéons des quatre aveugles pancartés qui s'avancent. Gueules cassées au rabais. Résidus d'une vieille guerre. Joues rouges et pommettes grêlées, ils chantent à pleins poumons :

Ami entends-tu le vol noir des corbeaux dans la plai-ai-ne

Une marchande des quat'saisons glisse dans leur musette quelques fruits. Une dame qui s'est pas déchangée depuis au moins 1900 pioche du bout des doigts dans un porte-monnay quelques piécelettes.

De Denfert à Alésia, ils fendent la foule en hurlant leurs chants de guerre. Au fond, ils repartiraient volontiers se la faire recasser leur affreuse gueule. Ça les maintient en vie, ce sentiment qu'ils sont des monuments. Leur chair torturée, ils la portent haut. Rentrés chez eux… Mais ont-ils un chez eux ? Où vivent-ils ? Comment font-ils ? Ont-ils des femmes ? Des enfants ? Leur ont-ils expliqué à leurs enfants ? Le pourquoi, le comment ? Sur quel air ? Mais déjà leur chant funèbre se perd. La foule s'est resserrée, crachée par le métro. Devant l'entrée des catacombes elle palpelipule dans les parapluies des à la sauvette, des pas patentés qui le cou haussé font l'article, un œil sur le flic là-bas. Les marchands de citron six pour cinq, dentelles, cravates peintes à la main, têtes de mort ou femmes nues retouchées de phosphore.

Deux solutions, filer vers les Gobelins ou tourner vers Montparnasse. On hésite. Là ou ailleurs, toujours le même bruit, la même agitation. Revenir par les petites rues ? Déprimant mais reposant. On décide de faire un crochet par *La Closerie des Lilas*, le boulevard Montparnasse, puis remonter par la rue Émile-Richard, rue sans numéro entre les cimetières. Ensuite rue des Plantes, immonde rue informe. Rue des Plantes rue des Plantes rue des Plantes qui n'en finit plus, rue des Plantes que nous ne prenons pas. Ah, nous sommes crevés ! Nous n'en pouvons plus d'être prisonniers de cette ville.

« Tu vois, ma chérie, le jour où nous réussirons à en foutre le camp, jamais, ah ! jamais, nous n'y remettrons les pieds, dans cette ville. »

Oh, elle est d'accord !

Ils hésitent, s'engagent sur le boulevard Edgar-Quinet, se faufilent entre les voitures parquées sur les trottoirs. Les voilà rue de la Gaîté. Ils se fraient un passage dans la foule. C'est l'heure du cinéma. Ils comptent, recomptent. Pas assez pour entrer. Pourtant il y a des films avec grands ciels aérés, chevauchées libres. Des films dans lesquels les gêneurs sont tués, pan ! comme ça, sans sommation. Pan ! de l'air ! Ils vont, viennent, zigzaguent, traversent la rue. Ils entrent dans une boulangerie et, à défaut de ciné, se payent une brioche aux raisins.

Parfois, ils partaient dans la direction opposée. Vers Vanves. C'était moins bruyant, moins agité. Presque pas assez même. Ce n'était que terrains vagues. Partout des trous, des tranchées, avec dessus du papier goudronné tenu aux quatre coins par des pierres. Des clochards, des Nord-Africains, des Portugais, des Noirs s'entassaient là-dedans, serrés. On entendait en passant monter des rires, de vagues chansons d'un autre temps. Comme deux insectes, ils arpentaient ce plateau plein de chiffons, de papiers flottants traînant dans le vent. Des culs de bouteille reflétaient un peu la lune. Un pneu brûlait tout seul. Ils trébuchaient sur les petits obstacles, les trous, les déchets, les dormeurs. Limitée de deux côtés par les immeubles illuminés, cette lande s'étendait en longueur comme ça, à l'infini. Ensuite, ils obliquaient vers la Cité universitaire et, après avoir traversé les Terrifériques, ils revenaient chez eux par des ruelles toutes pareilles.

Souvent aussi, ils allaient jusqu'à une rue bizarre qui longeait une ancienne voie de chemin de fer creusée assez profond, sillon rectiligne qui sortait de terre et allait, à peut-être cinq cents mètres de là, s'enfoncer à nouveau sous les maisons. Au fond, deux rails parallèles luisaient entre les herbes. Sur les pentes de cette saignée, des acacias débordaient par-dessus le grillage renforcé de fils de fer barbelés planté là pour contenir cette caricature de nature. Ce sinistre vallon, vestige du chemin de fer de ceinture, était le refuge de tous les chats du quartier. Ici, c'était presque le silence. On entendait bien encore le grondement des Terrifériques mais, à cette distance, les sons avaient un peu perdu de leur relief.

Et nous marchions, allant, revenant, nous passant les nerfs en bavardages, projets sans fin. Nous gambadions dans le crachin et notre haleine faisait devant nous des bulles de buée soufre. Reflétées sur le goudron visqueux, nos jambes huitaient. Nous swinguions sous les lampadaires. Nos pas résonnaient dans les rues vides. Ces promenades de loup nous menaient parfois très loin. De crochet en crochet, chez les uns, chez les autres. Un repas ici, un peu d'argent là, quelques cigarettes. Nous tapions qui nous pouvions.

Et nous nous retrouvions à Saint-Germain-des-Prés. Sinistre carrefour où s'est jouée notre génération. Dans ce village, oui là, dans ce champ clos. Maintenant on pleurniche, on court après l'Événement, broutant de gauche et de droite, faisant la tournée du trachome d'Hilton en Hilton, la petite tournée chrétienne des popotes du malheur, bouddhisant, zenifiant, droguisant pour un monde (avouez-le) romain quand même.

Bon, où en étais-je ? Ah oui ! Donc on arrive au carrefour. Nœud d'élégants et de dépenaillés. Entrelacs de voyeurs assis et de voyeurs debout. Les assis des cafés regardent les debouts des trottoirs. Les debouts des trottoirs scrutent parmi les assis. Cherchent un ami, un client, un subside. Les amies des assis sourient aux debouts. Les debouts font signe aux assis qui se poussent et c'est comme ça qu'il y a de plus en plus d'assis qui débordent jusqu'au milieu de la rue. Ça mousse. Il y a des assis gros, des assis petits, des assises aussi jambes croisées jusqu'au-dessus du bas. Il y a des demi-assis, des avachis, des ni assis-ni debout, des bruns, des roux. Sous la grande horloge tout le monde s'interroge, attend. Quoi ? On ne sait quoi, mais on attend. Sous le clocher des temps pourris, sous le cadran coulent les ans. La grande aiguille avance avec une régularité écœurante, marteau de commis-priseur. Et ta sœur ? Pousse-toi que j'm'assoie ! Alors ça va depuis la dernière fois ? Vaseux, yeux creux, regard fureteur, fouineur, chafouin, à vendre pour rien. L'horloge scande le va-et-vient, on se lève, on s'assied, on s'en va, on revient. Bien et toi ? Oh moi... Tiens, justement, je te cherchais. Pourquoi ? Pour rien. Ah !... cette chaise ? Non, si si, vous pouvez. Feux rouges, feux verts. Voitures d'enfer foncent, écrabouillent les voix des assis qui crient, des debouts qui rient, clignent, trépignent. Et alors ? Oh ! alors elle se l'est fait passer, c'est pas l'premier. Paillassons dépeignés, mal rasés, ami-ami avec ceux des beaux quartiers. Oui, dans la bouche, la cervelle éclatée, pan ! Les pigeons du square Apopo... Apopo... Apopollinaire ! À tes souhaits ! Merci, toi aussi... s'envolent, font des tours, reviennent. Cloches à la volée. Voitures serrées. Autobus. Taxis. Camions. Violon brassé aigu aigu aigu suraigu, archet pointu qui de plus en plus vite pointe pointe pointe par-dessus la circulation. Pousse-toi, hé Paganini, tu gênes le garçon. Allez, ça va, râle pas, tu frais mieux d'te raser! Deux citrons pressés et quoi? J'entends pas... pressés et quoi?... Beaucoup d'suc. Et vous madame? Il grimace dans le soleil, il attend, presque impatient. Sourire de Lefourneau. Alors, Sylvie, tu charries, tu vois pas qu'tu l'fais attendre l'larbin? Pour moi un express et elle d'office aussi, allez, râle pas ma chatte... Ses gros yeux bleus, sa moustache en croc et sa voix d'ultra basse. Derrière lui, une Anglaise en orange dénaturé allume une cigarette. Odeur de foin. Fumée en lambeaux entre les têtes. Genoux très croisés, jarretelle écossaise, pas bandant. Quoi?... Trémulsion de son gros rire. Sylvie, perruche brune coiffée aile de... Ah! merde! Comment ça s'appelle? Tiens un mariage! Ah ah! Regarde-les ces cons comme y s'alignent pour la photo!... Comment s'appelle ce gros oiseau noir? Corbeau... C'est ça, coiffée en aile de corbeau. Sylvie Lefourneau et son insupportablement à l'aise de mari décorateur. Sylvie vient de se tourner vers moi. Le garçon se penche, son cul entre elle et moi. Pantalon très usé, luisant, lustré à force de frotter contre toutes les épaules. Poussez-vous un peu, merci. Non cette chaise n'est pas prise, je vous en prie. On s'agglutine on marine. Pouah!... Quoi? Non je disais que je comprends pas pourquoi on est là. Ha ha!... Ça, c'est tout Cyrus. Dis, Lula, pourquoi on vous voit pas? D'année en année, les mêmes à la même place. Chaque jour, les mêmes têtes. Bheu... Garçon! Triste Charlot qui vole, plateau en l'air en équilibre sur les cinq doigts. L'Anglaise en rallume une autre. Foin. Fumée qui s'effiloche au ras des guéridons de marbre. Orange pas possible de son manteau. Tiens, elle sourit à un chevelu joufflu aux yeux battus...

« Alors comme ça, Cyrus et Lula, on se balade en amoureux à Saint-Germain-des-Prés ? »

Sylvie Lefourneau se tortille.

« Alors, lâcheurs, on vous voit plus, où habitez-vous ? Il paraît que vous n'êtes plus dans votre petite chambre sous les toits-toits ? »

Grrrrrrrr !

« Qui c'est qui nous a dit que vous avez trouvé un superbe appartement ? Hein Jaquounet, qui c'est qui nous a dit ça ?

– Le taxi.

– Quel taxi ?

– Mais si, ah ! comment il s'appelle leur copain ? Il a un nom juif...

– Ah oui, Abel ! On l'a, figurez-vous, rencontré, votre copain Abel, l'aut'jour comme ça dans un embouteillage à la Concorde. Il était... hi hi hi, dans son taxi... quelle idée d'êt'taxi ! Est-c'qu'il est toujours au Parti ? Quelle idée ! Et il vend toujours *L'Huma* ha ha ! L'dimanche à Levallois ? Et il colle les affiches ? »

Vert. Toutes les bagnoles démarrent. Suspension de la conversation. Voitures voitures voitures plein le boulevard, dans les vitrines, dans les verres, dans les yeux de Lula, reflétées partout à en devenir fou. Rouge. Armistice.

« Ah ! ça y faut être con pour pas être encore parti du Parti... mais franchement con ! Pourtant votre copain Abel, ses articles... (geste du pouce)... comme ça, ses artic'scientific' ! Non, tu vois (il secoue sa grosse tête de grillon moustachu) tu vois, j'comprends pas... moi à la Libération, j'en ai été... oui, moi, j'y ai cru... oh ! pas longtemps, crois-moi, pas fou la guêpe. Si j'y étais resté au Parti, dis-moi un peu qu'est-c'que j's'rais à l'heure qu'il est ? Hein ? Quoi ? Balayeur ? Da ! et encore. »

L'Anglaise sort une nouvelle cigarette. Le type chevelu joufflu aux yeux battus lui donne du feu. Elle rejette du bleu pâle par les trous de nez. Odeur de foin. Orange.

« Et alors, comme ça, vous avez un appartement ? Et où c'qu'il est cette merveille ?

– Au bout de la rue des Plantes.

– Ah ! ces deux-là, comment font-ils ? Ils ont une veine, c'est pas croyab' ! »

Clin d'œil à Lula. Je viens d'avoir une idée lumineuse. Je m'entends dire :

« Ça c'est vrai, pour de la veine… (je ricane en-dedans) ça on en a… mais si vous connaissez quelqu'un qui veut échanger contre… plus petit…

– Quoi ?????? »

Ils ont sursauté tellement fort que la terrasse entière en a vacillé. Touchés de plein fouet les Lefourneau. J'enchaîne en douceur, en prenant l'air le plus innocent.

« Oui, on cherche une pièce cuisine… (c'est ce qu'ils ont)… Nous on laisse sans aucune reprise 3 pièces cuis. s. d'e. vidor… »

Rouge.

Échange de regards avides entre eux. Les voitures roulent plus. Tout est suspendu. Heureusement vert. Toutes les bagnoles démarrent à la fois. Ça m'évite de causer. Clin d'œil à Lula. Ça leur laisse le temps aux Lefourneau de se télégraphier qu'ils le veulent notre 3 p. cuis. s. d'e. vidor. Ils ne se tiennent plus.

Rouge.

Jacques se tape le front avec son index.

« Mais, ça va plus, vous venez à peine de quitter une chambre de bonne…

– Justement on veut faire machine arrière… Hein Lula ? On veut quelque chose de tout petit… »

Vert.

Jacques Lefourneau se mordille un coin de la moustache. Perplexe. Où est le bec ? Son gros front se ride. Quelque chose qu'il ne comprend pas.

Rouge.

« Tsit, non, franchement, c'est vrai ? Hein Lula, il nous fait marcher, non ?

– Si, si, c'est vrai. »

Rapide coup d'œil de Lefourneau vers Sylvie qui est à l'arrêt, qui ne bronche plus, respire plus.

« Heu… et… et le… le nôtre de… d'ap… de studio y vous plairait ? »

Vert.

Tu parles qu'il nous plairait ton affreux studio, entrée cuisine chiottes et quoi encore ? Sur cour, sans soleil, ni vue mais CALME. Loin des Terrifériques, très loin des Terrifériques, très loin, très loin…

« Oh ! ça pour être calme… dis-leur, Sylvie, comme c'est calme, trop même qu'il est calme. C'est tellement calme que, le soir, tu entends les voisins faire la vaisselle. (Il ouvre la fenêtre qui donne sur un étroit boyau.) Tiens écoute, c'est du Mozart, *Don Juan*, c'est le peintre du 6e, Tzorba, le Turc, tu connais ? non ? un dingue, il met *Don Juan*… je crois que c'est à peu près tout ce qu'il écoute toute la journée. Il s'isole en musique. Là, en face, c'est une bonne femme qui fait des massages (il me pousse du coude et me cligne de l'œil, cloc !)… là, en bas, tiens penche-toi un peu là, tu vois les poubelles, et à côté cette fenêtre avec des rideaux à fleur, la pipelette, une merde insignifiante. Quoi encore ? Ah ! oui, dessous, là, juste dessous vous, c'est un chanteur. Con, mais con, comme tu peux pas imaginer… d'opéra. »

Nous rejoignons Sylvie et Lula qui bavardent dans la minuscule entrée. Sylvie a ouvert tous les placards.

« On vous laisse les étagères que Jaquounet a bricolées, ça aussi, on vous le laisse… la glace aussi, on vous la laisse… on vous laisse aussi le lustre si vous voulez… hein, Jaquounet, qu'on leur laisse ? »

Lula et moi en chœur :

« Oh non non non, on n'en veut pas du lustre ! »

3p. cuis. ent. s. d'e. vidor. ensol. contre 1 p. cuis. ent. sans sol. minusc. Ils ont tellement l'impression de nous rouler qu'ils nous laisseraient volontiers tous leurs trésors en compensation.

« L'aspirateur, vous l'voulez ?

– Non non non, pas l'aspirateur ! (C'est nous en chœur.)

– Tiens, Lula, la planche à repasser, et même le fer, on vous les laisse, tu veux ?

– Oh ! non non.

– Mais si… te gêne pas !

– Oh ! je ne me gêne pas, je t'assure, non, je ne repasse jamais. »

Lefourneau pose ses mains sur nos épaules.

« Ecoutez, c'est simple, hein ? C'qui vous plaît, vous vous l'gardez, la tab'de bridge ou les appliques… ou… ou… heu…

– Non non !

– Si si !

– Non non non, on vous jure. »

Etc. etc. etc.

Voilà comment, par un stupéfiant hasard, nous avons réussi à refiler notre terrifique appartement et comment nous nous sommes retrouvés installés en un rien de temps dans le sombre studio sur cour des Lefourneau. Dans leurs pantoufles, quoi. Adieu, Terrifériques. Adieu, nuits blanches, mauves et bleues. Adieu !

Ah ! nous ne nous tenions plus de joie. À tout moment, je serrais Lula contre moi. Fort fort à l'étouffer.

« Écoute, tu entends ? Qu'est-ce que tu entends ?

– *Don Juan !* »

C'est vrai, le seul ennui, c'était *Don Juan*. Il faut dire que l'acoustique du boyau était assez infernale. Je fermais la fenêtre et, prenant à nouveau Lula dans mes bras, je lui demandais :

« Et maintenant ? »

Et maintenant, aussi extraordinaire que ça puisse paraître, eh bien maintenant la window closed, on n'entendait rien, archi-rien… disons plutôt qu'on s'entendait parler… murmurer… chuchoter, soupirer et aussi… rêver tout haut :

« Sais-tu, Lula, ce que je vais faire ? Tu ne devineras jamais…

– Qu'est-ce que tu vas faire ?

– Je… tu sais ce que j'ai pensé ? Tu sais, la chanson ? Eh bien, j'ai… je vais la mettre presque en lever de rideau. Le rideau se lève. Ils sont au lit. Le rideau monte monte monte, et comme ça, accoudé, aussitôt il commence à lire le poème d'une voix grinçante :

J'ai entendu tirer
J'ai vu des hommes tomber
Agoniser parmi les fleurs
Ils ressemblaient à des insectes
Et ils poussaient des cris aigus et lamentables

Le ciel était vide sans couleur
C'était pourtant le printemps

et là, il la regarderait comme ça… pourquoi tu ris ? Si si, comme ça, et il se mettrait soudain à chanter la chanson sans guitare, sans accompagnement :

Il faut que je te dise
Écoute-moi mon amour
J'aime te suivre des yeux
Quand tu vas et tu viens
Quand tu viens et tu vas
À travers notre chambre
Ta ta ti tatata…

Qu'est-ce que tu en penses, ma chérie adorée ? Et de nouveau le poème :

C'était pourtant le printemps
Et c'était des fleurs tout ce qu'il y a de plus ordinaires
Comme il en pousse dans n'importe quel champ

Écoute la suite.

J'ai vu des corbeaux rapides comme des prêtres

… ça c'est provisoire… je verrai plus tard.

J'ai vu des corbeaux rapides ta ta ti quelque chose prêtre
Tournoyer dans le ciel sans couleur
On a poussé les hommes morts
Dans des tranchées creusées par des bulldozers
Inventés exprès pour ça

Pas mal non, inventés exprès pour ça ?

Un enfant se rongeait les ongles près de moi
Dans le noir quelqu'un a dit :
C'est formidab'c'que ces engins sont maniab'

Là, il s'arrête de lire et il reste pensif un bon moment. Puis il chante la suite de la chanson, il chante couché sur le lit :

Quand tu viens et tu vas
À travers notre chambre
Et du matin au soir
Accoudé sur le lit
Moi je ne fais rien d'autre
Que de te regarder
Pirouetter me sourire
Revenir et aller
À travers notre chambre
Et me cligner des yeux
T'arrêter repartir
M'envoyer des baisers
Sur le point d't'envoler
Sur la…

– Hum… t'envoler ?…

– Pourquoi hum ? Si si… d't'envoler sur la pointe des pieds.

En moi-même je me dis
Se peut-il que ce soit
Pour moi seul seul à moi
Ce p'tit corps à moi seul
Que je prends dans mes bras
Tant que j'veux
Tant qu'on veut tous les deux
Non ça ne se peut pas
D'être tellement heureux

… et cætera, et cætera. Et là il reprend le poème de sa voix grinçante du début :

J'ai vu ça hier soir au cinéma
C'était pourtant des fleurs
Tout ce qu'il y a de plus ordinaires
Comme il en pousse dans n'importe quel champ
J'ai vu un homme bouger, un autre s'est approché
Il a sorti son revolver et sur la nuque…

… et il termine sur la chanson :

Ah ! j'aimerais que ça dure
Pour toujours chaque jour
Pareil à chaque jour
Et de plus en plus tendre

… et de plus en plus tendre, et de plus en plus tendre, et de plus en plus tendre, et de plus en plus tendre… Quoi, comme un disque qui déraille… Bon, alors, ils sont comme ça au lit à parler, à chanter, à lire des poèmes. Tu vois j'aimerais qu'on sente que l'amour ne peut exister que libre… je parle de l'amour rieur, sensuel, en continuelle improvisation, fragile, sans avenir ni passé, quelque chose qui survit par miracle, qui s'invente seconde par seconde, comme une respiration inquiète. Contre tous… tout… et que la société se débrouille pour, bri… non pas briser… engluer plutôt, oui, subtilement engluer dans les objets, les petites contraintes, les responsabilités… le monde se ligue contre l'amour…

Contre nous la tyrannie
et le règne des soudards
Tant qu'ils nous laissent la vie
tant qu'aimer n'est pas trop tard
dans tes bras ma tendre amie
de ton corps les chatteries
ont fait périr mon cafard
Le bourdon du désespoir
a pétri toute ma vie
le bourdon du désespoir
des angoisses les plus noires

Contre nous tous vos sarcasmes
et vos hoquets goguenards
uniformes du marasme
Tant qu'aimer n'est pas trop tard
dans tes bras ma tendre amie
je reprends goût à la vie

en bénissant les hasards
qui nous firent naître ensemble
et pas d'un siècle d'écart
qui nous firent naître ensemble
ni trop tôt ni trop tard

Contre nous tous les mensonges
dont on broda nos berceaux
la faux et le ver qui ronge
la mort et ses oripeaux
Dans tes bras ma tendre amie
je ferai durer la vie
j'étoufferai tes sanglots
Le bonheur comme la peine
fait pleurer les amoureux
le bonheur comme la peine
mais vaut mieux pleurer à deux

Contre nous le temps qui passe
et s'éloigne nulle part
Le doux présent nous enlace
tant qu'aimer n'est pas trop tard
Sais-tu bien ma tendre amie
qu'un jour se dissout la vie
comme s'effacent les brouillards
Mieux vaut s'estomper ensemble
sans une seconde d'écart
mieux vaut s'estomper ensemble
ni trop tôt ni trop tard.

Vois-tu, la société ne tolère l'amour que lorsqu'il est arrêté par la mort, coupé en pleine trajectoire. Mythique… Mais autrement… En tout cas, eux, voilà ce qu'ils vont faire.

Pendant qu'il se lance dans une superbe sortie sur la liberté avec un grand L, qu'ils n'ont pas le droit de se laisser encombrer, ni par les objets ni par les autres, par rien… rien… quoi tu vois tout ça très lyrique… eh bien, ils se mettront à tout balancer par la fenêtre, tous les objets qui les entourent, youp dans le boyau… et comme ça le décor entier…

– Ah ! oui, ça pourrait être superbe, tout, tout…

– Oui oui tout !… tout !… Vêtements, godasses, tapis, tableaux…

– Tableaux ?

– Oui, même *ses* tableaux. Ils balancent tout ce qu'ils possèdent car ils ne tiennent à rien puisqu'ils *s'ont…* Et enfin ils restent tous les deux debout sur le plateau nu.

– Magnifique !

– Et pendant que le rideau tomberait, ils s'enfuiraient. Ils foutraient le camp vers… vers…

– Vers ?

– Oh ! vers quelque chose qu'ils improviseraient… »

Oui, les jours passaient ainsi. Je délirais, et Lula me donnait la réplique, délirait avec moi.

Je peignais, j'écrivais, je chantais. Je peignais, et chaque jour mes toiles étaient plus sinistres. La peinture devenait un parasite exigeant. Mes tableaux, chaque jour, me pesaient davantage. Je prenais en dégoût l'odeur même de térébenthine, d'huile de lin. Presser un tube sur ma palette, ce simple geste me donnait un haut-le-cœur. Je rêvais d'écrire, oh ! vaguement… très vaguement, mais quelque chose remuait en moi lorsque cette idée m'effleurait. Je rêvais de me débarrasser de tout ce matériel encombrant. Ces toiles jamais sèches. Oui je rêvais de tout larguer, partir avec Lula, quitter tout, tourner le dos… À quoi ? À tout ça.

Tourner le dos. Vivre dans l'imprévisible. Je rêvais d'écrire sur ce sujet une petite pièce de théâtre. Le décor ? Oh ! pas compliqué. Là. Oui, chez nous. Les gens entraient, sortaient comme dans la vie, avec leurs ennuis qu'ils racontaient assis au pied du lit, leurs espoirs, leurs folies... Parfois il y avait aussi des marchands... Comment on appelle ça ? Ceux qui font du porte-à-porte et que nous invitions à entrer croyant que c'était des amateurs de peinture... La Bible ? – Non merci. Ils insistaient. – Ça aspire, bat, rénove. – Merci, non. Quelquefois aussi, par extraordinaire, un vrai collectionneur arrivait. Lorsqu'il repartait avec une toile, c'était le prétexte à de petites noubas avec Abel, Raoul ou Yak, comme ce fameux jour où le Bulldelson est entré dans notre nasse.

Ah ! celui-là, il a failli tout démolir. Le Bulldelson était d'une énergie fabuleuse. Grand brasseur avec aileron noir fendant l'eau, caudale verticale qui, d'une simple détente, le propulsait du rocher de Monaco à celui de Gibraltar. Un poisson de pleine mer.

Il entre et en avant ! Il fait le tour de mes toiles en poussant les pires exclamations d'enthousiasme. Bon ! Il nous quitte sans rien avoir acheté mais nous promet de revenir le lendemain. Il veut « digérer tout ça » nous dit-il, en faisant un grand geste vers mes tableaux.

Le lendemain, le revoilà. D'entrée il nous pétrit les épaules de ses grosses mains chaudes. D'abord, il nous veut assis et bien attentifs. Le ton est chaleureux, solide, paternel. Est-ce possible ? Se peut-il ? Voilà ce que nous entendons du fond de notre brouillard :

« ... l'argent est ici (il se tape du côté du portefeuille), le génie est là (toc il enfonce son doigt dans mon estomac). Génie sans argent... (il montre notre minable logement)...

pas possible. Combien vous faut-il par mois ? Allez-y large ! Non, non, ne dites pas tout de suite comme ça, demain, je reviens demain, calculez large, pas de complexes. En attendant, voilà déjà ça. »

Il sort une grosse liasse et la jette sur le lit. Jamais nous n'avions vu tant d'argent.

« Non, non, pas de reçu, l'argent, ce n'est rien, aucune somme à côté de ça. (Geste vers mes tableaux.) Vous ne vous rendez pas compte. Mais, stop ! vous ne vendez plus rien. »

Du coup, il se fouille et ressort une nouvelle liasse qu'il balance par-dessus l'autre. Chaleureux au revoir et, sur le pas de la porte, il nous annonce que demain à la première heure on viendra nous poser le téléphone car un peintre sans téléphone est irrémédiablement condamné à l'asphyxie.

Nous nous regardons, assommés de cette si soudaine bonne fortune, effrayés aussi. C'est qu'on n'en demandait pas tant. On compte l'argent, on compte, on recompte, on en trouvait toujours plus. Billets neufs et très craquants. Musiquette sèche qui me rappellera à jamais le Bulldelson et ses extravagantes façons.

Et nous voilà transportés comme par magie à *La Coupole*. Abel, Raoul, Lula et moi, réunis en nouba devant un immense plat rond joliment disposé sur un trépied de fer. Dans ce plat rond, une quantité fantastique de glace pilée et d'algues spongieuses. À côté du plat, un tas de tartinettes de pain noir, vin blanc du Rhin dans un seau embué, et sur les algues, Marennes Belons Pleine mer Fines de claire Bouzigues Bouzigues et encore Bouzigues.

C'était merveille que de nous voir descendre les pauvres animaux et trinquer comme des petits fous. Les écaillers étaient sur les dents et, de leur étal à notre table, ce n'était que va-et-vient de pingouins pressés avec maîtres d'hôtel aux carrefours, réglant le ballet, calepin en main. Plus on buvait, plus les pingouins semblaient se multiplier. Notre banquise tanguait sérieusement. Dans des rires fous, je mimais le Bulldelson, je m'imitais et j'imitais Lula, à la plus grande joie de tous les phoques et pingouins des petites banquises d'alentour. Abel frétillait sur place, au comble de l'excitation. Je m'accoudais dans les coquilles vides, les algues et la glace pilée. Lula riait, et Raoul et Abel barrissaient. Le grand lustre au-dessus de nos têtes (mais y a-t-il jamais eu un lustre à *La Coupole* ?), en tout cas ce soir-là, le grand lustre au-dessus de nos têtes palpitait, moiré comme une aurore boréale. Soudain, on nous hèle d'un bout d'iceberg flottant de l'autre côté du chenal, et nous reconnaissons Barte déguisé en ours polaire. Nous l'encourageons à nous rejoindre sur notre banc d'huîtres. Il se lance et aborde sur la glissante moleskine, aidé par deux ou trois doubles pingouins. Aussitôt, il s'enfonce jusqu'aux yeux dans les mollusques. Les Pedro Quévarez arrivent. On se serre, on se pousse, et les voilà hilares d'avance lorsqu'Abel annonce qu'il va nous raconter sa dernière aventure. Il se frotte les mains à toute vitesse, et son nez pointu semble s'aiguiser. N'y tenant plus, je lui tape sur l'épaule et je bredouille la larme à l'œil :

« Ah !... Ah ! mon vieux Abel... je t'adore, vas-y mon vieux, vas-y ! »

Lula me met en riant la main sur la bouche, mais je veux, emporté par le vin blanc, « dire solennellement à la lueur de cette aurore boréale, à tous les phoques et pingouins ici présents sur ce bout de banquise, qu'Abel est le plus génial phoque et mon meilleur ami, et tout ça, et tout ça, et je veux rappeler qu'Abel, mon vieux copain Abel, que j'adore depuis… Oh là là !… que notre amitié… »

Lula m'embrasse, et tout le monde me prie gentiment de me rasseoir. Donc je me rassieds et je la ferme mais auparavant je chuchote à Lula que je suis absolument fou d'elle et que l'histoire du Bulldelson va nous permettre d'émigrer vers le sud. Je tâte d'un air entendu les billets qui gonflent ma poche et je me mets à bouffer des algues et à sucer des glaçons.

Je jubile, fou de joie d'être là, entouré de mes amis. Je serre Lula contre moi et je me dis : mon vieux, est-ce que tu te rends compte que le Bulldelson est venu chez vous et que cette liasse dans ta poche n'est qu'un petit début ? Hé Cyrus !

Dans le brouhaha de hall de gare, je louche sur Barte, fasciné par sa petite bouche dure toujours en mouvement qui gobe huître sur huître… mais déjà mes yeux glissent du côté de Pedro Quévarez, mon antique copain Pedro.

« Ah ! mon vieux Perdro (je bredouille), Perdro, Perdro, tu veux que je te dise Perdro… Tiens, je t'ai pas dit ? Eh bien, j'ai eu mon Bulldelson et je te le ferai connaître… tiens, regarde. »

Je sors le fric et je hoquette dans des rires fous :

« Pas de complexes avec l'argent ! Ha, ha, ha ! »

Josepha, sans cesser de durement tartiner du pain noir, lance des regards luisants vers la liasse.

Ma voix est couverte par les rires des oiseaux de mer sur fond de ressac. L'immense salle bondée résonne des cris de milliers de phoques otaries baleines pingouins ours polaires. L'aurore boréale éclaire toute cette faune d'invraisemblables lueurs. Je tourne un peu la tête. Coup au cœur. Près de moi, Lula de profil, la joue posée sur sa main, son œil sombre de face. Lèvres entrouvertes, elle écoute en souriant. Lula, fleur de magnolia sur son long cou flexible, son cou émergeant d'une robe de velours marron, son long cou blanc qui ploie pendant qu'elle sourit.

Le grand œil de Lula comme serti dans un camée, son œil embué qui se ferme par instants, Lula ma Lula nocturne, que j'attire contre moi. Je lui chuchote :

« Ma chérie, est-ce que tu te rends compte, ma chérie, on va pouvoir foutre le camp ! »

Lula me caresse la joue.

J'ajoute, ému :

« Lula, ma fleur de magnolia. »

Et, les yeux humides, je souris béatement en lui tâtant le genou sous la table.

Ah ! dans quelques jours, nous allons filer vers nos chères montagnes, loin de l'île aux oiseaux, loin loin très loin des aurores boréales artificielles et des Terriféiques. Lula, Lula, Lula, mon univèèèèèèèèrs !

– Abel, Abel (je vacille), Abel ! Ah ! mon vieux Abel, raconte-leur ta fameuse histoire, tu sais, quand tu étais chez Barte et que tu as sauté d'un balcon à l'autre... Hein Barte ? Quand il est entré à poil chez ta voisine et qu'il lui a dit au moment où elle allait gueuler : Ne me réveillez pas, mademoiselle, et tout ça... je suis... somnambule... »

Et me voilà le nez dans les coquilles secoué d'un rire idiot pendant que Barte se lance :

« Ça, il faut dire qu'Abel, ce jour-là, s'est surpassé, déjà toute la nuit il avait fait des tas de signaux à travers le mur. C'est qu'il est infernal, Abel, quand il se met à grattouiller les murs. Jamais vu quelqu'un comme toi, mon vieux. Et à l'aube, juste au moment où je commençais à m'endormir, il saute du lit, se fout à poil, et à poil comme ça il me jure qu'il baise la fille dans les dix minutes, qu'elle lui répond à travers le mur et qu'elle ne demande que ça. J'essaie de le calmer, mais lui s'excitait de plus en plus. Enfin, il sort sur le balcon et là, ce dingue des dingues savez-vous ce qu'il fait ? Eh bien, j'ai pas le temps de le retenir qu'il escalade la grille de séparation, et disparaît dans la chambre d'à côté. Je m'attendais à des hurlements et… »

– Attends, attends Barte, tu vas trop vite, mon vieux. Voilà comment ça s'est passé, mes enfants. Ce salaud de Barte a oublié de vous dire qu'il m'avait fameusement alléché… Ah ! mon salaud, tu ne leur as pas dit ce que tu m'avais dit. Il m'avait dit que, dans la chambre à côté, une femme d'une beauté et surtout d'une sexualité jamais vue… oui, il m'avait juré que derrière la cloison vivait une femme tellement fantastiquement excitante que, rien que de la croiser dans l'escalier, ça le mettait en érection, hein, mon salaud, c'est bien ça que tu m'avais dit ? Donc, imaginez la situation. Séparés par une simple cloison, dérisoire écran, d'une femme dont la seule vue suffit à mettre mon copain Barte dans tous ses états. Vous comprendrez que cette idée me rendait fou… Du coup, je me dis : mon vieux Abel, c'est cette nuit que tu la baises. Ah ! j'en étais déjà amoureux fou, oui, mes enfants, amoureux d'une seconde à l'autre, exactement comme ces héros orientaux qui se languissaient d'amour pour une lointaine princesse dont ils avaient vaguement entendu parler…

Barthe s'impatiente :

« Toute la nuit, j'entendais ce dingue d'Abel qui grattouillait en morse contre le mur… Salope ! Salope ! il disait, tu crois que je ne sais pas ce que tu es en train de faire en ce moment ? »

Abel coupe la parole à Barte que d'ailleurs personne n'écoute :

« Ah ! mon vieux Barte… non, non, non tu vas beaucoup trop vite, doucettement, ménageons nos munitions, cher compagnon, nous arriverons trop tôt à vouloir aller trop vite… Au début, j'y ai mis infiniment plus de manières… ce n'est que vers la fin, lorsqu'elle s'est mise à faire des chichis, que je me suis permis ce grossier langage… Non, non, au début je roucoulais, du bout des doigts comme ça… (démonstration d'Abel sur un coin de la table) comme ça… voluptueux et… vers la fin, c'est vrai, je reconnais que je me suis un peu emporté, et là, en effet, je l'ai traitée de salope, ce qui entre parenthèses ne faisait que l'exciter davantage, mais au début, ce n'était que mots d'amour dignes du plus tordu trouba… »

Au même moment, toute une bande nous tombe dessus : Swiney le peintre, Jacobson le sculpteur, Jean-Pierre Legris qui fait des collages, la Japonaise Mimi Chi Chi, Jean-Baptiste Sey et parmi eux Alphonse Fonche le marchand de tableaux contre lequel j'ai une petite dent. Minute, Alphonse, attends que mon ami Abel ait fini son histoire et je vais te la faire renifler, ma liasse, que dis-je ? mes liasses, ha ha !

« Chut, chut, laissez finir Abel, asseyez-vous et fermez-la !

– À la fin, en effet, comme l'a dit Barte, j'étais tellement énervé que tout bandant je saute du lit et je gueule à travers la cloison : dis-moi, petite salope, sois assez gentille pour m'ouvrir ta porte, assez de chichis ! Ça suffit comme ça, je rapplique.

– C'est vrai, c'est vrai, il est sorti dans le couloir, mais elle ne lui a pas ouvert, et savez-vous ce qu'il a fait ? Eh bien, il a arraché sa photo d'identité et il l'a glissée sous la porte… »

Abel sort sa carte d'identité sur laquelle, en effet, la photo à demi déchirée a été grossièrement recollée.

« C'est vrai, j'ai glissé cette photo. Entre parenthèses, c'est elle qui me l'a recollée comme ça, mais sur le moment j'avais beau chuchoter contre la porte et la supplier, elle ne voulait rien savoir. Alors, mes amis, c'est là que j'ai eu l'idée géniale de passer d'un balcon à l'autre. Ah ! je m'en souviendrai toute ma vie. Pour éviter les piquants de la grille de séparation, j'ai été obligé de sortir au-dessus du vide. Moi, Abel, qui ai le vertige, j'étais là dans la petite aube, une jambe d'un côté, l'autre déjà de l'autre, lorsque j'ai jeté un coup d'œil au-dessous de moi… Horreur ! Affreux ! J'ai manqué tout lâcher… J'ai vu, très loin entre mes jambes, à cinq étages au-dessous, une poubelle ouverte et deux clochards penchés, en train de farfouiller. Ah ! j'ai cru en débander. J'ai dû faire un terrible effort pour me ressaisir et passer l'autre jambe. Donc me voilà sur le balcon de la môme (Abel se frotte énergiquement les mains), j'avance sur la pointe des pieds et, merveille des merveilles, elle avait entrouvert sa porte-fenêtre. Je me glisse et j'aperçois dans le lit une forme qui se dresse en simulant l'étonnement. C'est là que j'ai eu cette inspiration géniale de lui crier : Chut ! ne me réveillez pas je suis somnambule ! (Grand éclat de rire alentour.) Eh bien, mes amis, ça a marché. La môme est retombée sur son oreiller et je n'ai eu qu'à me couler entre les draps et à la baiser sans un mot de plus. Hé hé, je ne sais pas lequel de nous deux était le plus somnambule. »

Barte ricane :

« Ah ! ça, j'étais stupéfait de les entendre baiser comme ça, d'une seconde à l'autre.

– Eh bien, lorsqu'elle a repris pied sur terre, elle m'a avoué avoir tout entendu depuis le début… oui à peine j'avais commencé à grattouiller le mur et à lancer mes messages qu'elle s'était sentie défaillir… »

J'attends que le silence retombe et, sortant les liasses neuves, je les secoue sous le nez d'Alphonse Fonche le maquignon de tableaux. Il faut croire que j'étais complètement soûl car je m'entends bredouiller :

« Ha ha, Alphonche, je l'ai eu mon Bulldelson, aujourd'hui même, regarde, dans mes filets le Bulldelson… »

Le lendemain, voilà Alphonche pointé chez nous à la première heure. C'est qu'il veut m'en acheter tout de suite de mes tableaux. Lui qui, d'habitude, faisait tant d'histoires pour se décider, il en emporterait un camion entier.

Lula va et vient dans son petit peignoir brodé chinois, merveilleusement calme dans toute cette agitation. Je promets à Alphonche de lui vendre en priorité (c'est que je fais des manières), de lui céder… de lui faire la tout à fait spéciale faveur de lui céder par la suite… « de te céder Fonche quelques tableaux, va va ! » j'ajoute tout en le poussant vers la porte.

Le Bulldelson m'avait tourné la tête.

Et me voilà transformé en roué commerçant par la simple vertu de deux liasses neuves et craquantes.

À peine Alphonse est-il parti qu'on frappe à la porte.

Ah là là, les ennuis commençaient !

La concierge nous monte un paquet de chez Hédiard déposé à l'instant dans sa loge par un petit livreur. Un kilo de caviar et tout ce qui va automatiquement avec. Une carte du

Bulldelson nous prie de bien vouloir accepter cette improvisation et nous annonce pour midi sa venue, accompagné de son épouse. Très contrariant. On regarde l'heure, horreur! Lula est affolée. Nous qui ne faisons pratiquement jamais le ménage, nous voilà soudain pris d'une frénésie ménagère à la Charlie Chaplin. On frappe. C'est eux déjà! Lula tourne sur elle-même et file à toute vitesse se faire une beauté. Le Bulldelson entre, chargé d'une gerbe de roses digne du pire enterrement. Ils font le tour de mes tableaux, il veut tous les revoir, le monstre. Enfin Lula arrive. Vision nocturne en plein midi.

Pendant qu'elle commence à disposer le pique-nique un peu partout en équilibre, le Bulldelson assis au pied du lit nous chante une extraordinaire partition sur la gratuité de l'art et le peu de cas qu'il fait de l'argent. Tout en mastiquant, il lyrise, il en devient presque beau. Il plane bien au-dessus de la terre, il voit le monde très loin au-dessous de lui dans un immense et unique panorama. Des villes des villes, partout des villes et, dans tout ce métallique complexe, les hommes. Des hommes par milliers et millions, milliards, mêlés brassés malaxés. Noirs Blancs Juifs Arabes Chinois Indous Russes Mongols et pas Mongols, ceux d'avant le Caucase et ceux d'après le Caucase, ceux d'avant l'Oural et ceux d'après le Transvaal... Il nous hypnotise... Tous, tous, travaillant avec acharnement, soudant bricolant vissant sertissant forçant appareillant l'immense mécano...

Des grains de caviar s'échappent de ses lèvres, d'un coup de langue il les réintègre. Lula me lance des regards inquiets. C'est évident, il est dingue.

« ... Mécano de Babel, soudures minuscules, transistors, fils invisibles reliés grâce à des trucs électroniques par des

Japonais aux doigts fluets, habiles comme aucun pour tout ce qui est des soudures au microscope. Et les Chinois ? Ah, les Chinois, pour faire des nœuds avec des cheveux ! Toujours occupé depuis des millénaires à des trucs maniaques, comme évider des boules d'ivoire et autres conneries. Et les Indiens d'Amérique ? Maniaques par nature, les Indiens d'Amazonie, à s'épiler poil après poil en pleine forêt, nuit et jour obsédés pour se maintenir plus nus au milieu des singes. (Ah ! il est fantastique.) Inimaginables tous ces peuples, plus maniaques les uns que les autres. Tenez rien que les tapis… la vie parfois d'une famille entière de nomades, une vie à regarder pousser la laine, et tous les tarabiscotages que ça représente… Y avez-vous songé ? Et pourquoi ? Pour rien ! (Un coup de vodka.) Et les Esquimaux, encore plus tordus, avec des os de rennes tous ces petits sifflets coudés ! Et les gens d'Irlande ? Et les Cambodgiens ? Et les peuples du Tchad ? Et du Landoula et ceux de Baloumbandran et les peuples bivuku avec leurs coiffures plus complexes que n'importe quel enchevêtrement de fils d'IBM, et les Koulamboutous et les M'Zgwy, toutes ces peuplades tatoueuses, tellement tatoueuses que ces maniaques n'ont plus le temps de rien à force de tatouer, n'en dorment plus, s'en retiennent de pisser… »

Exactement comme moi en ce moment en train d'écrire, qui ne peux plus me décoller de cette table et qui regarde courir ma plume en souriant. Dehors, le vent d'été, les cigales, et Lula, que j'essaie de cerner, se lave les cheveux à côté dans la cuisine, Lula que je ne connais pas encore, bien que cela fasse plus de dix-sept ans que nous nous sommes rencontrés. Dix-sept ans sur une balançoire, et maintenant ce livre. Lettre à Lula ? Maniaque besoin d'exprimer ma présence, comme ces évideurs de boules d'ivoire, et pendant que j'évide cette boule d'os, j'entends les cigales et je sens par tous mes pores, autour de moi, la vie. De tous côtés, des millions d'hommes font des trous dans l'acier la lave le verre l'inox, armés de chignoles de pinces de rapes, ils soudent ils emboîtent polissent, tendus pliés derrière leurs masques casques écrans, impatients de fuir vers les galaxies. Tous en train de bricoler, exactement comme ceux qui tatouent, tressent des cheveux ou qui épilent leurs corps, dans le reflet d'un éclat d'acier tombé d'une fusée désintégrée…

« … comprenez-moi bien, les hommes de tous les temps ont cherché le langage universel. Coiffures tatouages religions… Tous des cloches ! Les seuls qui ont trouvé, ce sont les peintres, c'est vous. Si, si, les peintres. Tenez Lascaux… ne fallait-il pas être en avance pour aller peindre dans le noir, comme ça sous terre, en s'éclairant avec des vers luisants ? Eh bien, les préhistoriques, s'ils revenaient avec leurs grandes mâchoires, ils pourraient toujours essayer de causer, de chanter, de nous mimer leurs histoires de vaches et de bisons, zéro ! Le jour où j'ai compris ça, j'ai tout saisi. Je me suis dit : Mon vieux, il suffit que tu mettes la main sur une poignée de peintres et tu possèdes le langage universel. (Fou, il est fou ! Lula me regarde les yeux ronds.) Donc voilà, nous nous associons. Vous fournissez le génie, moi l'argent, et dans quelques années nous partageons. Ce qu'il me faut, c'est encore deux ou trois types comme vous… »

Pendant qu'il parle, je cherche le moyen de lui présenter quelques copains pour ne plus être seul à la merci de ce trépané. C'est comme ça que j'ai pensé à Quévarez. À peine avais-je lâché son nom que le Bulldelson ne se tenait plus. Pedro Quévarez, mais il connaît, il admire, il en veut, il ne peut pas attendre, tout de suite, tout de suite, pas une minute à perdre. Vous arrangez un rendez-vous. Parfait, demain à *La Coupole*. Il se fouille et youp, une liasse toute neuve tombe sur le lit, et youp, une seconde par-dessus. Pas question, pour rien au monde il ne veut de reçu. Léger acompte, nous dit-il, en attendant de signer *l'accord définitif*. Brrrrrrrr… mot qui me donne instantanément le frisson. À demain, à demain à *La Coupole*. OK ! Bye bye ! Ouf !

Enfin il est parti. Lula se tape le front. J'acquiesce. Ça devient inquiétant, cette pluie d'argent. On compte, on recompte, tout ce fric, où le planquer ? Et qu'en faire ? Toutes ces liasses énormes. On les fourre dans une vieille godasse au fond de la penderie et on file à travers les rues pour se passer les nerfs. On discute, on fait des plans. Le mot « définitif » nous ennuie. Accord définitif. Très faustien, tu trouves pas, Lula ? Boulevard Montparnasse. Et en plus, n'est-ce pas folie que de vouloir mêler Quévarez à tout ça ? Comme exprès, on tombe sur eux à *La Coupole*, en plein dans le tambour au moment où ils sortaient. Quelques tours entre les vitres et enfin on s'explique devant des jus de fruits. Pedro fait des bonds sur la moleskine, elle, n'en parlons pas. Fric flouze pognon, autant de mots qui les mettent en transe. Lorsque je leur dis que le Bulldelson ne se tient plus de les rencontrer, ils ne se tiennent plus à leur tour. Coup de foudre par personne interposée. Ils bredouillent de joie, ils en rêvent tout haut. Une gentilhommière et des chevaux, chevaux et gentilhommière, au bord d'un joli ruisseau, rien ne leur est plus cher, ah ! tout cela est trop beau, du coup ils en font des vers, ils n'en trouvent plus leurs mots, ils se voient propriétaires d'un ravissant petit château, château ou gentilhommière, ils en trébuchent sur les mots, gentilhommière ou château, qu'importe la manière, et gloup ! ils vident leurs verres et commandent un porto, rendez-vous est pris pour demain avec le papa gâteau.

Ce soir-là, nous étions tellement énervés que nous ne pouvions pas nous résoudre à rentrer chez nous. Passés chez Abel qui n'était pas là, puis chez Raoul, pas là non plus. Chez Yak, pas là. Sur notre élan, nous sommes entrés dans le premier cinéma venu mais à peine étions-nous assis que nous ressortions déjà. Rentrés chez nous, on saute sur le fric ! Il est là, débordant de la chaussure, avec ses épingles. On se couche. Nuit agitée. Le lendemain, à la première heure, le téléphone tout neuf qui sonne. Lula se traîne à quatre pattes sur le lit et décroche.

« Non, non… à peine… allô !… non ! ce n'est pas poss… un vrai ? »

Je me redresse et chuchote :

« Hé, hé !… Lula… Hé ! »

Mais Lula me regarde comme si elle avait reçu un coup sur la tête.

« … un vrai… un vrai atelier ? Quoi ? Pardon ?… Non, je disais… Oh ! Cyrus va être fou de joie…

– …

– Bien sûr que je vais… une seconde… (main sur l'écouteur) Chéri !… non je disais… je vous le passe… chéri… non, je…

– …

– Mais rue du Bac ? Une minute… attendez, je vous le… oui, au revoir ! le voi…

– …

– Vvvvvvlà… (main sur l'écouteur) il veut te le dire (elle enlève sa main), le voilà, au revoir, c'est ça, bien sûr que je suis folle de… »

Je me traîne sur le lit et j'entends la grosse voix du Bulldelson :

« … quelque chose comme dix mètres sur huit, avec une magnifique…

– Allô, allô !

– C'est vous, Cyrus, vous m'entendez ?

– Oui, c'est lui ! c'est lui, c'est Cyrus !

– Ah ! Bonjour, bonjour, cher ami. (Il est tout sourire là-bas.) Je disais à Lula que je vous avais trouvé un superbe atelier. Tenez-vous bien, rue du Bac. Ah ah ! qu'est-ce que vous en dites ?… Standing de premier ordre… (Ding ding ding ding, j'entends des petites cloches, je vais me trouver mal.) Cinq millions d'arrhes… Visiterons aujourd'hui… s'il ne vous… si par hasard il ne vous plaisait pas, il faudra très franchement le dire… (Ding ding ding ding ding.) Donc à tout à l'heure ! Tchao ! »

Je raccroche sans pouvoir sortir un mot. Échange de regards entre Lula et moi. Yeux ronds.

Dzim Boum ! Viens dans mes bras, ma chérie ! Ah, viens que je t'embrasse grrrrrr ! ma Lula grrrrrr ! Énervé. Y a qu'à nous que des choses pareilles arrivent. On essaie de récapituler, impossible, trop fébriles. Je file voir si le fric n'a pas bougé pendant la nuit. Non, il est toujours là, dans sa chaussure. Je l'extirpe et je reviens jusqu'au lit où Lula s'étire et bâille. Une fois nos petits calculs terminés, nous réintégrons les billets dans la chaussure, la chaussure dans le linge sale et le linge sale en boule que je roule autour de la chaussure et, une fois la chaussure dans le linge sale, on se tire vers *La Coupole*.

Il est déjà là à nous attendre. Petite parenthèse : par hasard, nous entrons de telle manière qu'il ne nous voit pas arriver entre les tables. Pour la première fois, nous le surprenons au dépourvu. En dehors de l'effort pour plaire. Bulldelson décontracté. Terrible. Je reçois un choc. En une seconde, nous avons compris que ce type assis devant un whisky, sourcils froncés, bouche dure, doigts tapotant fébrilement la table, c'était le vrai. L'autre, le souriant papa gâteau, le dingue aux théories vaseuses, le gentil gros lippu, caviar aux commissures, n'était que camouflage de poulpe à l'affût. On s'avance. Il nous voit. Le masque fond, sourire tombé dans un pot de miel, les grosses lèvres s'humidifient, les yeux aussi, des tas de bonnes rides, francs bourrelets et pattes d'oie se creusent à la commande. Déjà il nous pétrit les épaules et nous cède de force la moleskine, bouillante encore de son gros cul. Non, non, il veut la chaise pour nous gober de face dans le même coup d'œil, nous tenir ensemble dans l'objectif. C'est ça, voilà, épatant. C'est que la nouvelle est mirifique. Il déplie les plans de l'atelier et le reçu des cinq briques. Ah ! il se trouve merveilleux. Il s'en épate lui-même. De le voir si heureux, j'en oublie la vision. Je lui serre les mains et Lula lui donne naïvement, par-dessus la table, un baiser sur chaque joue. Un atelier ! pas croyable. Moi, Cyrus, dans un atelier avec Lula ! Le brave homme nous fait le détail :

« Entrée tapissée de moquette. L'atelier, quelque chose comme huit mètres sur dix, tapissé lui aussi de moquette. Baie splendide avec tout un jeu de rideaux pour la lumière. Et puis, tenez-vous bien, là, voyez-vous, en pointillé, un escalier et vous arrivez au premier. (Il sort un deuxième plan.) Ici, la salle à manger dans la loggia, et là, un bouton, vous appuyez et hop ! une vitre immense glisse très ingénieusement, isolant Cyrus au travail, des bruits de couvert, etc. Là, la chambre à coucher, la salle de bains et la cuisine avec confort vide-or etc. »

Tout cela est tellement écrasant que soudain je m'inquiète. Combien ça peut coûter tout ça ? Qu'importe, qu'importe ! Il me l'a déjà dit, l'argent ? Peignez, je me charge du reste. Je m'entends balbutier que c'est trop, beaucoup trop, que nous, on n'y tient pas tellement à toute cette moquette, qu'on préférerait une espèce de petite maison que nous connaissons, dans un coin tout à fait spécial, dans des espèces de forêts très douces, très riantes. Ah, non ! Il m'arrête d'autorité. Pas question, votre place, cher Cyrus, est ici, à Paris. Oh ! il est plus souriant que jamais, mais la voix tout métal par-dessous. J'insiste, je décris les collines, les arbres, la maison avec ses fenêtres entourées de briques roses, une maison de charme profond, enfouie sous les feuillages, qu'on ne voit pas à vingt pas, adossée à une antique châtaigneraie pleine de hiboux… « Ha ha ha ! » Il n'a pas pu se retenir, ça lui a échappé, c'est sorti malgré lui. Je continue tout doux et gentil… pleine de hiboux et de renards et aussi de pics-verts qui creusent dans les vieux troncs, des trous parfaitement ronds dans lesquels ils déposent leurs œufs… « Ha ha ! » Ricanement devant ma charmante connerie.

« Voyons, voyons ! »

Sa patte chaude se pose sur mon genou.

« Voyons, Cyrus, vous rêvez, il faut au contraire que vous restiez à Paris et vous aurez ce superbe atelier pour peindre, peindre, peindre »…

« Ha ha ! (Là, à mon tour c'est sorti malgré moi.) Ha ha !

– Ha ha ? (Il s'étonne.) Pourquoi ce Ha ha ? »

Lula lui explique que je ne peux pas vivre enfermé et que... Elle n'a pas le temps de finir son émouvante plaidoirie que les Quévarez entrent en scène. Aussitôt le Bulldelson fait du charme : geste chaleureux, voix grave. Bonne pâte. Il en sue d'être si sympa... Et eux, n'en parlons pas : francs comme l'or, nets, jeunes. Premier échange de balles pour savoir qui donne. Poignée de main par-dessus le filet. Josepha Quévarez pointille de la poitrine, fait des moulinets avec sa raquette, optimiste et pleine de soleil. Quévarez, de son index, remet de l'ordre dans sa moustache, d'un côté, puis de l'autre. Il s'avance d'un pas élastique, et la partie commence. Les premières balles, juste molles comme il faut. Ils en laissent même quelques-unes rebondir contre le grillage pour nous permettre de les rapporter, nous donner l'illusion que nous sommes dans le coup. Quévarez pose son bras sur mon épaule dans un geste grand frère :

« Ah ! ce Cyrus, figurez-vous monsieur Bulldelson que c'est un très vieux copain... hein Cyrus ? (Je rapporte la balle.) Ça fait... oh là là ! ça fait bien quinze ans qu'on se connaît. (Je rehoche.) Je lui ai toujours dit qu'il lui faudrait quelqu'un pour prendre en main ses affaires... Mais il ne pense qu'à partir... »

Le Bulldelson en profite pour montrer combien il est formidable :

« Justement, mon cher Quévarez, je viens de leur acheter un superbe atelier. Eh bien, ils n'en veulent presque pas... »

Ils rient tous. Lula et moi, on échange plein de signaux optiques.

Le dimanche d'après, nous nous retrouvons chez les Quévarez, dans leur maison de campagne. Maison avec tout, je veux dire, poutres partout et bien apparentes, murs soigneusement décrépis, gravier jusqu'à l'entrée, œil-de-bœuf, chichis simples, feu à l'intérieur et juste ce qu'il faut de pluviotis dehors pour mettre en relief la bonne flambée. Le Bulldelson rayonne. Là, il est en pays ami. Il s'installe comme chez lui, c'est à croire qu'il a réintégré son vieux fauteuil de toujours, au coin de l'âtre dans lequel tourne une pièce de viande piquetée d'herbettes. Josepha, assise à terre, frotte des gousses dans l'olivier d'un saladier artisanal. Avec les fourches de bois entrecroisées au-dessus d'elle, sur le mur à la chaux, elle offre « un bien charmant spectacle ». Le Bulldelson automatiquement, ça va de soi, le lui dit. Elle n'en frotte qu'avec plus de simplicité ses gousses. La Bulldelson en pantalon à sous-pieds s'est posée là où il faut. Quévarez débouche le champagne pendant qu'une « brave femme du pays » vient faire son numéro paysan. Enfin nous passons à table. Repas aux petits oignons. Conversation à l'avenant.

Ensuite, balade digestive dans le coin. De quoi vous dégoûter des labours si nous ne l'étions déjà, Lula et moi. Au retour, il nous faut une bonne demi-heure pour nous décrotter. Nous étions mouchetés de boue de la tête aux genoux. Au-dessous, inutile de faire de détail, c'est à peine si nous pouvions soulever les pieds tant ils étaient enduits de glaise. Ah ! je hais la campagne ! Cette belle nature grasse et bête, non, je ne peux pas la souffrir, toute cette germination organisée, cette boue éternellement remuée et retournée, sans parler des barbelés avec les touffes de laine. En vérité, je n'y vois que champs de bataille qu'on cultive en attendant la prochaine qui abreuvera les sillons, à perpétuité, de génération en génération. Par contre ici, tout à fait le contraire. Ici, c'est la folie végétale, le délire, un tel grouillement d'insectes que rien ne germe. Les racines du moindre brin d'herbe sont millénaires. À quoi bon se donner le mal de planter ? Il n'y a que l'inutile qui pousse, il suffit de tailler. Notre maison est enserrée d'un tel fouillis végétal qu'à vingt mètres on ne la devine même pas. Et c'est parfait ainsi. Des branches d'acacia entrées par la fenêtre sont venues fleurir cette année à l'intérieur de la salle de bains. Dans la citerne, des racines sortent des voûtes et pendent comme de vieilles barbes blanches jusqu'à effleurer l'eau. Le plâtre des murs s'écaille, et de minuscules racines pointent par-ci, par-là, au travers des épaisses murailles. Le fil du téléphone est enlacé de vrilles. Même les chiottes se bouchent de racines folles, sortes de queues de renard qui se développent dans les conduits. La fosse septique est envahie par une végétation spectrale qui pompe à même la merde. Nous vivons en pleine explosion de vie comme des poux dans une fourrure. L'autre jour, par exemple, les ouvriers de l'EDF qui doivent faire venir l'électricité jusqu'à chez nous, en piquetant le parcours de la future ligne, n'en revenaient pas de tous ces arbres. Ils ne savaient plus par où passer leurs fils. La végétation est si dense qu'en un après-midi ils avaient égaré la moitié de leurs outils dans ce fouillis de verdure. Ah ! non, ici, ce n'est pas la campagne, c'est un fromage moisi, c'est la joie verte, la folie bleu et or, c'est le prisme explosé. Et parlons des fragrances ! Cruelles, safranées, rouges, râpeuses, chaudes, rien à voir avec cette douceâtre et flottante odeur de bouses de vaches, de merdes de porcs, non, rien à voir. Ici, quand un troupeau de moutons passe à travers bois, semant leurs crottes noires et luisantes le long des sentiers, une demi-heure après, plus rien. Toutes sortes de coléoptères les ont déjà absorbées. Tandis que, là-bas, l'humidité est telle que tout n'en finit pas de pourrir. Ici, les regards sont noirs, l'inceste couve et de grands incendies nettoient les collines. Le vent est brûlant en été, glacial en hiver, la nuit et le jour s'opposent à leur maximum et les nuages sont hors mesure. Ou bien ils s'étirent du nord au sud comme d'infinies colonnes vertébrales frangées de filaments, ou bien on les voit brusquement fuir les quatre coins de l'horizon, aspirés par tous les vents soudain déchaînés à la verticale, pour se ramasser en une sorte d'étrange boule cotonneuse qui diminue à vue d'œil jusqu'à n'être plus qu'un point blanchâtre dans le bleu trop dur. Un mistral fou se lève et on peut entendre peiner dans la stratosphère et vibrer de toutes leurs tuyères les grands avions fantômes qui tournent avec leurs bombes. Des traînées de condensation rectilignes marquent leur passage, mais le vent est tellement souverain qu'en un rien de temps il a tout effacé.

Le soir, quand l'air est tiède, nous restons de longs moments couchés dans l'herbe qui recouvre abondamment notre terrasse. Des courtilières des criquets des sauterelles vrillent de toute la force de leurs élytres leurs chants d'amour, et la brise balance les feuilles. Couchés sur le dos, face à ce ciel abstrait, pointillé par les constellations, nous nous taisons en regardant distraitement les satellites qui passent lentement et vont se perdre par-delà les pins.

La première fois que nous avions vu un satellite, nous étions avec José. Nous dînions dehors, en été, il y a de cela quelques années. Nous avions tiré la table dans l'herbe au milieu de la terrasse. Deux lampes à pétrole et quelques bougies sur un grand chandelier éclairaient de leur douce lumière les assiettes et les couverts. Comme il faisait très chaud, des quantités extraordinaires de papillons de nuit tournaient autour de nous et venaient se cogner contre les longs verres des lampes. À force de tourbillonner, ils finissaient par tomber dans le saladier vide au fond duquel restait un peu de sauce. J'avais beau retirer chaque papillon avec la pointe de mon couteau, il en tombait sans arrêt, et l'huile à la fin était devenue grise de cette étrange poussière, indéfinissable comme du pastel, qui recouvre les ailes des phalènes. J'aurais dû me lever et porter tout simplement le saladier dans la cuisine, mais il n'était pas question de bouger car José nous racontait de son ton de voix si triste comment il avait découvert les lettres du guitariste enfouies sous les combinaisons d'Arlette. J'écoutais distraitement le récit des souffrances qui le rongeaient vif car j'étais, comme je l'ai déjà dit, uniquement préoccupé du sort des papillons qui palpitaient dans le fond d'huile, m'acharnant à les retirer avec la pointe de mon couteau, et les rejetant dans l'herbe à nos pieds où le chat les croquait. Lula, la joue posée sur sa paume, dans son attitude si familière, écoutait José et hochait gravement la tête à tout ce qu'il disait. Les lampes à pétrole, dans l'air calme et chaud nous enveloppaient de leur apaisante lumière.

Soudain, José se tut et resta un long moment à regarder attentivement devant lui le chandelier aux bougies depuis longtemps éteintes. Sur une stalactite de cire refroidie, une larve de cigale venait de s'immobiliser. Elle avait dû monter par le pied de la table et cheminer longtemps entre les miettes jusqu'au chandelier pour grimper au plus haut. Elle avait planté ses crochets dans la cire et déjà on voyait craquer l'enveloppe chitineuse sur le dessus de son thorax, comme si un rasoir invisible coupait délicatement la fine pellicule. Nous respirions à peine, penchés tous les trois par-dessus la table. Les papillons de nuit tournaient à toute vitesse autour de nous.

Profitant de ce silence, j'avais enfin emporté le saladier dans la cuisine. C'est en revenant que j'avais vu le satellite dont les journaux parlaient tant à l'époque : un infime point lumineux qui se déplaçait avec une lenteur merveilleuse. Comment avais-je pu le distinguer au milieu de toutes les étoiles de ce ciel d'été, surtout qu'il n'en dépassait aucune en éclat ? Aussitôt Lula et José se sont levés et nous sommes restés longtemps debout à regarder cette poussière lumineuse envoyée par les hommes en plein ciel. Enfin le satellite disparut derrière les pins, par-delà les collines, et nous sommes revenus autour de la table. Au moment de s'asseoir, José poussa une exclamation. Devant lui, la cigale était en train de basculer hors de son enveloppe ouverte en deux. Par saccades, elle s'arrachait de la forme grise qui, même vidée, conservait l'aspect exact de la larve. Le corps, arqué en arrière, ne tenait plus que par la pointe de l'abdomen à la carapace morte qui, à la lumière des lampes à pétrole, nous apparaissait miraculeusement translucide. Fantomatique insecte que le moindre souffle pouvait décrocher et condamner à gigoter inachevé entre deux mondes. Nous n'osions plus respirer, fascinés par la fragile cigale cambrée sur le vide. Blanchâtre et molle, les pattes repliées, comme en prière, suspendue par la pointe extrême de son corps, elle attendait que sa nouvelle armure durcisse. Enfin l'insecte, à notre grande émotion, fit un gracieux rétablissement, ses pattes se déplièrent et vinrent s'accrocher sur la dépouille et, d'une imperceptible secousse, elle retira la pointe de son abdomen du fantôme desséché. Elle resta ainsi immobile puis le dernier miracle eut lieu, nous tirant presque des larmes tant le spectacle était parfaitement beau. Les ailes, qui depuis le début de la métamorphose pendouillaient en petits paquets chiffonnés sur le dos de la toute neuve cigale, se défroissèrent et lentement recouvrirent son corps de leur voile nervuré.

Ailettes qui se déploient et suivent le soleil avec la grâce des fleurs les plus simples. Pièges à ions, photons, délicates boîtes qui bâillent et se ferment avec la précision des coquillages. Filets à crevettes dépliés comme par magie pour cueillir un météorite, nasses délicates, résilles, entrelacs de fils soudés, réseaux de nervures électriques éjectés dans l'éther, branchies grésillantes dont les palpitations frappent les grands anneaux. Plates-formes circulaires qui tournent et se croisent dans le vide. Grondement ininterrompu. Fusées. Ciel coupé de traînées fluorescentes. De longues décharges galvaniques sabrent la nuit. Rayures violettes orange, vertes noires rouges blanches acier. Aurores boréales artificielles. Poudre d'or répandue en ceinture. Feu cosmique reflété par les ballons immenses en forme de melons dont les quartiers garnis de miroirs à facettes chatoient et éclipsent la lune. Complexes assemblages bardés d'antennes et d'écrans ouverts vers les galaxies. Parasols géants reliés par de fragiles passerelles lancées d'une cabine à l'autre pendant que clignotent les feux de repérage. Longs fils souples dans les palpitations lumineuses auxquels s'accrochent des hommes éjectés en plein noir. Et ces feux qui bougent ? Et ce grondement sourd ? Familière ambiance. Au ras de l'horizon, un anneau rouge frôle le chêne. Des points lumineux s'évitent, chatoient. C'est la relève du Grand Phare. Bruit continu. Avions fusées anneaux cosmiques. Le trafic est ininterrompu. Le ciel est chargé en permanence. Un jour les fameux rochers flottants, Archimède et Pascal, eux aussi, seront transformés en vaisseaux, ces deux rocs suspendus entre Terre et Lune. Rien qu'Archimède a quelque chose comme huit cents mètres de long. Ils veulent le descendre sur une orbite plus basse. Là, ils bricoleront en paix leur fameux dôme en Plexiglas, et ils pourront foutre le camp où ils voudront avec leur laboratoire de huit cents mètres. Les unes après les autres, ils s'empareront de toutes les îles mortes. Un jour, on verra ces blocs de lave avec leurs complexes enchevêtrements de nacelles, boules de verre, antennes, miroirs paraboliques, gyroscopes, se croiser, frôler la Terre, aller, revenir comme de gigantesques requins scintillants dont les sillages dessineront de fabuleuses traînées de feu qu'aucun mistral ne pourra jamais dissoudre. Quand on pense que depuis des millénaires les hommes ont toujours contemplé un ciel immuable, et que nous, nous sommes là, couchés dans l'herbe à regarder tourner les rêves les plus fous. Sans l'homme pour en témoigner, l'univers n'existerait pas. Sans l'homme pour l'imaginer, l'univers n'existerait pas. Nous concevons la possibilité de l'inconcevable. Concevoir qu'il existe des choses que nous ne pouvons concevoir, aussi creux que d'imaginer le couteau sans manche qui n'aurait plus de lame…

Lula près de moi mordillait en souriant des brins d'herbe qu'elle arrachait de temps en temps autour d'elle. Des insectes crissaient en cadence et, quand la lune jaillit par-dessus les collines, tout devint noir cru et blanc. Les ombres sur le visage de Lula m'apparurent comme des trous sur fond de vallée pendant qu'au contraire ses pommettes vivement éclairées devenaient plates comme de l'argent poli. Ses doigts dans l'herbe, son bras et son épaule, faisaient un curieux dessin très lumineux, et son genou brillait d'un éclat plus doux, comparable à l'ivoire. Son cou dans l'ombre des cheveux était tout pailleté de lueurs blanches. Très loin au-dessus de nous, les rayons obliques de la lune rehaussaient toute la folie des superstructures édifiées en résille autour du globe et on pouvait voir se déplacer les anneaux avec une précision tout à fait extraordinaire, car l'œil, cette fois, ne manquait pas de points de repère. On voyait parfaitement les dix stations Marilyn et les lanières sinueuses qui les reliaient au Grand Phare, ainsi que les « trous d'échappée », ces fameux espaces interdits au fond desquels brillaient quelques petites étoiles.

Tout en contemplant ce ciel mouvementé, je manipulais le décrypteur. Je tournais l'aiguille et l'arrêtais sur la première de toutes les questions. Sous la lumière crue de la lune, les paupières de Lula se fermèrent deux ou trois fois et ses lèvres s'entrouvrirent. J'attendais la réponse, mais rien ne venait. Je titillais le décrypteur. Quelques grésillements, et toujours rien. Je refis le tour du cadran et de nouveau je posai l'aiguille sur la case : premier souvenir. Rien !

J'envoyai au diable le décrypteur et je posai cette fois la question oralement. Sous la lumière crue de la lune, les paupières de Lula se fermèrent deux ou trois fois, ses lèvres s'entrouvrirent et elle me raconta son souvenir n° 1. Sous le ciel d'été, couché sur le dos, les mains croisées derrière la nuque, j'écoutais sa voix si particulière, je l'écoutais me décrire la première vision gravée dans son cerveau de minuscule Lula et j'étais émerveillé de l'entendre me parler d'un miroir parabolique dont les milliers de facettes reflétaient à des milliers d'exemplaires une toute petite fille aux yeux noirs et pleins de larmes, la bouche tenue grande ouverte par un appareil d'acier. Un homme masqué de blanc se penche et enfonce de fines tringles dans sa gorge. Je voyais Lula avec ses cheveux lourds, haute comme trois pommes, attachée au fauteuil inoxydable et, autour d'elle, des infirmières silencieuses qui allaient et venaient sous l'immense miroir parabolique, et le chirurgien enfoncer ses crochets dans le gosier de ma petite Lula pour harponner les spongieuses amygdales qui ne voulaient pas, pas du tout se laisser harponner. Il avait beau écarter la glotte et crier d'une voix énervée aux infirmières de bien maintenir la langue dans l'appareil, il avait beau marcher sur les pieds du grand-père de Lula, car le grand-père de Lula, son adorable grand-père que je n'ai pas connu, était là et lui tapotait les menottes, donc, ce salaud de chirurgien avait beau s'agiter pour se saisir des petites spongieuses, rien à faire, elles ne voulaient pas se laisser attraper. Il avait beau demander de la glace pilée, manipuler les anneaux lumineux, les résilles, les filets à crevettes, les pièges en forme de coquillages, toute la panoplie pour bricolage chirurgical, les amygdales de Lula ne voulaient rien savoir. Lula, ma Lula si minuscule pouvait toujours crier et pleurer, et essayer de secouer la tête, pas question, il les voulait, ses amygdales, et il a fini par les avoir. Sous le miroir parabolique il les lui a montrées, ses jolies spongieuses sanguinolentes, et elle les a vues partir à jamais. Des signaux multicolores palpitaient autour du grand miroir pour prévenir les autres petites filles qui attendaient que la place était libre et que leur tour approchait. Des décharges électriques sabraient la nuit pendant que le grand-père emportait sa petite Lula enveloppée dans une couverture. Ma petite Lula endormie.

J'attire sa main sur mes lèvres et je ferme les yeux. Sa voix me parvient comme si j'étais au fond d'un puits. Tramway tramway tramway tramway… Lula et sa maman… Tramway tramway tramway… Toulon. Lula, haute comme quatre pommes maintenant, dans un tramway tramway tramway… bondé. Sa voix me charme et, lorsque j'entrouvre légèrement les yeux, je vois au-dessus de moi, contre le ciel verdi par la lune, sa silhouette penchée.

« … et quand je le lui ai, dit, elle a été horrifiée.

– Quoi ? Comment ? Pourquoi ? Pourquoi horrifiée ? »

Lula secoue ses cheveux.

« … parce que je m'étais laissé faire par ce type.

– Quel type ?

– Mais le type qui avait glissé sa main dans ma culotte. »

Là, je n'y suis plus du tout.

« Excuse-moi, ma chérie, je n'ai pas entendu le début de ton histoire. J'étais un peu distrait… de quel type et de quelle culotte s'agit-il ?

– Oh ! c'est sans intérêt. Je disais que, à Toulon, quand j'étais toute petite ; dans un tramway bondé, un type pendant tout le trajet m'avait caressée entre les jambes…

– Quoi ! Mais tu avais quel âge ?

– Peut-être cinq ans… six au plus.

– Et tu t'étais laissé faire ?

– Oui, je m'étais laissé faire parce que je n'osais…

– Ça te plaisait ?

– Oh ! non, j'étais terrorisée, mais je n'osais pas bouger… j'étais coincée… »

J'ai le nez qui pique. C'est que me voilà presque jaloux rétrospectivement. Je le dis à Lula qui rit. Nous restons un moment silencieux à écouter le chant électrique des insectes nocturnes.

« À quoi pensais-tu ?

– Oh ! comme ça… je te voyais… je voyais ta silhouette contre le ciel et je me sentais plein de reconnaissance d'être là avec toi… et je pensais que je suis… qu'au fond je suis terriblement attaché aux apparences, à tout ce qui m'est familier, ce ciel d'été, ces arbres, notre petite maison avec sa vieille façade écaillée que pour rien au monde je ne voudrais faire remettre en état… tout ça… et ta voix que j'adore, parle, parle, parle, ma chérie. »

Lula souriait dans l'ombre, je le sentais à la façon dont elle penchait la tête au-dessus de moi. Et sans raison, tout à coup, je me suis mis à penser à Peterson.

« Dis-moi, ça fait combien de temps, Peterson ?

– Attends… je sais pas… six ans peut-être. Tu te souviens comment on l'avait surnommé ?…

– Déjà, tu crois, six ans déjà ? C'est vrai, le Bulldelson. »

Je me sentais désolé que six ans soient passés et je murmurai deux ou trois fois, six ans déjà, six ans. Il faut croire que toutes ces étoiles avec la Voie lactée et la lune me rendaient un peu triste. J'avais le sentiment que mon cœur battait très lentement, et la tiédeur de l'air m'engourdissait, ce qui donnait à notre dialogue cette nostalgique mollesse.

Grotesques et inoubliables souvenirs que nous évoquons parfois par ce genre de soirée calme. Épisode très « Pieds nickelés » de notre vie. Nous en rions rétrospectivement mais, sur le moment, nous étions terrorisés par ce type qui était tombé chez nous avec son fric. En achetant mes tableaux, il voulait acheter mes rêves, nos rires, notre jeunesse, mes obsessions, tout ce qui faisait notre vie. Notre vie heureuse contre des liasses de fric qu'il déversait sur notre lit. Il voulait nous acheter un atelier, il était prêt à nous acheter la maison dont nous rêvions à condition… au fait, à quelle condition ? Je devenais *son* peintre à lui, *sa* chose peinturlureuse. D'ailleurs, de jour en jour, il se faisait plus exigeant, plus paternel. À tout moment il téléphonait pour savoir si je peignais, si tout allait bien et, sans arrêt, c'était des fleurs et des trucs de chez Hédiard. Une vraie persécution.

Un matin, au réveil, j'ai senti que ça ne pouvait plus durer. J'en ai profité pour écrire d'une traite un pneu au Bulldelson : que c'est terminé, fini entre nous, que j'en avais marre de ses attentions, que sa gentillesse me pesait, etc. D'abord, il nous a envoyé Quévarez pour me raisonner. Puis son avoué a commencé à rappliquer à toute heure avec sa gueule verdâtre pour me proposer du fric. Oui, encore et encore du fric. Mais je n'en voulais plus et j'étais prêt à lui rendre au contraire toutes les liasses qu'il nous avait balancées jusqu'à présent. L'avoué ricanait et notait mot à mot mes jolis discours sur papier timbré qu'il me priait de signer. Dix fois par jour, le téléphone sonnait. Lula décrochait pour entendre au bout du fil un souffle régulier et rien de plus : la respiration du Bulldelson tapi. Elle bégayait quelques allôs interrogatifs et raccrochait comme si elle s'était brûlée. Le soir, quand nous rentrions, nous nous attendions à le trouver planqué dans un recoin de l'escalier. On ne parlait plus que de lui, on n'en dormait plus, on en rêvait, on en crevait, jusqu'au jour où Lula a commencé à parler de ses règles qui ne venaient pas, et le nom de Bulldelson qui était sur nos lèvres du matin au soir, peu à peu a fait place au mot règles règles règles, et plus le temps passait, plus le mot règles était là, présent comme un totem d'une hauteur vertigineuse.

Au début, j'essayais de rassurer Lula en prétendant que c'était toutes ces émotions qui les lui avaient retardées. Mais il fallut se rendre à l'évidence : nous étions cuits. Un spermatozoïde coureur cycliste, profitant de notre désarroi, s'était échappé du peloton. Et nous voici, nous, les infaillibles, les trapézistes de l'amour, cuits ! baisés !

Les jours défilaient, et ça ne venait toujours pas. J'avais beau questionner Lula dix fois par jour, le temps passait, et l'angoisse nous serrait la gorge en permanence. Plus de doute, nous étions enceintes. La nuit je me réveillais la bouche sèche. Lula ne dormait pas. J'allumais. Couchée sur le dos, les yeux grands ouverts, elle faisait ses comptes. Elle pouvait toujours compter et recompter, le retard était sans cesse plus terrible. Fini de rire. Finie la belle insouciance. Finie notre jeunesse sans responsabilité. Coincés ! À tout moment, Lula relevait sa jupe et entrebâillait son slip pour voir si c'était venu. J'attendais le cœur battant, anxieux, sourcils interrogatifs, Lula, à la fin, ne disait même plus rien. Elle faisait claquer rageusement l'élastique de son slip, rabattait sa jupe et levait les yeux au ciel en faisant grrrrrrr ! Ah ! le salaud, l'immonde minuscule ! Je l'imaginais accrochant ses petites pinces de ténia antédiluvien bien plantées en plein ovule ; tapi tout au fond entre glandes et membranes. Derrière ce ventre lisse tant aimé, il devait profiter déjà. Chaque fois que nous descendions l'escalier, Lula sautait les marches le plus lourdement possible, espérant le décrocher. C'est qu'il ne devait pas être encore plus gros qu'un grain de caviar, mais l'infernale caricature, notre ennemi invisible ne s'en agrippait que plus profond. Pendant des heures et des heures, nous passions en revue tous les baisages du mois, cherchant la faille par laquelle le machiavélique spermatozoïde s'était insinué dans notre vie. Impossible de nous y retrouver. Alors, découragé, je brossais un tableau tragique de ce qui nous attendait.

Lula ne répondait rien, mais je voyais passer dans ses yeux des lueurs de panique et bizarrement je me sentais réconforté de la voir plus effrayée que moi.

Nous étouffions. La chambre trop petite, le ventre de Lula au milieu et, dans ce ventre, cette chose en expansion. Pendant ce temps, le Bulldelson continuait ses coups de téléphone muets, mais maintenant nous nous en foutions, tellement nous étions angoissés par cette réalité autrement plus impalpable. Enfermés dans notre chambre, le téléphone sur les genoux, nous avons passé une première semaine à compulser notre vieux carnet d'adresses et Lula téléphonait à ses anciennes copines. Ça donnait des conversations vaseuses sur la pluie et le beau temps, car Lula parlait de manière trop mystérieuse pour être comprise. Elle raccrochait sans avoir réussi à s'expliquer et moi je ricanais, critiquant ses tours de phrases elliptiques. Nous nous gardions la mère Clodomir en dernier recours. Elle, qui nous avait toujours laissé entendre que le jour où… elle serait là… au premier mot se propose d'être la marraine. Sadique, elle nous fait un tableau férocement idyllique des belles années qui nous attendent…

Enfin nous réussissons à trouver Abel, un vétéran en ce qui concerne l'avortement. D'après lui, il n'y a pas de problème. Il faut agir en deux temps. Primo, s'assurer que Lula est vraiment enceinte. Pour cela, rien de mieux que le test de la lapine. Si oui, deuxième temps, décrocher l'intrus. Il s'en frotte les mains à l'avance. Qu'on ne s'en fasse pas, la guerre est déclarée entre Abel et l'affreux ténia. On respire. Enfin, nous voilà pris en main. De l'air frais circule autour de nous. Je serre l'épaule de ma Lula adorée et nous échangeons des regards humides. Aussitôt, Abel nous entraîne jusqu'à son taxi et on fonce chez un gynécologue, accumulateur de tableaux qu'il a connu du temps où il était directeur de la galerie de l'Avenir, boulevard Saint-Germain. Tout en conduisant son vieux G7, il nous donne les ultimes instructions :

« Avant tout, mes enfants, vous prenez des airs catastrophés. »

Pas difficile, je suis désespéré et Lula pâle d'angoisse.

« … donc vous vous contentez de prendre des airs sinistres et vous approuvez tout ce que je dirai. D'accord ? Bon. Voilà ce que je dirai… je dirai… »

Il conduit un petit moment en répétant ces derniers mots d'un air pensif.

« … je lui dirai… Hum ! Mon vieux Clark, voici mon grand ami Rezvani dont tu admires la peinture… (Grand geste de présentation à travers le taxi.) Toi, Cyrus, tu dis toujours rien… mon vieux Clark, ce con-là, il a foutu sa femme enceinte. Là, il va hocher la tête comme s'il trouvait la chose normale. Aussi sec, j'attaque de front. Ils n'en veulent pas et à aucun prix. Clark, je le connais, va lever la main pour m'arrêter. Ha ha ! (Rire diabolique d'Abel qui lâche son volant pour se frotter les mains selon sa vieille habitude.) Mais en trois phrases, le voilà déjà complice d'un affreux avortement. Donc, Clark essayera de m'arrêter, mais là je vais enchaîner en disant que vous êtes un couple merveilleux, uni, libre, que vous êtes en quelque sorte un prototype du couple de l'avenir, légers, heureux parce que sans entrave aucune. »

Abel est ravi de sa trouvaille. Le volant lyrique, il se faufile dans l'épaisse circulation tout en engueulant à droite et à gauche les innombrables cons qui encombrent les rues avec leurs ridicules véhicules, gênant très désagréablement le passage du couple prototype conduit par leur ange gardien à une allure folle droit chez ce salaud de gynécologue collectionneur.

« Nous devons obtenir de lui, qu'il te fasse, Lula, le test de la lapine sans donner ton nom aux flics… car ils doivent donner les noms, vous vous rendez compte, obligés à la délation. Pouah ! »

Rien qu'à cette idée, Abel est furieux. Il range son taxi et nous entraîne d'un air sombre chez le Dr Gilles Clark, mouchard n° 1 de la police du sexe, traître, délateur, qui nous reçoit tout sourire, dans son bureau aux murs encombrés de toiles abstraites. Il est ravi de revoir ce vieil Abel avec lequel il se lance aussitôt dans une longue conversation sur l'ADN et les fameux canards du laboratoire de Strasbourg. C'est qu'Abel, en plus du taxi, écrit pour des journaux scientifiques, et justement Gilles Clark vient de lire le passionnant article de notre ami Abel. Nous respirons et échangeons Lula et moi un immense regard d'espoir. Abel en profite pour faire tout un cours sur les acides ribonucléiques. Clark louche vers nous avec un sourire qui semble dire : « Avouez qu'il est plutôt comique, cet Abel, ce loqueteux chauffeur de taxi érudit, toujours à s'emballer sur les plus récentes découvertes scientifiques et en plus mélanger la dialectique marxiste à tout ça… »

« Tu comprends, Gilles, mets-toi bien ça dans la tête, nous assistons là à une des plus fabuleuses découvertes sur le plan de la génétique et ces canards… au fait, à propos de canard, mon salaud, tu vas lui faire le test de la lapine sans la coucher sur tes fiches de police et pendant que tu y es, tu pourrais le leur faire sauter à l'œil, leur fœtus… »

Abel est tout rouge d'avoir lâché la question de confiance. Il ne dit plus rien et regarde Gilles Clark de travers. Clark agite ses mains blanches, comme des oiseaux, les frotte au ras du bureau d'acajou et, sans une hésitation, remplit une ordonnance pour le laboratoire. Abel est presque déçu d'avoir remporté aussi facilement le premier round. Il jette un regard soupçonneux à son copain Clark.

« Dis donc, tu m'as bien compris… c'est une opération blanche ?

– Mais voyons, mon cher Abel, pas de problème. »

Et il continue tranquillement à interroger Lula. Age, fréquence des règles, dates des dernières, des prochaines, etc. Lula a sorti son minuscule agenda et lui donne toutes les précisions voulues. Pendant qu'elle refait ses petits calculs, il se lance parallèlement sur la peinture abstraite. Il me demande si ça marche, si je vends des toiles. Si je vends des toiles ? Abel surenchérit, Lula secoue ses cheveux et m'écoute en souriant parler des liasses, de l'atelier somptueux. Clark s'étonne :

« Mais alors, pourquoi ne le gardez-vous pas ?

– Oh non, trop encombrant dans notre vie !

– Mais vous allez avoir de la place…

– Oh ! c'est pas une question de place… c'est la présence. Il téléphone dix fois par jour, sans arrêt il demande à Lula si je peins, si je travaille… vous ne pouvez pas imaginer… »

Clark agite ses belles mains.

« Non non ! vous m'avez mal compris, je vous demandais pourquoi vous ne gardez pas l'enfant puisque vous voici à l'abri des soucis matériels, avec un superbe atelier, de l'argent à flots, un mécène… »

Je reprends ma respiration pour répondre, mais Abel tousse et me fait les gros yeux.

« Écoute, mon salaud, je te dis qu'ils ne veulent pas d'enfant, un point c'est tout ! On te demande la lapine, rien de plus. Et pas de sermons. Le reste nous regarde, pour ce qui est d'aller le chercher par-delà trompe et matrice, on trouvera quelqu'un. Le garder ? Regarde-les ! Est-ce qu'ils ont une tête à avoir des enfants ? Pour avoir des gosses, il faut être d'accord avec la société dans laquelle on vit, mon vieux. »

Gilles se tourne vers Lula :

« Vous avez là un drôle d'avocat… mais réfléchissez bien, j'ai vu des femmes qui après un… après une intervention de ce genre… être atteintes de graves, très graves dépressions… se laisser… mais dites-moi, qu'est-ce que vous avez contre les enfants ? »

Lula murmure farouchement résolue :

« Nous n'en voulons pas… parce que nous n'en voulons pas. »

Je lui coupe la parole et me lance dans une longue explication où liberté, liberté, revient tous les trois mots. Clark hausse gentiment les épaules et nous tend l'ordonnance.

« Très bien, très bien… faites comme vous voulez mais, quoi qu'il arrive, vous ne parlez pas du test… Allez aux laboratoires de la Garenne et vous serez très vite fixés. Pour le reste je ne veux rien savoir… Bonne chance. Je vous ai mis aussi, pendant que j'y étais, quelques petites pastilles que vous prendrez avant les repas. On ne sait jamais, ça suffira peut-être… »

Nous avons cru devenir fous à attendre la réponse du laboratoire, et Lula prenait ses pastilles sans aucun résultat.

Enfin plus de doute, c'est scientifique, Lula, ma Lula, est tout à fait enceinte. En apprenant la nouvelle, au lieu d'être atterrée, elle éclate de rire. Jamais je n'oublierai ce rire. Rire de gorge, voluptueux, extraordinairement charnel. À peine sommes-nous sortis du laboratoire que je l'entraîne directement à la maison. Pas une seconde à perdre, ce rire me rend absolument fou. Nous sautons dans un taxi et, dès que nous roulons, je commence à la caresser follement. Lula, non contente de se laisser faire, introduit avec des lenteurs exaspérantes sa main par la ceinture de mon pantalon et enveloppe mon sexe de ses doigts adorés. Je chuchote dans ses cheveux :

« Lula, Lula, mon amour, ne bouge pas, ne me caresse pas, ma chérie, je suis dans un état fou. » Lula rit et redouble de pressions et frôlements. Pour me distraire, je m'acharne sur l'attache de son soutien-gorge. Mais sa poitrine est tellement gonflée que les brides trop tendues me rendent la tâche compliquée et, lorsque je libère ses seins, il me semble qu'ils jaillissent sous son pull avec une violence extraordinaire. Quand enfin le taxi nous dépose devant chez nous, nous grimpons l'escalier dans un état de transes folles. Mes mains remontent sans arrêt sous la jupe de Lula qui continue à rire de ce rire incroyable, espèce de roucoulement de la chair venu tout droit des ovaires et qui me fait presque tourner de l'œil de désir. Elle rit lorsque j'ouvre la porte, elle rit lorsque nous tombons sur le lit, et son rire ponctuera chaque mouvement de nos corps. Comme tous les amoureux qui habitent « aux étages », en montant l'escalier j'avais baissé son slip, laissant à nu sous sa jupe son merveilleux cul. À peine est-elle allongée à plat ventre sur l'édredon que je la dégage de l'encombrant chiffon qui lui entravait les cuisses. Les reins nus, jupe relevée sur son petit porte-jarretelles, elle rit, la figure dans les oreillers, pendant que je commence à l'embrasser furieusement, riant de l'entendre rire et faisant voler en même temps mes vêtements aux quatre coins de la chambre.

« Ne bouge pas !... Reste comme ça... Tu es ravissante ! »

Fébrilement, je saute tirer les rideaux, mais je suis dans un tel état de nerfs qu'ils me restent dans les mains, décrochés par un geste trop vif. Du coup, Lula rit tellement qu'elle se redresse sur les genoux et tape son front sur le lit défait. Je jette le rideau et me voilà sur elle la recouvrant de mon corps. Tout en m'enfonçant par secousses légères, je lui enlève son pull et sa jupe que je fais passer par-dessus sa tête. Son soutien-gorge de lui-même tombe sur le lit et les fines bretelles noires glissent de ses épaules jusqu'au creux de ses bras. Je relève ses cheveux, je l'embrasse sur la nuque, je la hume pendant qu'une intense chaleur m'enveloppe et que le téléphone se met à sonner. Je la maintiens de force et lui murmure de ne pas bouger, qu'il n'est pas question de répondre. Nous basculons sur le côté, ne respirant plus, transpercés par l'infernale sonnerie. Enfin, exaspéré, je m'arrache et bondissant dans l'entrée j'enlève les plombs. À toute vitesse je reviens sur Lula et en avant la folie ! Je fais sauter son porte-jarretelles et, noués dans un fantastique enlacement, nous nous envolons en plein ciel dans une pluie d'étincelles. Lula referme ses bras autour de mon torse pendant que je la fouille au plus profond, essayant d'atteindre de la pointe de mon sexe le recoin caché où se tapit l'immonde parasite, à l'exemple de Lawrence Merle qui, avec la Panthère, avait réussi à en décrocher un fameusement tenace. Pendant toute une nuit, nous l'avions entendu, Charlot et moi, défoncer la Panthère. Elle gémissait et lui ahanait et le lit grinçait comme un vieux navire en pleine tourmente. Charlot et moi, dans l'atelier à côté, nous avions passé la nuit devant une bouteille, à la lueur d'une bougie. Charlot lisait à haute voix en scandant d'une façon très émouvante un passage du biblique Zarathoustra, et moi, j'écoutais la mélopée rythmée par les coups de reins de Lawrence Merle. Dehors, il pleuvait, et je me souviens que nous avions le nez qui piquait très fort de froid. De temps en temps, Charlot posait son livre et nous roulions une cigarette en mettant bout à bout quelques mégots, puis il reprenait sa lecture de rabbin. Le résultat de cette nuit d'amour entre Lawrence Merle et la Panthère fut spectaculaire. Le lendemain, la Panthère qu'aucune sonde, aucun tripotage d'avorteuses patentées n'avait jusqu'à présent délivrée fut soudain prise de douleurs. Il fallut l'emporter dare dare chez les sœurs. Curetage à vif avec ricanements d'usage.

Donc je défonce ma Lula avec cette petite pensée émue pour Lawrence Merle. De mes lèvres je cherche ses lèvres emprisonnant ainsi son fantastique rire qui tout à coup résonne en moi, directement insufflé dans ma poitrine. Rire de Lula que je bois à même. Rire chaud comme un vent bleu. Rire de femme gonflée de sa propre chair. Rire de volupté. Rire des glandes. Rire venu de la satisfaction d'être si parfaitement féminine. Rire ivre de vie. Rire du sang pulsé. Rire des bras qui serrent. Rire des jambes fortement enlacées. Rire aussi palpable que la glaise chaude. Rire moiré comme la surface des dunes. Rire ventre contre ventre collés de sueur, toisons mêlées. Rire qui me gagne pendant que j'éjacule au plus profond de ma Lula, en plein dans notre désespoir.

Aussitôt nous bondissons, comme réveillés.

Plus un jour à perdre, c'est qu'il doit être déjà au moins comme le poing. Tu crois ? Je ne sais pas. Peut-être moins. Peut-être beaucoup plus. On file chez Abel qui devait s'occuper de nous trouver une piste. Arrivés devant sa porte, ce mot épinglé nous attend :

> *Si la lapine dit oui, allez chez Malou. Blanchisserie Surcouf. Rue Surcouf. Elle est très rousse, vous la reconnaîtrez tout de suite. Elle a des escarpins en crocodile rouge. Expliquez-vous et mettez en route sans tarder. J'ai essayé de vous joindre au téléphone tout l'après-midi. Ce soir on bouffe ensemble et on arrose les résultats qui seront positifs, car Malou est une fortiche. Je vous serre sur mon cœur. Ne vous en faites pas, on vous sauvera.*
>
> *Votre Abel*

Pas de chance, les petites repasseuses nous apprennent que Malou est sortie. Elle doit rentrer d'une seconde à l'autre. Nous sommes tellement survoltés que nous décidons d'aller faire un tour, le temps que Malou revienne. Nous repartons à l'accéléré à travers les rues de Levallois. Tout à coup, nous croisons une femme très rousse en escarpins de croco rouge, une vraie vamp de quartier avec poitrine tellement explosive que les mailles du pull distendues aux pointes laissent deviner la couleur de son soutien-gorge. Je la rattrape, certain que c'est Malou. Je ne me trompais pas. Aussitôt, elle embrasse Lula avec une franchise et une spontanéité pas du tout 16e.

Elle nous entraîne dans un square poussiéreux et, une fois assis au centre d'un tourbillon d'enfants déchaînés, elle nous explique le coup. Pas de problème, voilà. Elle connaît un gynécologue qui lui a fait sauter au moins deux fois ça ! Elle fait un geste circulaire par-dessus les mioches hurleurs. D'abord il ne prend pas cher. Ensuite il n'est pas entreprenant, ce qui est unique, car en général les gynécologues avorteurs sont des pauvres types qui font ça pour le fric et qui profitent de l'occase pour endormir et se farcir la môme. Mais oui. Les types endorment les mômes et parfois même ils lui passent dessus par bandes entières, dans des maisons de banlieue louches aux rideaux tirés. J'en ai des sueurs et Lula déglutit avec difficulté. Sans arrêt, des enfants viennent se cogner dans nos jambes. Nous devons éviter des balles, des ballons et toutes sortes de projectiles multicolores qui volent de tous côtés. Des cordes à sauter sifflent et nous frôlent, des pétards, des revolvers à amorces nous font sursauter, et des enfants armés de glaives, de matraques roulent dans la poussière avec leurs costumes de cosmonautes, de flics, ou de cow-boys. Le gardien du square clopine en sifflant comme un stupide oiseau, suppliant les gosses de cesser le massacre. Je suis fasciné par son bout de bras qui remue dans la manche épinglée et je me dis avec un frisson que les amputés, paraît-il, bougent leurs doigts inexistants et ont même des rhumatismes fantômes. À cette idée, je suis pris d'une légère nausée et j'ai le désagréable sentiment de respirer de l'éther. Malou parle maintenant de la façon dont Lula doit s'habiller pour aller au supplice :

« … des dessous le plus moche possible, rien qui puisse l'exciter, car on ne sait jamais… supposez que vous soyez son genre et puis, Lula, vous refusez absolument d'être endormie, hein. Pas de blague, attention, méfiance. Il faut qu'il vous fasse un curetage à vif. Ça fait un peu mal, mais c'est plus sain. »

Lula, Lula, ah là là, dans quelle sale histoire t'ai-je entraînée, ma chérie ! Les gosses autour de nous tournent de plus en plus vite, et mes yeux se troublent. Je prends ses mains et je les embrasse sous le regard amusé de Malou qui continue à dresser le plan de bataille, Machiavel en escarpins de croco rouge. Nous allons passer chez elle, au-dessus de la blanchisserie, et Lula va ôter « tout ça ». Par chance, elles ont presque la même pointure et le même gabarit. Donc chaussures plates, combine de communiante et tout à l'avenant. Pas de rouge ni Rimmel. Foulard sur les cheveux car, trop beaux, ils pourraient allumer le désir chez cette bête terrifiante. Elle est en train de nous foutre une trouille abominable, la Malou d'Abel. Ça doit être une espèce de Frankenstein, son gynécologue véreux. Quand en plus elle nous apprend qu'il est mongol, je crois me trouver mal et Lula accuse le coup.

« Et non seulement il est mongol, le Russe, mais en plus il me dit chaque fois : "Vous ne me connaissez pas. Vous ne m'avez jamais vu. Je n'existe pas." »

Il est évident que Malou en remet, mais nous ne demandons qu'à dérailler avec elle. Du coup, elle tutoie Lula.

« Tu comprends, tout ça, c'est pour que tu t'affoles pas quand tu le verras parce qu'au fond, c'est un pauvre type, il est brave. En plus, il se rase le crâne, comme cet acteur… tu vois… Ah! comment s'appelle-t-il? Vous voyez, cet espèce de Tartare américain… »

Lula murmure d'un air absent:

« Yul Brynner.

– Non, pas Yul Brynner, un autre… Peu importe. Bon, venez jusqu'à la blanchisserie, vous montez chez moi, et tu te changes un peu. »

Malou nous fait grimper chez elle par une petit escalier droit qui prend tout contre la vitrine de sa blanchisserie. Aussitôt, elle jette sur le lit les dessous moches dont elle avait parlé, plus une jupe bleu marine avec plein de boutons et aussi des chaussures d'assistante sociale dont le bout rebique vers le plafond. Un vrai désespoir. Lula en a un recul instinctif. Malou nous laisse seuls dans sa chambre et va de son côté s'habiller d'une façon moins provocante.

Dès que nous sommes seuls, Lula me lance un regard désespéré. Se dépouiller de ses vêtements personnels et revêtir ces chiffons, ces chaussures grotesques, tout ce déguisement, la bouleverse. Bizarrement nous prenons conscience à mesure qu'elle enfile ces hardes étrangères que cette chose tapie dans son ventre existe véritablement. En l'aidant à attacher sur ses reins le porte-jarretelles de Malou, je me rends compte brutalement tout en m'acharnant sur le stupide système de fermeture que ma Lula va être livrée au hasard et que l'affreux Yul… Je ne veux pas formuler ma pensée et je laisse dans le flou l'angoissante sensation. Je serre Lula fort, très fort contre moi, fort à l'étouffer et elle se laisse faire sans réagir. Elle ne dit rien, absente, comme si ces nouveaux vêtements par une curieuse magie l'avaient exclue de la réalité. Je tente de la rassurer, de me rassurer moi-même, mais une énorme barre me coince les cordes vocales et ma langue me semble enduite de farine. Malou sifflote dans la salle de bains et de temps en temps nous demande si tout va bien.

Enfin Lula est habillée toute simplette, un vrai petit chaperon rouge. Nous nous entassons dans la Simca de Malou et en chemin, elle nous donne les ultimes instructions. Elle se tait, elle réfléchit. Non, elle pense nous avoir tout dit.

Elles me laissent dans un bistrot et je les regarde, avec leurs allures de collégiennes, traverser en biais une place, s'engager dans une rue en pente et disparaître.

Après avoir lu le journal à l'endroit et à l'envers, j'ai commencé à faire des trous dedans pour voir un peu la place au travers, je l'ai mordillé, je l'ai plié et déplié, je me suis assis dessus puis, de plus en plus anxieux, je l'ai rouvert pour essayer de faire les mots croisés avec un bout d'allumette brûlée.

Soudain une pensée me fait frémir. Et si Malou était une fournisseuse de harems ou bordels d'outre-mer ? Ça y est, j'en ai les mains qui tremblent. C'est à peine si je peux ramasser ma monnaie. Je me lève et, les jambes molles, je traverse en biais la petite place, exactement sur les traces de Lula et Malou, pendant que des images ridicules me serrent le cœur. Je vois Lula chloroformée, étendue dans une malle à trous, en train de voguer vers la séoudite Arabie ou, qui sait même, me dis-je, si elle ne gît pas dans les soutes d'un avion déjà sur le point d'atterrir à Hong Kong. Je sais bien que j'ai trop d'imagination. Chez moi, c'est une espèce de folie : j'ai peur des trappes. Si Lula reste trop longtemps dans un magasin, parfumerie ou autre, pour peu que je sois dans la rue à l'attendre, ça y est, l'idée de la trappe me fait passer un frisson. J'ai beau ricaner, me moquer de moi-même, une force irrésistible me pousse à entrer dans le magasin, surtout si je ne peux apercevoir Lula entre les objets qui encombrent toujours les vitrines d'une façon si exaspérante.

Au début où nous nous connaissions, un jour, je ne sais plus pour quelle raison, nous devions aller chacun de notre côté dans Paris. C'était l'heure de presse et Lula saute dans un autobus qui part très doucement dans le flot de voitures, me laissant seul au milieu de la foule des grands boulevards. La nuit tombait et la circulation était tellement lente que je pouvais voir en marchant, à hauteur de l'autobus brillamment éclairé, Lula payer dans la cabine d'entrée et se diriger vers une place à l'intérieur. Elle ne savait pas que j'étais encore si près d'elle et je me souviens qu'une curieuse angoisse me serrait la gorge de la voir si proche et déjà perdue. Tout en marchant dans la foule compacte, il me semblait deviner sur son visage cette même inquiétude. Enfin, n'y tenant plus, je me faufile entre les voitures. Je frappe pour demander au receveur de m'ouvrir et au même moment je vois Lula se lever et descendre par l'autre porte dans l'espoir de me rejoindre. Nous nous sommes retrouvés comme après une longue absence. Nous riions d'émoi sur le trottoir, bousculés par les passants.

C'est ainsi que l'amour projette les couples hors du temps, dans des étirements et des contractions invraisemblables. Les heures n'ont aucun sens, ni les ans, et le moindre événement peut prendre des allures de cauchemar. Un geste, un sourire nous bouleversent ridiculement, une catastrophe nous laisse indifférent. Notre égoïsme est monstrueux. Nous avons la continuelle sensation de vivre sur une épave instable.

Le monde semble prêt à partir de travers et l'univers sur le point de se visser comme un torchon. Oui, c'est à force de fragilité que nous gravitons l'un autour de l'autre plus solidement que deux météores jumeaux. Mais à quoi bon toutes ces comparaisons ? Nous nous manquons d'avance.

Donc je traverse la place sur les traces de Malou et Lula. À mon grand soulagement, je les vois qui débouchent bras dessus, bras dessous, de la rue en pente. Lula me fait des signes joyeux et aussitôt me rassure. Tout va pour le mieux. Le type est d'accord.

De retour à la blanchisserie, nous nous heurtons à Abel qui manque tomber à la renverse en les voyant toutes les deux déguisées en scoutesses. Quand Malou lui explique les raisons de ce déguisement, il hausse les épaules. C'est pas qu'il ne croie pas aux vertus des chichis, oh non ! au contraire, mais là, à son avis les choses se passent à un autre niveau. De toute façon, pour être gynécologue, il faut être tordu au départ, alors allez savoir ce qui les excite ou ce qui ne les excite pas. L'ennui, c'est d'avoir à faire à un type comme ça. Tout ce côté clandestin…

Nous décidons d'improviser une petite dînette tous les quatre, chez Malou. Pendant qu'elles montent se changer, Abel et moi nous allons faire les courses. Dès que nous sommes seuls dans la rue, Abel m'avoue que toutes ces précautions vestimentaires ne lui plaisent pas beaucoup et que le type doit être une sorte de satyre vicieux car les femmes, pour ces choses-là, ont un instinct absolument infaillible.

« Tu veux dire Abel… tu crois que…

– Écoute, Cyrus, dès que tu t'embarques dans ce genre d'histoire, il faut avancer l'œil ouvert et le doigt sur la gâchette. Et Lula, comment le trouve-t-elle ? C'est important, l'avis de Lula !

– Rien de spécial.

– Elle t'a dit ça ?

– Non… je dis ça parce que je sais, je la connais.

– Et… et il commence quand, l'ogre ?

– Dans quelque chose comme quinze jours, trois semaines. Tu trouves pas que ça fait un peu tard ?

– Non, je crois pas. D'après ce qu'elle a dit à Clark… non, ça paraît assez normal. On refera les calculs tout à l'heure, en bouffant.

– Dis-moi Abel… je voulais aussi te demander quelque chose. Est-ce que c'est normal que Lula ait des fous rires bizarres ?

– Que veux-tu dire par là ?

– Je te demande ça, parce que depuis quelques jours, elle a des fous rires insensés après les repas… elle est d'un naturel rieur, mais quand même elle ne rit pas pour rien, tandis que là, c'est incroyable, tu peux pas imaginer. Par exemple, cet après-midi, je suis sûr que toute la maison l'entendait rire…

– Ah ! vous étiez chez vous cet après-midi ?

– Oui, pourquoi ?

– Non rien, comme ça, et alors ce rire ? Tu m'intrigues, tu dis qu'elle rit pour rien ?

– Oui comme ça, tout à coup, tiens, tout à l'heure en sortant du laboratoire, quand on a appris les résultats, il n'y avait vraiment pas de quoi rire… eh bien, mon vieux, elle s'est mise à rire comme tu ne peux pas imaginer.

– C'est peut-être les nerfs. Pourtant Lula est solide de ce côté, non ? De toute façon, quand une femme est enceinte, en général elle est biochimiquement… comment dire ? heureuse... tu vois ce que je veux dire, folle de joie au niveau des glandes. Même si elle est désespérée, les glandes, elles, elles s'en foutent, elles font tous leurs petits échanges moléculaires dans une euphorie fantastique... alors, il se peut... mais quand même tu m'étonnes. »

Pendant tout le temps où nous achetons des trucs chez le traiteur, Abel semble préoccupé. Au moment de payer, il se frappe soudain le front et crie : « Folliculine ! » faisant sursauter tout le monde dans le magasin. Dès que nous sommes dans la rue, Abel me demande ce que Clark a prescrit. Je ne sais pas.

« Tu comprends, Cyrus... la folliculine peut faire venir les règles si tu es un peu en retard, mais là... quand t'es enceinte c'est un vrai crime car, au contraire, ça te l'accroche toc ! Ah le salaud ! Ah j'aurais dû y penser ! Il faut jamais faire confiance à un catholique, surtout si en plus il est à moitié américain ! »

On grimpe quatre à quatre l'escalier et on tombe sur une scène charmante : Lula et Malou en peignoirs à ramages sont en train de mettre le couvert.

Sans un mot, je me précipite sur le sac de Lula. En effet, c'est de la folliculine. Abel me répond par des rugissements. Lula et Malou n'y comprennent rien. Nous leur expliquons la traîtrise et aussitôt Lula est reprise par son rire fou. Malou est gagnée, elle aussi. Et les voilà toutes les deux écroulées de rire sur le lit dans leurs kimonos de soie. Spectacle émouvant. Leurs abondantes chevelures étalées sur la fourrure mouchetée, elles hoquettent comme deux petites poules. Nous les regardons, les bras ballants. Enfin elles se calment, mais au moment où elles relèvent la tête, elles nous aperçoivent avec nos airs idiots et hi hi hi hi hi hi...

elles redoublent de rire. Un peu agacé, je prends Lula dans mes bras et je commence à la secouer. Elle est plus molle qu'une poupée dix-neuf cent vingt-cinq avec son grain de beauté sur la pommette, sa peau très blanche et ses longues paupières fardées. Enfin je réussis à croiser son regard, ce qui la calme comme par magie.

Dès que nous sommes installés à table, Abel, tout en savourant avec enthousiasme le petit salé aux lentilles, se lance dans une lyrique divagation à propos de « ce coquin d'ovule » fécondé par un de mes spermatozoïdes rebelle. Pour mieux illustrer son discours, il étale à même la nappe une poignée de lentilles prélevées dans son assiette. Il déplace les verres et les couteaux qu'il aligne selon un ordre méticuleux, reconstituant à notre grande joie la porte étroite du *paradis* avec ses méandres, ses chambres secrètes, ses divans et ses tapis de miel chaud.

« L'obsédant utérus. »

Malou et Lula à ce mot sont passionnées.

« Ici, les charmants ovaires douillettement assoupis, et là, ce coquin d'ovule. Voyez-vous, mes enfants, vous avez à partir de cette salière le col, et là-bas, juste après la petite cuillère, le corps de l'utérus. Et là, tu vois, Lula… tiens, regarde, Cyrus, toi qui parles tant de Fallope, tu vois cette cavité, mon vieux, vers le haut, les voilà les Fallopes ! ces putains de trompes ! Donc, à partir de cette lentille, tu as les conduits dont les extrémités libres, évasées et flottantes, comme dit le Larousse… passage que je connaissais par cœur quand j'étais gosse… voisinent avec ces deux cuillères à soupe qui figurent assez bien les ovaires, ces libidineuses glandes dont dépendent chez la femme, le rire, les pleurs, la capacité d'amour et les cheveux. (Lula et Malou éclatent de rire.) Et c'est là dans ce conduit baptisé par Fallope *antichambre de notre monde* que la plupart du temps a lieu la grande rencontre entre le timide ovule et le fougueux spermatozoïde, ce satyre à grosse tête, champion de course et de natation. Et maintenant, mes enfants, commence ce rôle fameux, des merveilleux, des divins acides aminés... sorte de ruban perforé qui distribue le programme pendant la gestation... »

Malou, remuée par tant d'éloquence, noue ses bras autour du cou d'Abel, l'obligeant à se taire et à engloutir sa part de petit salé. Par la même occasion, il récupère les lentilles qui avaient servi à sa poétique démonstration. Malou lui mordille les yeux, le nez et les oreilles en l'appelant de toutes sortes de noms idiots.

Abel se frotte l'oreille et la repousse.

« Tu sais bien, Malou, que j'ai horreur de ces exhibitions... d'ailleurs les couples qui se pelotent en public, ce sont ceux qui n'ont rien entre eux. C'est connu, ils ont besoin d'un public, exactement comme les comédiens qui ne peuvent jamais être seuls, toujours trois au minimum, il leur faut le voyeur de service. Tiens, un petit exemple : l'autre jour dans mon taxi... »

Soudain Malou supplie :

« Oh ! Abel, lis-leur ce que tu m'as lu l'autre jour ! Si si ! sur le taxi et sur moi... il m'appelle Denise. »

Abel se fait un peu prier et, finalement, descend chercher dans le coffre de son taxi une serviette bourrée de manuscrits qu'il jette sur le lit. Il a mis ses grosses lunettes. Il est évident qu'il est très ému de cette première car lui, habituellement si rapide dans ses gestes, tâtonne et met un temps infini à sortir un épais manuscrit entouré d'élastiques. Enfin il commence. Je sens à une pression de main de Lula qu'elle est attendrie tout comme moi d'entendre la voix d'Abel se teinter d'un léger accent bordelais et de toutes sortes de fragilités à peine perceptibles dans les nasales. Malou s'est assise aux pieds d'Abel et, les yeux brillants, nous sourit.

« *Je fis la connaissance d'une teinturière* (Malou se frappe la poitrine de son index) *de Levallois. Nous nous aimions au premier étage au-dessus de sa boutique…*

Denise s'inquiétait de mon instabilité. Elle se souvint de deux frères de ses amis, chauffeurs de taxi, qui, affirmait-elle, s'étaient jadis enrichis dans le métier. Pourquoi ne serais-je pas devenu chauffeur de taxi ? Avec envie, je suivais des yeux ces pilotes émérites qui, drapeau baissé, sillonnaient la capitale. Denise me donna les premiers cours de conduite au volant de sa petite Simca ; puis je m'en fus prendre une inscription dans un cours professionnel.

Le taxi, c'est la profession de ceux qui n'en ont pas ou qui n'en ont plus. Si vous pénétrez une fois dans un de ces amphithéâtres de la misère où les chômeurs se réunissent, affamés et studieux, pour apprendre Paris, ses itinéraires et ses rues, par la bouche d'un instructeur papelard et vénal, certains visages que vous contemplez pourraient avoir en Sorbonne la même tension vulgairement utilitaire, car souvent il n'y a pas, pour nos étudiants non plus, de solution transitoire entre la faim et le diplôme… et cætera, et cætera…

– Pourquoi tu t'arrêtes, Abel ?

– Oh ! tout ça… c'est trop explicatif… non ?

– Tu es fou. Au contraire… je trouve ça… tu ne trouves pas ?… C'est merveilleux, Abel…

– Parce que si c'est emmerdant vous le dites, hein ?

– Emmerdant ? Il est fou !

– Bon… je continue…

Si l'on s'amusait à trancher leur cervelle, la coupe révélerait en filigrane le plan de Paris et sa banlieue, les artérioles en rouge pour les sens uniques. C'est alors qu'il faut affronter, à la Préfecture de Police, une commission abondante (une dizaine de membres au moins). Vous tirez six jetons qui correspondent à des rues de Paris. Vous situez celles-ci avec précision et, en utilisant quatre d'entre elles comme points fixes, on vous impose deux itinéraires dans la capitale. Vous tirez aussi deux jetons de banlieue et vous faites un ou deux itinéraires dans les banlieues qui vous sont échues. Ces messieurs sont sévères et ravis de vous glisser des peaux de banane au cas où vous hésitez. Si vous êtes reçu, vous passez quelques jours plus tard l'examen de conduite spécial pour le permis de taxi. Des candidats échouent plusieurs fois et mettent dans certains cas plus d'un an avant d'avoir les papiers. Je songe à ce chômeur noir, fraîchement débarqué de Dakar, qui arrivait au cours les pieds sanglants, dans ses sandales éculées, d'avoir sillonné Paris dans tous les sens, à la chasse aux rues, sans vélo ni tickets d'autobus. Il fut reçu à force de volonté… »

Abel reste un moment silencieux. Il tourne distraitement les pages de son manuscrit. Une petite phrase qu'il nous avait lue au début résonne en moi : « Le taxi, c'est la profession de ceux qui n'en ont pas ou qui n'en ont plus » et je suis soudain très ému de voir Abel, mon vieux copain Abel, là, assis sur le coin du lit, dans ses vêtements crasseux, son manuscrit sur les genoux.

« Et alors, Abel ?

– Attendez, je vais vous lire quelque chose d'autre… un truc sur les rues de Paris. Je comparé Paris à une femme alanguie, mollement lovée, avec son petit Sacré-Cœur ici, sa petite Buttes-Chaumont là, son Panthéon quelque part par là-bas, ses boulevards… Ah mes amis !… Ses jardins ! Et j'en profite pour donner en passant quelques charmants trajets… effleurements intimes dans le genre de celui-ci : boulevard Beaumarchais rue Saint-Gilles rue Parc-Royal place Thorigny rue de la Perle rue des Quatre-Fils rue des Haudriettes rue Michel-Lecomte rue Garnier Saint-Lazare rue aux Ours… oui, mes enfants… rue Étienne-Marcel et enfin place des Victoires. Et il y en a des centaines plus raffinés les uns que les autres. Certains itinéraires sont de vraies litanies d'amour… rien que pour aller chez vous… on pourrait choisir en partant d'ici entre dix parcours plus lascifs les uns que les autres… Paris, mes amis, est une ville en rut. Si si, vous pouvez rire… aux nerfs à fleur de peau. »

Malou s'accoude sur le genou d'Abel et lui tapote le bout du nez de son ongle vermillon.

« Tenez, je vais vous lire un charmant petit morceau d'anthologie, hé hé, dont je ne suis pas mécontent. (Il se frotte les mains d'un air malicieux.) *Je pris un jour en maraude, rue de Mogador, une cliente qui me pria de la mener très rapidement place Clichy pour une course urgente. J'empoignai mon volant, m'apprêtant à une sérieuse bagarre contre les feux rouges et les bâtons blancs, et fort peu dans ma fonction de confesseur. J'étais à peine au coin du boulevard Haussmann et de la rue Caumartin que je l'entendis se plaindre de certaines palpitations que lui procurait, semblait-il, la vie trépidante de la capitale ; qu'elle ne savait pas au fond si elle avait envie d'un tailleur bleu marine. Je lui répondis qu'il y avait un problème de choix en ce qui concernait le genre de vie. Qu'il ne fallait pas se laisser aller aux trépidations, mais imposer son propre rythme aux événements, que c'était d'ailleurs le secret de la longévité et, ajoutai-je, d'une façon pour le moins saugrenue, de la longévité sexuelle. Cette idée sembla l'intéresser, mais j'enchaînai sur l'intérêt que représentait, en rapport avec son teint, la mode et la demi-saison, l'acquisition d'un tailleur bleu marine.*

Bref je passai tout l'après-midi avec elle. C'est moi qui choisis son tailleur et deux paires de chaussures. Elle se déchaîna, acheta pour environ deux cent mille francs de marchandises, dont vingt mille de parfumerie et produits de beauté dans tous les coins de Paris. Enfin elle se plaignit à nouveau de palpitations. Je lui proposai une promenade sur les quais qu'elle accepta avec joie. Nous étions à Issy-les-Moulineaux quand il lui vint l'idée de grouper ses paquets pour les rendre plus maniables. Je la rejoignis à l'arrière de la voiture pour lui venir en aide et, dans le désordre de ces menus articles, nous eûmes quelques transports. Puis je la conduisis chez elle. Elle remit ses paquets au portier. Nous avions fixé un rendez-vous et je pensai la quitter mais, suppliante et têtue, elle me dit qu'elle avait oublié d'aller chez le coiffeur et me demanda de lui en trouver un. Il était en effet 9 heures du soir ! Je me sentis un peu nerveux (j'avais une heure de retard sur l'horaire), mais je repartis. Je ne sais par quel étonnant hasard je trouvai près de l'Étoile un coiffeur de nuit. Nous nous quittâmes. La liaison commençait à me peser. »

Abel suspend sa lecture et allume une cigarette. Après avoir tiré quelques bouffées, il feuillette son manuscrit.

« Une dernière petite histoire et j'arrête… … *bande muette : Je charge à la station de l'École militaire, un dimanche matin, une cliente d'une sobre élégance. Elle doit avoir une soixantaine d'années, mais seul le visage, sous un chapeau à large bord, est sévèrement marqué. Elle est grande, son corps semble encore beau et svelte. Moulée dans un tailleur noir à jupe portefeuille, elle porte avec précaution des souliers à hauts talons, comme si elle craignait que sa cheville finement gainée de soie ne se brise… La veste de tailleur, largement échancrée, s'ouvre sur un corsage de dentelle noire à jour qui lui remonte jusqu'au col…* et là écoutez bien, mes enfants, je n'en ai pas remis… *Nous allions à la chapelle Saint-Honoré d'Ey…* »

Sans raison, nous explosons tous de rire. Lula et Malou hoquettent, la figure enfouie dans les coussins.

« …………*allions à la chapelle Saint-Honoré d'Eylau, probablement pour la messe de 11 h 1/4.* »

Même Abel est hilare. Il laisse un léger répit et enchaîne :

« *Le dimanche matin, les rues sont désertes. Je filais un bon train dans l'avenue de la Bourdonnais. À deux reprises, regardant dans mon rétroviseur, j'eus l'impression que ma dévote voyageuse me regardait fixement. Simple impression, me dis-je. Une troisième fois nos regards se croisèrent. Je suis peut-être nerveux, mais je crus percevoir une certaine modification du climat, comme si la présence de ma cliente, derrière moi, se faisait plus dense, plus oppressante. Je me dis que ce devait être ce parfum de violette…*

– Calme-toi, ma chérie ! Lula ! Lu-la ! »

Que la bonne femme sente la violette, rien ne pouvait la mettre plus en joie. Joie inquiétante. Je lance un regard à Abel, qui me fait signe de la laisser se calmer toute seule. Malou s'est arrêtée de rire. Nous restons tous les trois le sourire aux lèvres jusqu'à ce que Lula se redresse. Ses joues sont barbouillées de noir. Elle veut la suite.

« Tu es folle, pas question… regarde dans quel état ça te met. Tu crois vraiment, Abel, que c'est la folliculine ? »

Abel est sûr.

« Et alors, elle sentait la violette ? »

C'est Lula qui insiste.

« … et qu'est-ce que tu as fait, dis-nous, Abel ?…

– Oh ! j'ai rien fait c'est elle… qui a commencé à se branler derrière moi…

– Quoi !… Comment ?… Tu nous fais marcher.

– Oh ! ça non, si vous saviez le nombre de bonnes femmes qui se branlent dans les taxis… Écoutez la suite et vous… »

Abel rajuste ses lunettes, se frotte les mains, toussote :

– « … où en étais-je ?… Ah oui !… *Je me dis que ce devait être ce parfum de violette qui émanait d'elle et s'était répandu dans toute la voiture, mais tout à coup elle fit quelques gestes et j'entendis distinctement comme des agrafes qui se défont. Irrésistiblement, sans que je pusse repousser cette tentation, le feu aux joues comme un môme de quinze ans derrière un trou de serrure, je lâchai le pied et me retournai. Elle était à demi étendue sur le siège arrière ; sa jupe portefeuille complètement dégrafée, le jupon rose qu'elle avait troussé s'effeuillait de part et d'autre sur les coussins où ses jambes magnifiques s'abandonnaient nonchalamment. Plus haut, la jarretelle noire meurtrissait une chair extrêmement blanche et fine et se tendait, comme un arc irritant, au-dessus du slip vert pâle où se moulait un pubis presque virginal.*

J'eus une sorte de réflexe gordien et, dans le même temps, donnai un violent coup de frein. Elle fut surprise et bascula presque sur le siège avant. Son visage se colora. Elle baissa les yeux, puis elle eut un long rire presque silencieux. Elle se rejeta alors dans le fond de la voiture et rajusta ses vêtements. J'avais encore des tremblements dans les membres… quand j'arrêtai le taxi devant le porche de l'église. Les cloches sonnaient pour la messe. Elle me paya et se mêla aux fidèles, sans confession. »

Abel pose son manuscrit et enlève ses lunettes. Malou, tout attendrie, l'embrasse avec sa violence habituelle.

« Dis-moi, Abel, est-ce que tu parles dans ton livre de tous les métiers que tu as faits ?

– Presque, mon vieux Cyrus, presque.

– Et, est-ce que tu as raconté le jour où tu as été voir ce type ?

– Quel type ?

– Si, le type qui t'a reçu dans son bureau et qui ne te trouvait pas assez engagé.

– Ah ! pour mes poèmes ?

– Oui, c'est ça, il vous l'a raconté, Malou ?

– Oh ! tu sais Cyrus, ça vaut pas le coup d'être…

– Si, raconte à Malou… Raconte !

– Oh ! c'était du temps où je m'envoyais la Suissesse. Tu sais, Malou, je t'en ai parlé de… c'est des gens très riches qui jouent aux fauchés avec les artistes, elle écrit dans des tas de revues. Elle est toute fière de gagner son argent de poche comme ça et lui collectionne les peintres. Quoi, le couple banal, plein de bonne volonté… passons. Donc, un jour, la Suissesse me dit qu'elle a parlé de moi à un type très puissant, un des magnats de la presse, rencontré dans un cocktail et qui veut fonder en sous-main une revue de gauche qui publierait exclusivement des poèmes de poètes "sous-développés"… (Abel ricane.) Arabes, Noirs, Jaunes, etc., etc. Lorsqu'elle lui avait parlé de moi et de mon passé si chargé, le mec s'était excité, et ne se tenait plus de mettre la main sur cet ex-chimiste, agrégé de mes deux couilles, militant de base, fauché comme personne et tout ça… Tu parles ! Je fonce. Somptueux bureau. Il me fait asseoir devant sa barricade et se met à feuilleter du bout des doigts une pincée de mes poèmes. Il feuillette, il feuillette et, au fur et à mesure, je vois sa gueule qui s'allonge. Finalement, avec une moue méprisante, il me rend mes feuillets comme si c'était du papier de chiottes. Et le voilà qui s'engage dans le plus beau sermon jamais entendu sur l'engagement. Putain, je n'en croyais pas mes oreilles ! D'abord il s'étonne de voir que la plupart de mes poèmes sont des poèmes d'amou-re… vous vous rendez compte ? Non, ça il ne comprend pas, mais pas du tout qu'un type dans ma situation puisse se complaire à de telles fadaises. Le salaud me redemande mes feuillets et extirpe un de mes plus beaux poèmes qu'il commence à me lire exprès de la façon la plus dégueulasse. Vous ne pouvez pas imaginer, mes enfants, en crachotant, la lèvre méprisante, ah ! le pire sadique jamais rencontré. Entre chaque vers, il s'arrêtait, me regardait d'un air navré et en avant les commentaires. Comment pouvez-vous vous complaire, *vous*, à chanter la Femme quand, aux Indes, ça crève comme des mouches et que les Arabes sont honteusement exploités, et que… et que… Ah ! j'en bégaie encore… Quoi, le chacal me sort toute sa mauvaise conscience à deux sous, lui ! Pouah ! et moi, pauvre con, j'écoutais comme en hypnose. »

Malou lui prend la figure entre les mains et l'embrasse fougueusement sur les lèvres.

« Ma pauvre grosse tarte aux myrtilles, et tu te laissais faire, mais tu aurais dû lui pocher l'œil !

– Attends, attends, laisse-moi finir, c'est pas tout. Finalement le type, après s'être gargarisé d'Hiroshima, des camps nazis, des Mau-Mau et des Indochinois, me raccompagne jusqu'à l'entrée en continuant à dévider : la Révolution-ci, la Révolution-ça, mêlant les noms de Breton, Sade, Lénine, Gilles de Rais, Marx, le Christ, Staline et Bouddha en vrac, sans oublier bien sûr Sartre, Freud et Teilhard de Chardin. Donc il me raccompagne le long du couloir feutré et; au moment où il me tend la main, je sens… horreur! (Abel crache comme un chat) horreur! sxchkispffff! je le sens, l'immonde, qui essaye à toute force de faire passer du creux de sa main dans la mienne un billet plié… »

Nous grinçons tous d'un rire écœuré.

« Et alors, et alors? Qu'est-ce que tu as fait?

– Con que j'étais, sans doute à cause de mes poèmes, je me défendais mollement. On devait faire un bizarre raffût car une porte s'est ouverte et une secrétaire a passé la tête d'un air étonné. Du coup, profitant de la surprise, mon salaud de mec a enfoncé le fric dans ma poche et, avant même que j'aie eu le temps de réagir, il m'avait claqué la porte au nez. Arrivé en bas, je me suis dit: mon vieux Abel, tu les emmerdes. C'est toujours ça de pris à ces ordures. Et je me voyais déjà installé dans un restaurant. Bon, je déplie le fric dans le soleil… ha ha, devinez combien il m'avait glissé de pourboire? À quel prix il me jaugeait? À peine de quoi se payer un sandwich. Là, mes enfants, j'ai dû m'asseoir sur un banc tellement j'étais plié en deux par le plus extraordinaire rire de ma vie. Ah! j'en pleurais de rire avec son sale fric dans le poing. »

Abel hausse les épaules et ajoute:

« C'était bien fait pour ma pomme, pauvre con que j'étais. Ce type c'est ce qu'on appelle un homme de bonne volonté. Tiens, Jean-Jacques, qui signe je ne sais de quel nom dans cet ignoble canard pourri, eh bien Jean-Jacques qui était au Parti à la Libération, maintenant, que fait-il, maintenant? Eh bien, pendant que sa main droite écrit pour ce journal pousse-au-crime, son autre main dirige la revue gauchie de

Plâtre. Sinistres temps. Ils biglent, mes enfants, leur roue fait des huit. »

Abel rit d'un air méphistophélique en se frottant les mains. Pour Abel, il n'y a pas d'autres solutions que la lutte des classes franche et verticale. L'histoire des hommes s'est faite à coups de décisions et d'exécutions. C'est le seul chemin. J'essaie de finasser. Abel hausse les épaules et me donne justement pour exemple le couple Cyrus et Lula qui ont décidé de se débarrasser froidement de ce petit gêneur de vivre en rond et qui… et qui…

Eh oui !… Et c'est comme ça que, le jour dit, j'accompagnai Lula jusqu'à la porte du Yul. Je n'étais pas plutôt installé à la terrasse du bistrot que la voilà de retour. Tout va pour le mieux. Il a commencé à lui dilater le col de l'utérus. Elle avait à peine eu le temps de s'étendre que c'était déjà terminé. Vraiment, Malou a le goût du théâtre avec ses histoires à la Frankenstein. Le loup-garou au crâne rasé est au contraire un homme très réservé.

À trois reprises, Lula y retourne. Tout se passe comme la première fois. Revenue au bistrot, elle me raconte tout par le détail et je me réjouis de voir nos affaires en si bonne voie. Lula ne souffre pas et le col de « l'obsédant utérus » se dilate chaque fois un peu plus. Et puis, un jour, voilà qu'au moment où Lula se rhabille le type lui file une tape sur le cul. Oh ! presque rien, juste un petit geste amical. Lula me raconte ça en riant mais moi, cette tape sur le cul de Lula me ronge et me donne toute la nuit d'affreux cauchemars. Je vois le Yul avec deux grandes canines qui lui sortent aux commissures et son crâne rasé plein de veines apparentes. Il cavale derrière Lula en essayant de lui taper sur les fesses et elle rit, rit comme si elle jouait à chat perché. Je me réveille inondé d'une sueur glacée.

Le lendemain, je m'installe dans mon bistrot et, pendant tout le temps où elle est chez le Yul, je suis hanté par de sinistres images. Mais non, tout s'est parfaitement passé, plus de tape sur les fessés, au contraire il a été tout ce qu'il y a de plus grand siècle. En la raccompagnant jusqu'à la porte, il lui a expliqué qu'après deux séances encore, couronnées par un petit curetage, tout serait terminé car les choses se présentent pour le mieux. Et toc, le salaud sur le pas de la porte lui fait un baisemain. J'en reçois un vrai choc. Lula se moque de moi, mais je me renfrogne et, la nuit même, je fais les pires rêves d'épouvante. Je vois le Yul avec son abominable crâne rasé qui, de baisemain en baisemain, finit par entraîner Lula vers une espèce d'appareil en acier inoxydable sur lequel il la bascule. Et youp ! en un rien de temps il est sur elle avec des instruments pointus à la main et Lula, au lieu de se débattre, rigole et pianote sur le crâne plein de veines. Je pousse un hurlement AAAAAAAAAAh ! et j'allume. Lula, réveillée brusque, s'est assise sur le lit. Elle se frotte les yeux, stupéfaite de me voir dans cet état.

« Lula, Lula, tu aurais dû retirer tes mains de son crâne, tu ne vois pas que ce salaud te faisait des avances. »

Lula m'embrasse, croyant me calmer, mais, encore sous le coup de l'affreux rêve, je la repousse et de plus en plus énervé je me lance dans un long monologue où il est question de vampires, de chirurgiens sadiques et d'infirmières complices. Lula, qui au début était d'un calme inébranlable, commence à être angoissée et se laisse gagner par mes appréhensions. Je n'ai pas à forcer beaucoup la dose pour qu'elle soit plus affolée que moi. Bref, nous passons une nuit démente.

Heureusement le petit déjeuner nous remet d'aplomb et Lula retourne au supplice avec un courage admirable.

Moi, comme d'habitude, je m'installe dans mon bistrot. Le temps passe, pas de Lula. Ah là là ! me dis-je, je l'avais pressenti. Je me mange les lèvres au sang et j'ai les yeux qui me sortent de la tête à force de scruter vers la rue en pente. Les garçons de café qui commencent à me connaître sourient en douce. Je les vois dans les reflets, lorsqu'ils passent derrière moi, faire les cornes et rigoler avec leurs plateaux en équilibre. Enfin, n'y tenant plus, je me lève et je pars en biais à travers la place, bien décidé à défoncer s'il le faut la porte du Yul et à récupérer coûte que coûte ma Lula.

Soudain, coup au cœur. C'est à peine si j'ai reconnu sa silhouette. Lula ! Je me précipite. Elle marche à petits pas, légèrement pliée en traînant les pieds. Ses lèvres sont blanches et elle essaie de me sourire en murmurant que c'est fini, terminé, qu'elle me racontera à la maison. Par chance, je réussis à arrêter un taxi et, une fois chez nous, bien installée sur le lit avec des coussins et des couvertures, elle me raconte son supplice. Je crois à mon tour me trouver mal et c'est Lula qui me réconforte. Je serre contre moi dans un état de joie folle ma Lula délivrée. Elle me demande son sac et en sort un petit paquet plié n'importe comment. C'est le Yul qui le lui a donné pour qu'elle s'en débarrasse. Mais il est complètement dingue ! Tous les bouts affreux, les caillots et les cotons dégueulasses hâtivement enveloppés dans un journal. Le fruit de nos amours. Bheu ! Je cours aussitôt jusqu'aux chiottes et je balance le tout. Chasse. Je regarde. Pas question, le paquet ne passe pas. Il est là dans l'eau qui rougit à vue d'œil. Je le repêche secoué de nausées et ce n'est qu'en deux ou trois fois que j'arrive à faire partir vers les égouts les cotons sanglants et les affreux morceaux. Beuglheubheu ! Un déluge de vomi me submerge et me voilà emporté par l'élan, la tête presque au fond de la cuvette, en train de me vider en gémissant comme aux pires jours de mon enfance. Secoué de nausées nerveuses, je m'accroche à tout ce que je trouve à portée de main. Balais, rouleaux de toiles me dégringolent dans les jambes. Lula affolée s'est traînée jusqu'à moi. Elle me caresse le front. Je la supplie de regagner le lit, je la repousse. Rien à faire, elle prétend ne plus avoir mal.

Enfin ça va mieux. « Lula, mon amour ! » Je l'entraîne vers le lit où je l'installe avec des précautions maniaques. Je l'enfouis à moitié sous les coussins, je lui enroule les pieds dans une écharpe en improvisant toutes sortes de pitreries stupides qui la font rire. À tout moment je l'embrasse et lui caresse le front et Lula me tend sa main que je couvre de baisers. C'est que je suis très ému de la voir là, toute gaie et souriante. Je vais, je viens, je suis partout à la fois, je descends chercher des journaux, je vole dans l'escalier, je dévalise le fleuriste. Les gens s'étonnent de me voir si joyeux, si pressé. Sûrement un heureux père, ils se disent. Je le lis dans leurs yeux en payant le gâteau d'anniversaire chez le pâtissier. Je jette mes achats sur le lit et, de nouveau, nous échangeons une infinité de baisers reconnaissants. J'installe tout contre le lit une petite table que je garnis avec la plus folle fantaisie. Fleurs partout, sur le céleri rémoulade, à l'intérieur du poulet froid, piquées dans les tranches de pain, sans parler de pétales répandus dans la chambre dans le plus pur style soviétique en souvenir d'un documentaire où de jeunes stakhanovistes en chaussons de danse bondissaient comme des dingues et noyaient sous une pluie de pétales une blonde et rosissante accouchée.

Lula rit, gagnée par ma surexcitation d'heureux non-père.

Tout allait ainsi parfaitement lorsqu'on sonne à la porte. J'ouvre. C'est l'avoué. Il vient me prévenir que le Bulldelson accepte le remboursement des sommes qu'il m'a avancées. Sur mon élan, je le fous à la porte en lui promettant d'une voix enrouée de liquider cette histoire le jour qu'il me plaira et j'ajoute qu'il commence à m'emmerder sérieusement… Après lui avoir balancé la porte dans les gencives, je reviens auprès de Lula et, le cœur léger, nous entamons la dînette sur le bord du lit. Tout en mangeant, Lula me raconte que le Yul au pire moment s'était mis à la tutoyer. Quoi ? Je m'en étrangle. Oui, à la tutoyer, j'ai bien entendu et, tout en continuant à la charcuter dans le vif, il lui avait dit, le salaud, qu'il espérait bien que cette petite expérience la dégoûterait à jamais… Ha ha ! à jamais de faire l'amour. Et Lula sous la torture qui lui répondait : Ah non ! non non, non ! Et lui, l'immonde véreux, continuait à lui poser les plus dégueulasses questions tout en la triturant méchamment. J'en ai le cœur au bord des lèvres, mais Lula me rassure. Tout cela est fini.

Fini ?

Deux jours après, comme convenu, elle y retourne pour voir si tout va bien. Mais cette fois-ci, je ne la lâche plus. Je monte avec elle. Elle sonne, et le Yul lui-même vient nous ouvrir avec sa gueule de ver luisant. Il fait comme si je n'existais pas et précède Lula jusqu'à son cabinet de torture. Je m'assieds dans un petit bureau attenant d'où j'entends jusqu'au moindre souffle. Léger bruit des habits de Lula. Elle s'étend, il ferme la porte de communication.

Tintements assourdis de toutes sortes d'instruments d'acier. Le type fait : tsit tsit tsit en choisissant ses râpes et ses crochets. Tout à coup, elle pousse un affreux gémissement. Je crois me trouver mal. L'autre s'énerve et la prie de ne pas bouger. Une odeur d'éther et de formol flotte dans le bureau encombré de livres reliés en vieux cuir, et plein de petites mouches blanches commencent à danser devant mes yeux. Les jambes molles, je m'appuie contre le mur. Les mouches maintenant sont tellement nombreuses que je fais un geste instinctif pour les écarter pendant que très loin les instruments d'acier cliquettent de plus en plus fort…

Lorsque, un peu plus tard, nous nous retrouvons dans la rue, je ne sais lequel de nous deux est le plus pâle. Je soutiens Lula par la taille et nous nous traînons jusqu'au premier taxi. Aussitôt arrivés, elle s'écroule sur le lit en claquant des dents, le corps secoué de tremblements d'une netteté impressionnante. Elle tient son ventre à deux mains. Du sang lui a coulé jusqu'au-dessous des genoux. Je relève sa robe, ses cuisses sont toutes barbouillées. Je lui enlève sa culotte trempée et, comme un fou, je cours chercher une serviette éponge. J'en profite pour me passer la tête sous le robinet. Quand je reviens je trouve Lula assise au bord du lit, pliée en deux, les coudes contre son ventre, les doigts fortement entrelacés. Je la force à s'allonger et je lui essuie les cuisses avec la serviette mouillée. Les yeux troubles, je retourne me passer la tête sous le robinet et, la figure encore toute dégoulinante, je file jusqu'à la plus proche pharmacie, acheter un stock de serviettes hygiéniques Ruby et des antibiotiques prescrits par le monstre. Je titube dans l'escalier. L'esprit obscurci par les pires visions, je reviens vers ma Lula. Elle grelotte avec une telle violence que le lit grince. Recroquevillée dans son petit manteau vert, les mains entre ses genoux, elle claque des dents sur le lit, notre lit. Lula Lula ! mon amour ! Elle me sourit imperceptiblement. Lula, ma pauvre petite Lula, Lula mon amour ! Elle se laisse faire comme une enfant. Je lui enlève son manteau et ses chaussures, je la fais rouler avec des précautions infinies pour lui retirer ses bas et finir de la déshabiller, puis je glisse une serviette entre ses jambes. Enfin, après avoir accumulé sur elle tout ce que je peux trouver comme couvertures, je m'assieds, ne sachant plus très bien que faire.

La tête entre les mains, je reste ainsi dans la nuit tombante à écouter les familières allées et venues des voisins dans l'escalier. Rires d'enfants rentrant de l'école, cris des moineaux sur les toits par-dessus la lourde rumeur de la ville. Klaxons désespérés des premiers embouteillages du soir. Par moments, Lula, ma Lula tant aimée, pousse un gémissement. Elle bouge un peu et essaie maladroitement de repousser une mèche de cheveux qui sans cesse se détache et vient lui barrer le front jusqu'à l'œil. Dans la pénombre, ça lui fait comme une fente dans la tête. Je relève la mèche à plusieurs reprises, mais elle retombe et je suis obligé de la coincer sous la lourde masse de sa chevelure. Lula entrouvre les yeux et me sourit faiblement pour me remercier. Son front et ses pommettes luisent entre d'impressionnants trous d'ombre et son visage lorsqu'elle baisse de nouveau les paupières prend une expression douloureuse qui me bouleverse aux larmes. La gorge serrée à ne plus pouvoir respirer, je murmure son nom. Les yeux fermés, elle tend la main vers moi, ma Lula si blanche et grelottante, sa main aux longs doigts arqués que je guide vers mon visage, enfin sa paume brûlante de fièvre que j'embrasse au plus profond en chuchotant la longue litanie de nos mots d'amour. Elle m'attire, elle veut que je m'allonge près d'elle sous les couvertures.

Nous restons ainsi pressés l'un contre l'autre comme deux perdus. Son visage est tellement brûlant que j'ai doucement glissé ma main sous sa joue pour la rafraîchir. Secoué par ses tremblements, je flotte à demi assoupi avec un fer rouge dans la main, fer rouge d'une douceur de soie. Étrangement paralysé, je gisais là dans le crépuscule avec cette joue brûlante au creux de ma main lorsque des lumières se sont allumées dans la cour. Réveillé, je me suis assis sur le lit avec la certitude que nous touchions à la fin… oui, que d'un instant à l'autre nous allions nous dissoudre et cette sensation était tellement forte que brutalement je me suis mis à sangloter comme un gosse. Pour comble de misère Lula, bouleversée de me voir pleurer, s'est mise elle aussi à sangloter. Nous étions là, dans cette lumière grumeleuse, à nous étreindre, Lula grelottante, le ventre à vif et moi comme un imbécile, au lieu de courir chercher un médecin, pleurnichant et étreignant ma Lula, persuadé qu'il n'y avait plus rien à faire.

Enfin j'ai allumé l'électricité, et elle m'a demandé de lui donner une serviette propre. Lorsque j'ai écarté les draps pour l'aider à se changer, j'ai compris que j'étais complètement fou de rester comme ça à geindre et me tordre les mains. Il y avait du sang partout, la hanche de Lula en était rouge, les draps, le matelas. Un bain mortel. Quant à la serviette, ce n'était qu'un caillot noir. J'ai été chercher une cuvette pleine d'eau et j'en ai profité pour me passer encore une fois la tête sous le robinet. Ah ! je ne savais vraiment plus que faire. Appeler un docteur ? Quel docteur ? Et que lui dire ? La tête sous le jet je parlais tout haut. Et le Yul ? Mais bien sûr qu'il faut appeler le Yul ! Je reviens dans la chambre. Lula n'a pas bougé. Elle est là, assise, le corps secoué de tremblements, les deux mains posées à plat dans les draps ensanglantés, la tête penchée sur son épaule, les lèvres bleues à force d'être blanches. Elle est d'une passivité bouleversante. Je pose la cuvette sur le lit et je commence à lui laver les cuisses, comme si cela avait la moindre importance. Pour comble de malheur, en voulant l'aider à changer de position je pose le genou dans la cuvette et voilà toute l'eau qui se répand partout dans le lit. Lula ne réagit même pas et se laisse faire en claquant des dents. Je la traîne jusqu'au fauteuil. J'arrache les draps trempés. Je retourne le matelas et réussis tant bien que mal à refaire le lit à neuf. Je l'installe à nouveau dans les oreillers et je lui fourre une énorme serviette de bain entre les jambes. Enfin j'appelle le Yul. Bien sûr, il n'est pas là. Je laisse sonner un temps infini en me mangeant les lèvres et je suis sur le point de raccrocher lorsque j'entends vaguement sa voix d'œuf à la coque endormi. Je bredouille que Lula est en train de se vider, qu'il faut qu'il vienne tout de suite, qu'il y a du sang jusque sous le lit, si ce n'est pas chez les voisins du dessous. L'autre, là-bas, habitué, rétorque avec un calme inouï : « Allons, allons ! voyons !... » (Calme slave, con et glacé.) Il me demande nonchalamment, la pieuvre, si je lui ai pris sa température. Au flanc je lui lance : quarante et plus que deux ! Du coup il se réveille : « *Chto ?* » *Da, da !* je lui réponds, quarante et peut-être infiniment plus depuis tout à l'heure. Je réunis tout ce qu'il me reste de vocabulaire et je lance en petit nègre russe le message le plus pathétique jamais pleurniché sur les ondes. Il raccroche.

Un quart d'heure après, il était là. La première chose qu'il me demande, le Hun, lorsque je lui ouvre, comme ça, d'entrée :

« *Gravaritié parousky ?*

– *Da da, niemnochka.* »

Je bredouille en le poussant vers la chambre. Mais non, la sardine chauve, ce qui l'intéresse en priorité, c'est de savoir, le barbare, si je suis russe entier ou à demi et pourquoi et comment. Tous aussi tordus, me dis-je en trépignant, russe jusqu'au trognon.

Enfin il examine Lula.

« Tsit tsit ! Il faut faire piqûre. »

Je le tire jusqu'à la cuisine et, pendant qu'on fait bouillir la seringue, il remet ça :

« Alors comme ça, Mama était russe ? Et Papa ? »

Tous pareils, à force de couler, toujours à s'accrocher à la moindre brindille. Un vrai dialogue de soûlots devant la flamme bleue du gaz. Moi, je parle Lula. Je déplie les draps pleins de sang et la serviette avec les caillots. Ça ne l'émeut pas. Comme si de rien n'était, il continue à suivre sa petite idée slave :

« Alors, comme ça, vous avoir été dans école russe ? »

Quoi, toutes les questions cons que les Russes émigrés posent invariablement. Jusqu'à la mort, cervelle barrée par la croix orthodoxe oblitérée en double, en triple et en travers. Bref, le Tartare remplit tranquillement sa seringue. Je devenais fou à le voir si calme.

Enfin, nous sommes revenus auprès de Lula. Il lui a fallu un temps infini pour trouver la veine pourtant particulièrement visible sous la lumière frisante de la lampe de chevet. Là, là, je grinçais pendant qu'il faisait tsit tsit en branlant son gros crâne de ver luisant. Enfin, il a foutu le camp en me recommandant de ne plus le déranger avec ces histoires. *Desvidanié !*

Et nous voilà de nouveau seuls. J'entends un peu partout au travers des murs les voisins qui font la vaisselle du soir. La piqûre a dû faire du bien à Lula car les grelottements qui m'avaient tant impressionné tout à l'heure ne se manifestent plus que par salves de plus en plus espacées.

Je m'assieds par terre adossé au lit et j'ouvre un livre, essayant de me réfugier dans un temps neutre, mais chaque phrase me ramène à notre drame, chaque virgule me semble liée à la respiration de Lula, chaque mot, je l'interprète comme un symbole dont dépendrait sa guérison. C'est avec de continuels pincements au cœur que je progresse dans une fiction qui m'apparaît soudain extraordinairement parallèle à notre situation. Je lisais Robinson Crusoé, livre que je prends automatiquement lorsque je suis angoissé. Donc je me plonge dans les aventures « du pauvre Robinson », parcourant de mes yeux embués cette accumulation de détails où le moindre clou devient par magie plus émouvant qu'une étreinte et plus beau qu'une fleur. Une main posée sur les pieds de Lula que je tiens réunis sous les couvertures, je lis ce poème de comptable délirant et, par moments, un sanglot vide me donne de drôles de soupirs en trémolos. Sur l'instable radeau, je fais les fameux voyages à l'épave et, tout en lisant, ma main pétrit la cheville de Lula, Lula mon radeau, ma voile et mon gouvernail… *Le lendemain je fis un autre voyage. Comme j'avais dépouillé le vaisseau de tout ce qui était d'un transport facile, je me mis après les câbles. Je coupai celui de grande trouée en morceaux proportionnés à mes forces ; et j'en amassai deux autres ainsi qu'une haussière, et tous les ferrements que je pus arracher. Alors je coupai la vergue de civadière et la vergue d'artimon, et tout ce qui pouvait me servir à faire un grand radeau, pour charger tous ces pesants objets, et je partis. Mais ma bonne chance commençait alors à m'abandonner…* Lula! Lula! *ce radeau était si lourd et tellement surchargé…* il faut que je m'essuie les yeux tant ils sont troublés par de stupides larmes… *qu'ayant donné dans la petite anse où je débarquais mes provisions, et ne pouvant pas le conduire aussi adroitement que j'avais conduit les autres, il chavira et me jeta dans l'eau avec toute ma cargaison…* Le cœur battant, je saute quelques lignes, voulant immédiatement connaître le sort de la précieuse cargaison et la suite des événements car je suis sûr qu'ils annoncent le déroulement de notre propre histoire… *quand la marée se fut retirée, je portai à terre la plupart des morceaux de câble, et quelque peu de fer, mais avec une peine infinie…* Ouf! je suis extraordinairement soulagé d'apprendre que le pauvre Robinson vient de sauver sa cargaison et, glissant ma main sous les couvertures, je la pose sur le ventre de ma petite cargaison chérie que je viens de sauver en profitant de la marée basse, et ma petite cargaison adorée murmure une phrase inintelligible qui se termine par quelque chose comme « Cyrus, mon amour » et à l'idée que ma petite cargaison naufragée puisse murmurer au milieu de sa fièvre une phrase de ce genre, je suis submergé de sanglots et, le front dans les couvertures, je pleure du fond de l'âme avec ma barbe de huit jours, mon bonnet de fourrure, mon perroquet et mon parasol en poil de chèvre.

Enfin je me relève et je me traîne encore une fois jusqu'au robinet de la cuisine sous lequel je reste un long moment la figure noyée, la bouche grande ouverte, les yeux acides.

Ensuite, j'essaie vaguement de mettre de l'ordre dans l'incroyable désordre de la cuisine, mais mes mouvements sont flous et sans conviction. J'ai une envie folle d'ouvrir la fenêtre et de balancer dans la cour jusqu'à la dernière des précieuses fourchettes récupérées à tant de frais sur le navire. Je tourne ainsi au milieu de cette pagaille infernale et, finalement dégoûté de mon désordre intérieur qui me rend incapable du moindre geste efficace, je décide à tout hasard de pisser en visant la grille en étoile, au milieu de l'évier. Tel Robinson envoyant sa première prière à Dieu, je me dis : si tu vises juste, demain matin Lula sera guérie et si tu tapes à côté... Affreux coup au cœur. Mais pas question de pisser, je suis trop contracté. J'ai beau penser à des tas de choses qui coulent... pluie sur les feuilles de châtaigniers, son paisible des petites cascades entre les fougères... ça ne vient pas. Je me dis : si tu ne pisses pas avant dix, Lula ne s'en sortira pas. Et je me mets à compter le plus sérieusement du monde aussi concentré qu'un lama. J'entends la musique fragile, tremblante et exotique des xylophones aquatiques, tsink, tsink, tsink. En lente procession, des hommes au crâne rasé, enveloppés de toges orange, s'avancent en agitant à bout de bras des crécelles et, au moment où enfin le jet frappe l'étoile de l'évier, tous les prêtres s'agenouillent et bénissent Bouddhahahahaha en tapant leurs fronts rasés sur les lichens himalayens. Et pendant qu'ils tapent leurs fronts en cadence, je me la secoue et la renguenime dans ma braguette, bénissant tous les saints d'avoir réussi à pisser à quatre, ce qui me prouve que Lula est en bonne voie de guérison. Dzim boum, je suis en train de devenir dingue.

En passant devant le miroir de l'entrée, je me fais une grimace gênée tout en esquissant de ridicules entrechats pour bien me montrer que je ne me prends pas au sérieux, mais bizarrement, d'avoir esquissé ces pas de danse comme ça, tout seul dans la petite entrée en grimaçant devant le miroir et de voir mon expression perdue et mes yeux rougis, voilà que je m'effondre en pleurs. Plié en deux, le front sur les genoux, je me gorge de mes larmes, attisant mon chagrin de toutes les plus douces réminiscences : Lula souriante. Lula en train de gambader et rire. Lula sérieuse et concentrée. Lula pensive ou au contraire faisant la petite folle. Lula Lula Lula qui sourit. Lula qui pleure. Lula qui lit. Ah ! Lula, si tu savais combien je t'aime ! À peine ai-je murmuré cette déclaration que j'entends sa voix. Elle m'appelle. Je suis tellement ému que je n'ose pas me risquer à lui répondre. Après m'être envoyé une dernière grimace dans la glace, je cours une fois encore me passer la tête sous le robinet.

De nouveau près d'elle, je glisse ma main entre les draps et je lui caresse le ventre. Elle me raconte en riant faiblement qu'elle vient de faire un rêve tellement bête qu'il était d'une drôlerie folle. Elle a rêvé de moi.

« Et tu sais ce que tu faisais ?

– Et qu'est-ce que je faisais, mon amour ? »

Lula a un long rire silencieux et, prenant ma main, elle la porte à ses lèvres. Ah ! ça ne peut pas continuer comme ça, me dis-je, pendant que de nouvelles larmes viennent me donner l'impression de regarder à travers une épaisse loupe, deux larmes d'une terrible densité. Je lève les yeux au plafond pour les empêcher de rouler et je réussis, mine de rien, à les faire tenir en équilibre sur le rebord jusqu'à ce qu'elles se résorbent. Pendant ce temps, Lula murmure, les lèvres appuyées contre ma main, et je saisis les bribes d'une vague histoire où il est question de moi. Il paraît que j'étais en train de faire la vaisselle et que je rinçais avant de laver. Quoi, des conneries qui auraient aussi bien pu arriver dans la réalité. Mais Lula trouve ça très comique et rit doucement, les lèvres sur ma main. Le cœur serré, je l'écoutais rire. C'est sûr, elle délire, me dis-je, ah ! ce n'est que trop sûr, tu n'as qu'à voir comme ses joues sont roses. Et, au même moment, une toute petite phrase d'une ronde s'est insinuée en moi : Pomme de reinette et pomme d'api… Stupide cadence d'une chanson enfantine que je déteste, mauvais relent de pension. Je la ressasse pendant que Lula continue à remuer ses lèvres contre ma main. Elle écarte une mèche de cheveux imaginaire qui semble lui revenir sans cesse sur l'œil. J'ai beau lui essuyer le front, rien à faire, il faut croire que cette mèche a un poids terrible car Lula l'écarte avec force en fronçant les sourcils. Elle se redresse et me demande par gestes une serviette éponge qui traînait sur le fauteuil. Un petit jet de bile verte et moussue s'échappe de sa bouche. Lula s'excuse et me supplie de partir, car elle a envie de vomir, elle bégaie qu'elle a honte d'être dans cet état, mais un affreux hoquet lui coupe la parole et une nouvelle fois elle rejette un peu de bile. Pomme de reinette et pomme d'api… Ah ! c'est à devenir fou… petit tapis gris, pomme de reinette et pomme d'api, petit tapis rouge, pomme de reinette et pomme d'api, tapis tapis gris ! Je cavale sur ce rythme stupide jusqu'à la cuisine et je rapporte un verre d'eau. Mais, à peine y a-t-elle trempé ses lèvres, qu'elle est secouée d'un long spasme et, écartant les couvertures et les draps, elle titube en direction des chiottes. Je veux l'aider, mais elle me repousse. Finalement, avec des précautions infinies, je conduis ma Lula grelottante jusqu'à la cuvette sur laquelle elle s'assied, le front en sueur et les yeux fiévreux. Elle a l'air affolée de me voir planté là, devant elle.

« Va-t'en ! va-t'en ! va-t'en ! »

Pomme de reinette et pomme d'api !

« Laisse-moi ! laisse-moi ! laisse-moi ! »

Tapis tapis rouge… Je ferme la porte et lui dis que je suis là, dans le couloir, et qu'il faut qu'elle m'appelle… Tapis tapis gris ! Je piétine devant le miroir de l'entrée, je piétine pendant que Lula se vide en geignant. La ronde enfantine se visse dans ma tête avec une obstination démente, chignole musicale aussi obstinée que le plus bel air de Mozart… tapis tapis gris… que je cherche désespérément à retrouver pour le substituer à cette sinistre ronde, mais pomme de reinette et pomme d'api ne veut pas céder la place… tapis tapis rouge ! Ah ! quel désespoir… tapis tapis gris ! Le bruit de la chasse vient se mêler au tourbillon et la porte s'ouvre. Lula titube et je remarque encore une fois que ses jambes sont dégoulinantes de sang. Ah ! je vais tomber dans les pommes… pommes d'api ! Je la soutiens jusqu'au lit, fardeau terriblement lourd dans mes bras… Tapis tapis gris et nous nous écroulons sur le lit défait. Nous pataugeons dans le sang, la bile, et j'ai un mal fou à allonger ma Lula qui grelotte, les jambes raidies, genoux pliés à angle droit. Enfin je m'affale contre le lit emporté dans la nuit des longs naufrages. Je me bats contre des vagues énormes. Englouti, suffoquant, je me démène sur le tapis en poussant des grognements. Je crawle, j'indienne, je brasse, je coule, mon Robinson à la main. Des montagnes d'eau me soulèvent et m'envoient valdinguer contre le sommier sur lequel tangue Lula endormie. Je m'accroche à tout ce qui passe à ma portée, tonneaux, vieux pneus, chaussures flottantes. La mer en folie secoue secoue

secoue, me secoue de plus en plus durement. De grandes mouettes rouges passent à toute vitesse, frôlent les embruns et ressortent par la fenêtre. Des pluviers, des hirondelles de mer, des albatros se posent sur ma tête et me cognent de leurs becs cornés. J'ai beau crier, me démener, faire de grands gestes vers le ciel, rien n'arrête leurs martèlements. Retenant ma respiration, je plonge sous le tapis et je nage ainsi un long moment entre deux eaux. À bout de souffle, j'émerge au pied du lit auquel je m'accroche de toutes mes forces. Je tente désespérément de prendre appui sur le sommier flottant, je m'agrippe aux jambes de Lula, impossible de faire le rétablissement. Enfin, par bonheur, une vague plus forte que les autres me soulève et me jette à côté d'elle. Avec des gestes maladroits, je me défais de mes habits et je me glisse entre les draps bouillants. Lula dort. À peine dérangée, elle soupire, referme les bras, m'enveloppe dans son sommeil. Lula ! Lula ! Elle chuchote quelques phrases incompréhensibles, pose sa joue sur mon épaule et se laisse bercer par le lourd balancement de la dégueulasse houle. Le lit est emporté d'un creux à l'autre dans de longs mouvements d'une profonde majesté. Par moments, un mur liquide se dresse et retombe. Ça chuinte sous le sommier, mais nous sommes déjà loin emportés à contre-courant. Je serre ma petite cargaison contre moi et je m'accroche de toutes mes forces à l'épave. Lula, ma petite cargaison si chaude, si vulnérable, ma petite cargaison si précieuse. Je parle tout haut, je délire. La bouche pleine de sel, je nage comme un perdu jusqu'à la plage en serrant Lula contre moi. Dans cette mer de serpillière, les jambes entortillées d'algues et de méduses, je progresse en buvant tasse sur tasse.

Les vagues jouent avec nous, nous prennent, nous poussent, nous ramènent sur le sable, nous soulèvent et nous traînent un bon moment. Je rampe en crachotant des petits poissons, je rampe en tirant Lula par les cheveux. Je titube sous le soleil vertical, obsédé par l'ombre bleue d'un tamaris. Ouf! enfin un peu de fraîcheur, brise aléoutienne, ponant de jubjub, souffles changeants qui folâtrent entre les graminées et font paraît-il tant de bien aux zépuisés des zîsles.

Je me soulève sur le coude et la contemple. Malgré l'incroyable remue-ménage, elle dort toujours. Lèvres entrouvertes, cils étalés sur ses joues, elle respire dans un monde paisible hors de ma portée. Autour de nous, les tortues, les crabes velus fouissent le sable, de lourds papillons de velours nous frôlent de leur vol flottant. On se croirait dans un rêve. Les yeux embués, je la serre contre moi, je veux la réchauffer de mon souffle, lui donner ma vie. Demain tu iras mieux, ma Lula, tu m'entends ? Demain tu n'auras plus de fièvre ! Oui, demain elle ira mieux. Je l'embrasserai sur le front et elle me sourira. Je serai ému ému comme jamais de ma vie. Reconnaissant, chaviré, je tournerai dans notre chambre sans plus savoir que faire. Sans cesse je reviendrai vers toi, vers elle, pour la palper, pour m'assurer de sa présence, ta présence. Elle voudra que je l'installe parmi les coussins. Elle fera sa toilette et, pendant qu'elle fera sa toilette, moi je continuerai à tourner dans la chambre, lui apportant au fur et à mesure sa brosse à cheveux, son miroir, tous ses petits crayons, bâtons de rouge, pinceaux, etc., et pour finir son parfum. Chaque fois qu'elle tendra la main vers moi, encore et encore je poserai des baisers sur le bout de ses doigts et elle rira, attendrie du charme ridicule de cette scène.

Le temps coulera dans le calme et la douceur.

Et puis un jour, nous partirons, nous quitterons à jamais ces mornes rivages. Nous partirons vivre loin du mouvement, du bruit et de l'agitation incessante des oiseaux de mer. Loin des pingouins, des iguanes et des phoques hurleurs. Oui, ma Lula, loin, très loin de Paris… Oui, oui, mon amour. Ses cils chatouillent ma joue et ma gorge se serre. Pulsations à l'extrême, au tout extrême d'une brindille, frémissement gris sur gris dans l'air embué où flottent à la dérive les spores cuivrés des arcanes en fleur. Leurs ailes se plient et se déplient sur un rythme de respiration. La brindille alourdie se balance, effleure une feuille de menthe, revient presque à la verticale, ploie de nouveau avec des grâces inquiétantes et soudain vibre très fort de leur brusque départ. Volettement dans l'air qui tremble. La brindille oscille, décrit des huit délicats, heurte quelques herbes, leur communique un peu de son mouvement, une impulsion imperceptible et toutes les tiges autour tremblent agitées de fantomatiques balancements. Fils de lumière, effleurement de soleil au ras de terre. Herbes, graminées tantôt courbes, tantôt droites, tantôt penchées, là, tantôt là, jamais immobiles, tiges lancées comme des passerelles sur lesquelles progressent pattes après pattes délicatement posées, retirées et reposées par saccades et légers tapotis, un couple d'insectes dont le nom doit sonner un peu comme pleubre ocelé ou phlanème ou cybrophère du rhododendron ou bien sermiante télescopique. Sorte de petits chevaliers têtus, toujours à vouloir monter plus haut, toujours et encore toujours à pointiller des cornes vers le soleil, vers la lumière, vers l'inconnu… comme ces envols agités de fourmis, lorsque le soleil effleure la colline, là, et que l'air prend une teinte rousse, que d'énormes libellules d'un bleu plastique rayé de noir vont et viennent à toute vitesse au-dessus des fourmilières grouillantes… « Tiens, regarde ces deux-là, regarde bien, attends je vais prendre une paille plus fine encore, tu vois ? Tu as vu ?… Oh ! ça, tu l'as dit, ça oui pour observer… depuis que je suis tout petit, oh ! oui, minuscule, je tenais à peine debout que j'essayais déjà d'en attraper, je leur arrachais les ailes, la tête, les pattes… »

Autour de nous, des abeilles butinent sur de grosses touffes de romarin et on entend bzzzz bzzzzz lorsqu'elles tentent de pénétrer plus profond dans les fleurs trop étroites. Bzzzz bzzz un bzzz aigu énervé…

« Mais pourquoi je te montre tout ça ? On devrait plutôt faire un peu d'ordre dans la maison, avant la nuit. Il faut que je sorte les valises du coffre. Je vais monter la voiture plus près. »

À peine avais-je ouvert les volets du rez-de-chaussée qu'une chouette s'envola et disparut dans l'épais feuillage des arbres de la terrasse. La chambre était envahie d'une quantité invraisemblable de toiles d'araignées. Elles pendaient par lourds paquets des plafonds, et les rideaux pourris étaient enrobés de ces épaisses loques. Partout des mouches mortes, des papillons, des scarabées, des guêpes desséchées. Dans tous les recoins, des chauves-souris suspendues la tête en bas fronçaient vers nous leurs museaux et agitaient avec une étonnante mobilité leurs jolies oreilles. Lula, les mains posées sur ses cheveux, ne voulait absolument pas les approcher et lorsque l'une d'elles s'envolait, nous nous sauvions dehors en riant. Dans la cuisine, je fis une très désagréable découverte. En ouvrant un placard, je trouvai un petit loir momifié coincé au fond d'un vieux bocal à confiture. Il gisait roulé en boule, sa longue queue touffue ramenée par-dessus sa tête. Enfin, en déplaçant un bout de lino, je mis à jour une trappe donnant accès à une citerne. Nos voix résonnèrent lugubrement. J'essayai de me pencher, mais Lula s'accrocha à moi comme si j'avais voulu faire un numéro de voltige tout en haut d'un gratte-ciel. J'avais beau me débattre, pas question, elle ne voulait pas me lâcher.

« Mais, ma chérie, laisse-moi juste voir. »

Lugubre écho.

« Non, non non non, je t'en supplie. »

Relugubre écho.

« Qu'est c'qu'il y a, mon chéri ?

– Quoi ? Rien ! Pourquoi ?

– Qu'est-ce qui te fait rire ?

– Oh ! je… j'étais en train… en train de… tiens écoute, pose ton livre et écoute une seconde, oh ! pas longtemps, juste une seconde… j'aimerais que tu me tapes ça… je crois que ça y est, j'ai trouvé comment les amener ici. Donc elle s'est remise de son avortement et ils finissent par foutre le camp. Ils arrivent à quitter Paris… quoi ils réalisent leur vieux rêve et on les retrouve ici en train de s'installer. Tu vois, ils entrent dans la maison et partout dans ce petit paradis, partout la mort… mais minuscule, oh ! presque rien : des mouches des papillons des guêpes, quoi, presque rien… des cadavres microscopiques et des toiles d'araignées, des chauves-souris… ah ! et aussi une chouette, quoi tu vois, tout y est. Tu te souviens, la chouette qui nichait sur le bord de la fenêtre entre le volet et les carreaux ? Bon, donc ils entrent dans cette maison et… *En ouvrant un placard, je trouvai un petit loir momifié coincé au fond d'un bocal à confiture. Il gisait roulé en boule, sa longue queue touffue ramenée par-dessus sa tête...* quoi, ça les met mal à l'aise, mais à peine... une très vague gêne et en plus ils découvrent sous la maison une citerne. Ils l'ouvrent... et ils commencent un petit ballet chaplinesque au bord du vide : *Je veux me pencher, mais Lula s'accroche à moi comme si je voulais faire un numéro de voltige tout en haut d'un gratte-ciel. J'ai beau me débattre, pas question, elle ne veut pas me lâcher.* Elle s'accroche à lui et il s'énerve un peu : mais, ma chérie, laisse-moi juste voir : "*Juste un coup d'œil, attends ! Un coup d'œil et je referme !*" Et elle : "*Non non non non !*" Et lui : "*Mais écoute, ma chérie, je ne risque rien, sois raisonnable, il faut bien que je voie s'il y a de l'eau au fond !*" »

Oh ! non non non, elle ne voulait absolument pas savoir ce qu'il y avait au fond de cette citerne. Le petit loir momifié et maintenant une citerne sous la maison, ah ! elle en était malade. L'idée que dessous il pouvait en plus y avoir de l'eau la terrorisait. Oh ! non, elle ne voulait pas savoir. Et moi je brûlais de voir. À la fin, je me suis quand même allongé à plat ventre et Lula me tenait par les pieds pendant que je me penchais. Des racines blanchâtres pendaient des voûtes. Il en sortait des murs, de partout. Végétation flasque. Dentelle d'outre-tombe.

En agitant la lampe de poche à bout de bras, je frôlai la surface de l'eau. Des racines s'enchevêtraient en paquets et flottaient mollement. Encore une bête morte, un gros lézard noyé, ventre ballonné, pattes écartées, petites mains tendues. Comment était-il venu jusque-là se noyer dans le noir ? Enfin je refermai la trappe et n'y pensai plus. Mais ce soir-là, à peine nous étions-nous mis au lit que la pluie commença à tomber accompagnée d'éclairs et de tonnerre. Lula se serrait contre moi à chaque décharge. Je la réconfortais comme je pouvais lorsque, juste au-dessous de nous, un bruit de cataracte nous fit sursauter. Pas de doute, l'eau du toit devait s'engouffrer par un tuyau et se précipiter en mugissant de toute la hauteur de la voûte dans la citerne.

« Tu entends la citerne ? »

Lula, pour toute réponse, disparaît sous les draps.

Plus la pluie redoublait, plus le bruit devenait insupportable. Ah ! il n'était pas question de subir ça comme ça. Après avoir tourné et retourné la situation dans ma tête, je ne trouvais qu'une solution : descendre dans la citerne et, une fois dans la citerne, attacher un drap au tuyau de façon que l'eau ne tombe plus de cette stupide hauteur mais glisse tout simplement le long du drap. Il fallait y penser, hein ? Lula croit se trouver mal lorsque je lui fais part de ce projet. Elle se blottit de toutes ses forces contre ma poitrine, coince ses pieds entre mes jambes et ne veut entendre parler de rien.

« Coucou Lula ! Lula ! »

Rien à faire. Les heures passent et la pluie au lieu de s'arrêter tourne au déluge. En plus un vent violent commence à secouer durement les branches qui de temps en temps frappent les volets. Et toujours ce rugissement souterrain amplifié par les voûtes visqueuses.

Je sens les lèvres de Lula sur ma poitrine, sa respiration fait un petit rond brûlant à hauteur de mon cœur.

« Lula, ma chérie, tu m'entends ? »

Pour toute réponse, elle bouge un peu les pieds entre mes jambes et ses genoux s'enfoncent dans mon estomac.

« Il faut que je descende dans cette citerne ! »

Lula pousse un gémissement d'horreur.

« Il faut que j'y aille, Lula, tu entends ? »

J'allume fébrilement toutes les bougies. Lula, la tête sous les draps, ne veut rien savoir. J'ouvre la trappe. Le bruit aussitôt devient ahurissant. Je plonge le, bras et à la lueur de la lampe électrique j'arrache toutes les racines que je peux. Elles sont pleines de gouttelettes qui scintillent. L'eau est recouverte de bulles brunâtres et j'aperçois le lézard qui flotte. Je me dis : « Mon vieux, avant de descendre là-dedans, il faut que tu sondes. – Bien sûr il faut que je sonde, mais avec quoi ? – Avec une ficelle, bien sûr ! » Je me souviens que dans le coffre de la voiture il doit y avoir une vieille corde. À peine suis-je de retour que Lula me saute dessus et s'accroche à moi. Elle ne veut plus me lâcher. J'ai beau la raisonner, pas question ! Tout ce qu'elle trouve à me dire, c'est : « Chéri ! chéri ! chéri ! chéri ! » Nous sursautons à chaque éclair et finissons par nous effondrer sur le lit gagnés par un fou rire nerveux.

Elle gémit :

« Jure-moi de ne pas descendre, jure-moi ! Ah ! s'il t'arrivait quelque chose… Loin de tout… avec toutes ces bougies. »

Elle est agitée d'un grand frisson. Je lui jure tout ce qu'elle veut en me promettant intérieurement de descendre tout à l'heure. Au même moment, un éclair fantastique nous fait bondir. La foudre a dû frapper un châtaignier tout près de la maison. J'ai une envie folle d'aller voir, mais Lula s'attache à moi avec un tel désespoir que je suis obligé de me recoucher sous les draps où nous restons ainsi étroitement enlacés à écouter le vent, la pluie, les branches qui claquent contre la façade, le tonnerre et surtout ces mugissements dégueulasses dans la citerne.

« Ah ça ne peut pas durer comme ça, ce bruit de cascade me rend dingue ! »

Et je saute hors du lit, bien décidé cette fois-ci à descendre directement dans le trou. Je sors dans la tourmente chercher une chaise de jardin. J'attache la corde au dossier.

« Ha ha ! chaise en fer pour qu'elle ne flotte pas ! »

Et je descends la chaise dans la citerne. En un rien de temps elle a disparu au milieu des bulles et des racines. Elle coule tranquillement et il me semble sentir la corde mollir : la chaise a dû toucher le fond. Je tire, je laisse de nouveau du mou, je tire encore un peu, pas d'erreur, la chaise doit être debout au fond de l'eau. Je me dis : Parfait, tout va pour le mieux, un mètre vingt de flotte tout au plus. Il suffit maintenant de te laisser glisser et de prendre adroitement appui sur le dossier.

« Lula ! »

Pas question qu'elle me réponde. Un petit tas sous les draps. Elle ne bouge pas. Si, tout juste un minuscule mouvement du cul et des épaules pour montrer sa totale, sa profonde désapprobation.

« Bon, très bien, tant pis, tu l'auras voulu. »

Avec un vieux lacet, j'attache autour de mon cou la lampe électrique et j'enfile un blue-jean. Ça sera moins désagréable que jambes nues dans les racines. Bon, maintenant, un drap. Ensuite je coupe un bout de ficelle que je noue autour de ma taille. Ça, c'est pour fixer le drap au tuyau. Quand je serai à pied d'œuvre, je n'aurai qu'à la dénouer. Parfait ! Bon, maintenant il faut que j'attache le bout de la corde qui tient la chaise. Je l'attache, je l'attache… au pied du lit, c'est ça !

J'allume la lampe de poche et je m'assieds au bord du trou, les jambes pendantes. Au même moment, Lula qui devait m'observer mine de rien, Lula jaillit hors du lit et d'un bond se précipite sur moi. Elle me jure qu'elle me déteste d'être si têtu.

« Ah, ça va Lula ! »

Et sans attendre je me laisse glisser dans l'infecte citerne. Le bruit m'assourdit. Suspendu à la corde, j'agite les jambes dans les racines et lentement je m'enfonce. Pas de chaise. J'ai beau faire le grand écart dans l'eau, pas de chaise, pas de chaise ! Je hurle dans le vacarme :

« Lula tu m'entends ? »

Elle est là penchée au-dessus de moi, muette.

« Tiens bien la corde ! »

Ma voix amplifiée roule, c'est à croire que mes tympans vont éclater.

« Tire, tire sur la cooooooorde ! »

Et youp, voilà que je glisse. J'ai tout juste le temps de lever la lampe au-dessus de ma tête et je me retrouve dans l'eau jusqu'au menton. Je tâte autour de moi à la recherche de la chaise. Introuvable. Heureusement Lula tire sur la corde et je vois le dossier émerger devant moi. Bon, tout va pour le mieux. Tenant la chaise d'une main et la lampe de l'autre, je me fraie lentement un chemin entre les racines qui pendouillent en franges humides. Enfin j'aperçois le jet. Il coule bien droit de la voûte. Je pose la chaise et je grimpe dessus en équilibre. Je constate avec soulagement qu'un bout de tuyau dépasse d'une bonne largeur de main. Épatant ! Je reviens vers l'ouverture au-dessus de laquelle Lula se penche anxieuse.

« Envoie le drap, ma chérie ! Tu peux envoyer le draaap, y a un bout de tuyau ! »

Aussitôt le drap tombe. Je retourne au fond de la citerne avec le drap et je retrouve la chaise sur laquelle je me hisse en vacillant. Avec beaucoup de difficultés, je finis par réussir à entortiller le drap autour du tuyau et… c'est le Silence. Silence délicieux. Exactement comme prévu, l'eau coule le long du drap. Glouglous joyeux. Charmant bruit musical.

« Ouf! »

Un vrai coup de canon. Les voûtes répercutent mon ouf avec une violence inouïe. Je chuchote un deuxième ouf et j'entends la voix de Lula en surface, une toute petite voix perdue qui supplie:

« Remonte, remonte, remonte! »

Remonter, remonter, pas si facile que ça! Je pose ma chaise sous la trappe et je commence à me hisser. Je me dis: « Encore une dernière chance de te casser la gueule, tu peux encore déraper, glisser, t'enfoncer sous l'eau et ne plus jamais réapparaître. » Mais non, tout se passe pour le mieux. Je me hisse sur le dossier. La corde tient. À peine suis-je à moitié hors de la trappe que Lula, impatiente de me sortir du trou, se jette sur moi et me ceinture avec énergie. Ah! cette fois-ci, j'ai bien cru que la catastrophe allait arriver. Elle me tient si étroitement serré que je ne peux plus bouger. Impossibilité absolue de faire le rétablissement. J'ai beau me débattre et hurler à Lula de me lâcher, pas question, elle s'agrippe à moi comme à une bouée. À la fin, d'un coup de reins désespéré je réussis quand même à faire passer une jambe. Subitement déséquilibré je retombe en arrière et me heurte le dos au rebord du trou. Enfin, je me retrouve à quatre pattes sur le carreau, pendant que Lula s'affaire autour de moi avec une serviette et m'aide à enlever mon blue-jean trempé.

Après avoir récupéré la chaise et soigneusement refermé la trappe, nous nous sommes enfoncés avec volupté dans le lit chaud et longtemps, dans le noir, nous avons ri comme des gosses. Serrés l'un contre l'autre, noyés de bien-être, nous nous sommes finalement endormis, pendant que, dehors, la tempête secouait notre maison perdue, notre minuscule maisonnette oubliée, loin, loin dans son heureux vallon, loin, loin, très loin de tout...

« Donc comme ça, ils s'installent dans cette maison. Lorsqu'il pleut, la citerne ne fait plus de bruit, le reste du temps le ciel est bleu. La vie est belle, douce, paisible. Oh ! rien n'est définitif. Ils vivent en équilibre sur le présent. Ni hier, ni lendemain. Deux espèces d'oiseaux pas pressés, jamais pressés, surtout pas pressés. De temps en temps ils font une virée à Cannes ou à Nice. Ils vont au cinéma... et là, ils s'aperçoivent que le cinéma, ils ne peuvent plus. Ils sortent au bout d'un quart d'heure. Eux qui, à Paris, allaient tout le temps au... ils... ils s'aperçoivent qu'ils n'ont plus besoin de... Ils sont tout simplement en train d'inventer leur vie. Ils improvisent. Ça te fait rire ? Pourquoi ça te fait rire ?

– Comme ça... et alors ?

– Alors ?... Alors je pourrais finir leur histoire comme un conte. Je pourrais dire : Ils vécurent heureux et ils n'eurent surtout pas d'enfants. Quoi, tu vois, quelque chose dans ce genre-là... Mais le temps passe dans la paix et... et en vivant comme ça ils s'aperçoivent peu à peu qu'à cause du décalage sans doute, du recul, tout prend un relief différent. Ils croient s'être retirés du monde et, au contraire, le monde vu de ce nouvel angle leur paraît encore plus inadmissible tel qu'il est. Toute cette falsification leur est de plus en plus insupportable. Fausse monnaie partout en cours. Les mots intervertis, détournés de leur vrai sens. Le langage de plus en plus tordu, louche. Cadavre putréfié sous les fleurs entrelacées. Les protestations et les actes, toujours en éternelle contradiction. Ceci à tous les niveaux. Le même jeu dans cette Provence colonisée par les lotisseurs qu'à l'ONU. Les mêmes tensions en germe. À Paris, on proteste contre tout ce qu'on voudra, mais on humilie son maçon, ici, dans le « secondaire ». On est pour l'abolition des classes, bien sûr, mais on rétablit comme on peut les fameux rapports du maître au manant… Mais je t'empêche de lire, ma chérie. Qu'est-ce que tu en penses ? C'est étonnant, non ? Tu en es quand il a l'accident de voiture en revenant du parc d'attractions ?

– Non, pas encore. Mais ne me dis rien.

– Ah ! tu vas voir… Tu en es où ?

– Quand il voit la femme dans le…

– Ah formidable ! Je te laisse, je ne te dérange plus. Tu me tiens au courant, hein ? Tu me diras quand tu en seras au moment où il ouvre le réfri…

– Dis rien, ne me dis rien !

– Je ne te dis rien, mais quand tu auras lu le coup de la lettre dans le ré…

– Oh dis rien, dis rien !

– … réfrigérateur. Je ne dis plus rien, mais tu vois… c'est exactement ce que j'aurais aimé faire. Tu verras, c'est une idée d'une beauté extraordinaire, d'une poésie… On croit lire une anecdote, un petit événement de rien et il vous embarque en quelques pages d'une anecdote dans une contre-anecdote, les choses s'annulent, mais elles ont été dites, il en reste juste ce qu'il faut. Tu vois, l'histoire de la citerne, cette pitrerie à deux sous, eh bien je… oui, je devrais écrire sa contre-anecdote… comment par exemple ils ont manqué foutre le feu à la maison… ou quelque chose dans ce genre-là… quand je cavalais sur le toit et que toi tu essayais de jeter la couverture, que je n'arrivais pas à l'attraper et que j'ai manqué me casser la gueule dans la glycine… et le lendemain quand je suis remonté sur le toit pour voir si je n'avais pas trop déplacé de tuiles et que…

– Et que tu es passé au travers…

– Oui… pas croyable ! Eh bien, tu vois, c'est ça, j'aimerais caser plein de petites histoires stupides dans le genre du type qui veut planter un clou et qui finit par démolir la maison. »

Oui, j'aimerais montrer qu'à la campagne il y a toujours des emmerdements. Que les maisons, c'est con. Non seulement il faut trouver le fric pour les payer mais, en plus, il y a le feu, ou c'est un mur qui s'écroule, ou c'est le toit, sans parler des catastrophes en chaîne, la pluie, le gel, le vent, les arpenteurs, les Parisiens, les personnalités, les marchands de terrain, les touristes, les travaux des autres, les marteaux-piqueurs des banquiers qui font des lotissements dans le genre de ce qui se passe à Tirassol… quand je pense qu'il a été jusqu'à faire sauter les roches plates au bord du ruisseau pour avoir des pierres sur place pour construire ses chalets style paysan. J'aimerais montrer que tout bouge autour d'eux, que tout change. Les bulldozers en travail, les immenses saignées dans les collines, ces plates-formes dégagées à coups de dynamite, les arbres millénaires abattus en un clin d'œil. Et le bruit des compresseurs, des pelles mécaniques, des bennes, des bétonneuses, des perforeuses. Ah ! c'est fou ce qu'ils sont tenaillés par le besoin d'activité, tous ces gens soi-disant en vacances, combien ils sont friands d'emmerdements... Et pendant ce temps, eux deux, ils se savent en sursis dans leur vallon miraculeusement préservé... un très fragile présent... sans projets... au jour le jour... heureux... Oui, je devrais décrire tout ça, ce que je vois d'ici, de ma table... Comment elle est là, étendue sur le divan parmi les coussins, les fourrures, les étoffes chamarrées, avec tous ces tableaux autour d'elle, ces livres. La cheminée, le feu et les braises. Le tapis aux fleurs insensées, toute cette folie rouge et or... et les murs qui s'écaillent, parce qu'ils sont flemmards, qu'ils se laissent vivre. Je décrirais ces soirées. Lui en train d'écrire, de dessiner, et elle, elle là, calme, belle... et les lampes à pétrole, toutes ces lampes autour d'elle, ces lampes orangées dont les longs verres répandent une lumière sourde, sourdement intense... quoi une ambiance d'une étrange sensualité. Sur ce divan encombré de fourrures, de coussins compliqués, une femme allongée en train de lire, de rêver. Toi ! oui, ma Lula, toi, une femme au visage émouvant, posé sur un cou mouvant, gracieux, long, blanc... une femme pour laquelle lui, il ressent un immense amour, une reconnaissance... un... une passion... un... une... quoi l'émotion. Voilà ce qu'il faudrait trans... oui, cette étrange émotion qu'il ressent à la contempler dans cette lumière, le chat sur ses genoux, le chien par terre couché...

Et il penserait à ce qu'il serait devenu sans elle... à ce qu'elle aurait pu être sans lui, et il lui lirait amusé ce que le hasard aurait mêlé sur sa table...

NICE-MATIN

Tucson (Arizona) Earl L. Francis, 33 ans, ancien employé de bureau, individualiste acharné qui méprisait la mécanisation, l'automation et la régimentation de la vie moderne, a préféré se donner la mort plutôt que de se plier une nouvelle fois aux exigences de la société.

« Je ne travaillerai plus jamais pendant huit heures par jour, six jours par semaine », avait-il déclaré en 1964 en quittant la ville de Washington afin d'aller s'isoler dans l'immensité de l'Arizona.

Non ! moi je ne peux pas
C'est plus fort que moi
Non ! non ! non ! non !
Me tirer du pageot
Moi me lever tôt
Prendre le métro
Non ! non ! non ! non !
Ça je ne peux pas
Et toi ?
Moi je suis comme ça.
Je ne sais pas pourquoi
Non ! non ! non ! non !
Restons au pageot
Au chaud
Toi et moi
Non ! non ! non ! non !
Ça je ne peux pas
Et toi ?

Paris – Parce qu'elle avait appris que ses jours étaient comptés Josette Guyot secrétaire de 24 ans avait, il y a six mois, quitté mari et enfants pour tenter l'aventure. C'est ainsi que cette jolie femme sage, qui s'écroula de douleur en apprenant qu'elle était atteinte d'un fibrome cancéreux inopérable, quitta le foyer où elle était heureuse à Vitry-sur-Seine. Avide d'aventures, elle court les cafés, les hommes, émet treize chèques sans provision pour s'acheter jupons, guêpière, parfum, fourrure, bijoux. Dans un café, rue du Château-Rouge, elle rencontre un routier, homme rude et bon. Elle ne le quitte plus. « Je suis une aventurière », lui dit-elle sans rien dévoiler de son passé, et, à bord du poids lourd Josette sillonne la France…

Moi ?
Moi je suis comme toi
Moi je te quitte pas
Si tu restes là
Moi j'reste avec toi
Oui ! oui ! oui !
Si tu ne veux pas
Prendre le métro
On le prendra pas
Non !

… Francis choisit un lieu idéal pour se construire une chaumière, un des sommets des monts Catalina, à 1 600 mètres d'altitude, où il aurait enfin la paix. Il hala tous ses matériaux tout seul pendant un an le long des sentiers sauvages et termina enfin son labeur.

Il s'apprêtait à goûter le repos en lisant, en méditant et en faisant de la peinture, quand les autorités l'avisèrent qu'il s'était installé dans un endroit faisant partie d'un parc national et qu'il lui faudrait évacuer les lieux.

Francis avait perdu encore une fois. Complètement démoralisé, il s'est assis mardi sur une caisse de dynamite, a mis le feu à une mèche et s'est calmement fait sauter.

Non ! moi je ne peux pas
C'est plus fort que moi
Non ! non ! non ! non !
Me parle pas de ça
Chaque fois que je prends
L'métro
Le matin
Trop tôt

Chaque fois c'est comme ça
Toujours comme ça
Paf!
Toujours trop tôt
Non! trop d'monde
Non!
Je sais pas pourquoi
Trop d'monde sur le quai
Paf!
Sous l'métro
Un d'moins
De l'air!

Le feu fait bouger les ombres, et les lampes à pétrole éclairent doucement son visage.

Je reste un long moment à la contempler. Tant de calme, tant de douceur m'émeuvent. Comment décrire tout ça? Comment fixer tout ça?... Comment dire tout ce que je ressens à la regarder là, comme ça, étendue en train de lire? Je mordille mon stylo en clignant des yeux. Et tout à coup, je me sens très ému d'être là avec elle, seuls tous les deux et la nuit partout autour... Lula, ma Lula aux lèvres gonflées... gonflées comme... Sur sa joue, l'ombre de ses cils qui s'allonge striée comme... comme... l'ombre de ses cils qui s'allonge et vacille dans... dans quoi? dans cet éclairage mouvant. Oui, c'est ça, éclairage mouvant... Lula dont la peau claire contraste si étrangement avec... avec... avec tous ces éclats noirs qui la traversent, toutes ces ombres, ombres ombres ombres qui la traversent l'éclaboussent la morcellent. Oui, c'est exactement ça. De là où je suis, avec ses cheveux, ses cheveux... ses lourds cheveux... exact! lourds cheveux... En clignant des yeux comme ça, oui comme ça... tache lumineuse... présence sensuelle, gonflée de… de… les lèvres le cou le nez et presque rien du front à cause de la mèche… lourde… oui, lourde mèche, très lourde mèche de ses cheveux qui retombe sur l'œil. L'œil… l'œil, non, paupière d'abord, c'est ça, paupière très bombée… bombée… comme… non, plus bombée que… non ça ne va pas, paupière pareille à… non, l'œil baissé avec revenant par-dessus, la paupière… c'est presque ça… Grands yeux avec paupières par-dessus et cils étalés sur la joue, très étalés à cause de l'illusion des ombres ombres ombres et la mèche, la lourde mèche qui revient sur ses grands yeux aux paupières baissées… Ah ! la la, je tourne en rond. Et si je commençais plutôt par ses pieds… c'est ça, épatant. Les pieds c'est plus facile et combien révélateur. Les pieds de Lula sont… pas du tout comme les miens. Moi, mes pieds ont des orteils plantés d'une façon assez comique. Le pouce le doigt numéro deux le trois le quatre et le cinq très mobiles les uns par rapport aux autres. Par exemple, je peux saisir avec mes doigts de pied une pierre très facilement ou n'importe quel projectile… Lula, non, parce que ses pieds sont classiques et ses doigts de pied bien rangés les uns à côté des autres. C'est toujours ce que je lui dis sur la plage quand elle essaie de faire comme moi… parce que, sur la plage, je lance des pierres avec mes pieds à Maki-chien. C'est pratique en pique-nique, comme ça je peux continuer à bouffer tout en amusant mon chien qui est un vrai emmerdeur à toujours quémander des pierres. Donc voilà pour les pieds de Lula. Passons maintenant à ses jambes. J'ai déjà dit qu'elles étaient infinies. C'est le danger de toute description, de taper un peu fort. Disons qu'elles sont longues, très…

J'adore ses jambes. C'est pour ça que j'aime marcher derrière elle, chose qui n'arrive que lorsque nous nous baladons avec des amis, parce que sans ça, on marche plutôt l'un près de l'autre. C'est un peu dangereux à cause de Maki-chien parce que, quand je lui lance des pierres, il fonce à toute vitesse et essaie à tous les coups de passer entre nous deux. Comme il est très gros, c'est un peu risqué. Voilà pour ses jambes. Maintenant un mot du buste et je crois que le portrait sera parfaitement ressemblant. Les seins de Lula sont… « en fleur ». Quand nous allons pique-niquer au bord de la mer, elle se balade toujours la poitrine nue parce que là où nous allons il n'y a jamais personne. Mais je tremble que des flics rappliquent. Ce n'est pas pour la contravention… c'est l'idée que… quoi, des flics lorgnent avec leurs képis et tout ça… leurs revolvers… Chaque fois que je lui dis, ça la fait rire. Bon. Mais c'est en voiture qu'elle est la plus mignonne. Il faut dire que notre voiture… qui ne l'a pas vue ne peut pas comprendre. Une vraie bagnole de romanos. Elle est immense avec des banquettes énormes. Lula se met toujours dans le coin en s'asseyant sur ses jambes repliées. Quand nous allons à Cannes, j'en ai des bouffées de joie de la sentir là, près de moi. Je tends la main et lui caresse le genou, oui, j'adore la sentir là, près de moi, calme… son profil contre le paysage qui bouge de la lumière à l'ombre, de la lumière à l'ombre, de la lumière à l'ombre avec une douce régularité.

Tout à l'heure nous serons à Cannes.

Antoine nous attend à déjeuner. J'ai faim. Je bâille plusieurs fois et Lula bâille par contagion.

Quelle idée ils ont eue d'arriver comme ça en pleine nuit.

« Tu ne trouves pas qu'elle sent à nouveau l'essence ? »

Lula renifle.

« Nnnnon. »

C'est que j'ai une trouille terrible avec cette Mercury. Sans raison, de temps en temps, le carburateur se détraque et des flots d'essence débordent dans le moteur. À quoi pensais-je ? Ah oui ! Yak, Yak qui a rappliqué comme ça au milieu de la nuit pour nous présenter sa nouvelle femme. Mille kilomètres pour tomber chez nous en pleine nuit.

La poitrine nue sous sa chemise nouée avec négligence, en blue-jeans, chaussée de baskets, elle n'arrêtait pas de rire pendant que Yak nous racontait comment il l'avait rencontrée à peine quinze jours avant et lui avait proposé à la rigolade de se marier. « Et tu te rends compte qu'elle a accepté ? » Son rire en cascade. Yak rit en parlant. Je ne connais rien de plus exaspérant en général que les gens qui rient en parlant mais, chez Yak, cette jubilation si difficilement contenue ajoute à tout ce qu'il dit une musique particulière. « Regarde cette merveille. Avoue, Cyrus, que tu ne t'attendais pas à me voir débarquer avec une beauté pareille. » Elle, pendant ce temps, étirait ses longues jambes terminées par des baskets bleus à rustines rouges. « Sans blague, c'est ma femme, vous avez pas l'air de me croire. » Elle étirait ses longues jambes jusqu'au milieu de la pièce et levait les bras en bâillant, ce qui faisait pointer sa jeune poitrine sous la chemise d'homme nouée au-dessus du nombril. – « Mais Yak, crois-moi, on te croit. » Elle prenait cigarette sur cigarette dans une pochette à soufflets qui se gonflait sur sa manche, et rejetait des flots de fumée par le nez. Il avait l'air déçu qu'on le croie si facilement. Au fond, il aurait souhaité qu'on lui dise : « Pas possible ! Une beauté pareille amoureuse de toi, avec ta gueule et tes gros sourcils broussailleux ? » Voilà le genre d'exclamation qu'il attendait. Mais non, nous étions là, parfaitement d'accord. Nous leur donnions notre bénédiction, et ça semblait le contrarier. Il faut dire que nous tombions de sommeil. Lula frissonnait sous son léger peignoir. Oui, il était évident que Yak n'en était pas encore revenu d'avoir levé une jeunesse pareille. À peine sortis de la mairie, il l'avait embarquée dans sa vieille Volkswagen. Pied au plancher, ils avaient sillonné la France en faisant la tournée des anciens amis, et chaque fois il avait été déçu de recevoir une approbation enthousiaste. Il avait beau répéter : « Sans blague, mariés à la mairie avec livret de famille et tout. » Il avait beau rigoler comme s'il avait joué un tour à l'univers entier en épousant cette liane en baskets à rustines rouges, il avait beau relever son T-shirt pour nous montrer sa brioche et pencher sa tête ronde jusqu'à toucher ses genoux pour qu'on s'assure que la calvitie dont il parlait était réelle, nous nous acharnions à trouver leur union parfaitement assortie. Faire mille kilomètres pour s'entendre dire que tout est pour le mieux : extrêmement décevant. Il faut dire que nous étions déjà couchés. Et voilà que, dans ce pâteux silence, dans cette tranquille douceur, voilà que le rugissement de la Volkswagen débouchant en bas de notre chemin nous avait fait bondir.

Le cœur battant, je m'étais posté derrière les volets. En effet, une bagnole était en train de prendre le tournant en bas de notre chemin. Ses phares accrochèrent pendant quelques secondes la cime des pins et soudain éclairèrent en plein. Aussitôt j'avais armé le fusil et murmuré à Lula d'éteindre en vitesse toutes les lampes. Lula fouille dans son sac et en sort sa brosse à cheveux. Agenouillée sur la vaste banquette, elle tourne le rétroviseur et commence à se recoiffer. Nous approchons de Cannes. Bientôt le péage de l'autoroute. J'ai faim. Il est midi. Nous bâillons tous les deux.

« La carte perforée, ma chérie, et la monnaie. »

Lula avait donc soufflé les lampes et s'était postée à côté de moi. Dans le noir je tendais l'oreille, les poils du dos hérissés de peur car maintenant, mêlés au rugissement du moteur qui peinait en première dans les trous et les bosses de notre chemin, nous parvenaient des cris et des rires effrayants. D'une voix tremblante, j'avais chuchoté à Lula : « C'est des… des… des tyyypes soûls, ma chéché-chérie. » Et j'avais introduit le canon du fusil entre deux lames des persiennes. L'idée d'être là, comme ça, isolés en plein bois, avec des types soûls dans une vieille voiture, des types qui en plus se mettent à klaxonner et à faire des tas de trucs terrifiants avec leurs phares… Lula se penche et me regarde en souriant. Le bras levé, elle replace le rétroviseur. Je vois son aisselle. Je murmure :

« Quoi, mon amour ?

– Rien, je te demandais si le rétroviseur ça va comme ça ?

– Tu crois qu'ils se soûlent ? Oui, ça va. »

Lula reste un moment pensive.

« Tu crois ?

– Je ne sais, je te demande…

– Et toi, tu crois ?

– J'sais pas ! »

Nous arrivons au péage du Cannet. Lula me passe la carte perforée et le fric. Ce con d'employé, au lieu de se dépêcher d'encaisser, discute une seconde de trop avec le flic et… voilà ! il fallait s'y attendre : carburateur noyé. Plus je m'énerve sur le démarreur ; plus ça pue l'essence. Le flic s'avance d'un air réjoui et renifle au-dessus de l'immense capot. Les mains dans le dos, il se balance sur ses godasses : « Alors ? » Je fais un geste navré : « Noyée. » J'en ai mal aux doigts de tripoter le démarreur. Lula me supplie d'arrêter. C'est qu'on risque de flamber. Tous les garagistes nous l'ont dit. Et ce flic de con qui nous fait signe de dégager. Comme si ça pouvait avancer tout seul un monument pareil. Ah ! je suis complètement démoralisé. Et, c'est sûr, il va nous demander les papiers. C'est pas qu'ils ne soient pas en règle, mais j'ai horreur de montrer mes papiers. Ça me fout par terre pour la journée entière, angoisse bizarre qui me poursuit des heures et des heures. Qu'un type en uniforme, comme ça... quoi des conneries, avec ses gros doigts...

Finalement, ils se sont mis à cinq pour nous pousser jusqu'au parking. Et nous voilà entourés par deux motards, trois flics en uniforme et, pour faire bonne mesure, un flic en civil rapplique du bureau du péage. Le visage et le cou inondés de sueur, je sors dans le soleil et soulève sans un mot le couvercle de la monstrueuse Mercury. Tous les flics s'agglutinent autour du moteur haï. Ah, là ! ils se régalent. Ils hument, tapotent de l'ongle le carburateur (d'où coule goutte à goutte l'essence rose), crachent sur le goudron, se grattent le crâne, se dandinent en lorgnant Lula restée derrière la grosse bulle pleine de papillons morts. Et l'essence coule par tous les clapets. Ah quelle misère ! Quand je pense qu'on a été acheter au rabais cette énorme Mercury pour ne pas avoir d'ennuis ! Le vendeur, dans son terrain vague, nous avait dit : « Elle vous enterrera pour ce qui est de la solidité. Increvables, ces machins-là. Mou, mais increvable. » Ça nous avait décidés. Elle vous enterrera. Petite phrase que nous nous lancions en riant au bord de la route pendant les innombrables pannes. Ha ha, mou, mais increvable !

En tout cas, pour l'instant, la voilà bel et bien noyée, entourée de flics, Lula dedans et moi les mains sur les hanches sous le soleil vertical. Bruit de moteur. Encore un motard. Il bascule son engin sur béquille et, le casque sous le bras, il s'éponge le cou avec son mouchoir. Sous ce soleil dingue, ça fait :

3 motards
3 flics en unif.
1 flic en civil
1 employé du péage
et moi

9 personnes autour de la voiture dont 8 en train de renifler, vérifier si les feux sont bien à leur place, si les numéros concordent de l'avant à l'arrière etc. Mais, ce qui épate le plus tous ces gens si bien intentionnés, c'est la peinture. Car nous avions repeint ce wagon, Lula et moi, en noir, à la peinture alwyxidro-quelque chose-oxydrique, en un temps record et à la main (dix heures-midi), dehors au soleil, derrière la maison. Il faut dire que lorsque nous avions acheté cette Mercury elle était superbement bleue, tellement superbement bleue avec sa capote blanche que nous n'avions eu de cesse qu'elle ne soit devenue noire. L'ennui, c'est que nous avions décidé d'effectuer cette délicate opération nous-mêmes au pinceau. Et, l'erreur n° 2, c'était de nous être installés au soleil pour exécuter ce travail. La peinture séchait à une telle vitesse que nos pinceaux restaient collés à la carrosserie. C'est pour ça qu'un peu partout des poils lui sortent du capot et des portières. Tout ça pour expliquer l'étonnement des flics. Jamais vu une voiture poilue. Un des flics, genre beau gosse du Midi, s'accoude à la portière et, d'une voix de velours, demande à Lula si elle serait pas chanteuse par hasard (Quelle idée !) à la télé. Lula a beau

jurer que jamais elle n'a chanté et jamais jamais passé à la télé, il ne veut pas la croire. « Alors artiste de cinéma ? » Artiste ? Oh non ! Alors, fait le Corse d'une voix de plus en plus veloutée : « Vous auriez dû. »

Énervé, je m'assieds dans la voiture. J'appuie sur le démarreur. La Mercury tousse et, miracle, le moteur repart. Youpi ! Nous prenons congé du tas de flics et la voiture plonge joyeusement vers Cannes, ville lumineuse, arc tremblant tendu devant la mer. Au large, les îles vertes et charnues. Un peu à droite, les bateaux noirs aux mâts pavoisés de l'escadre américaine. Des hélicoptères et de petits avions biplans survolent les superstructures d'un porte-avions. Des quantités de vedettes font le va-et-vient, laissant derrière elles de longues traînées blanches.

Cannes. Vitesse limitée. Pas de klaxon. Stationnement absolument interdit partout. Bienvenue dans la perle de la Côte d'Azur. Ralentir clignotant. Feu rouge et Youp ! au vert. Envie de pisser. Palmiers démesurés par-dessus les maisons genre pâtisserie. Mniam mniam, on va bien bouffer. Qu'est-ce qu'il y a comme marins américains ! Parking complet. Lula s'étire. Ici une porte cochère. Tiens de bien grands titres dans les journaux, je ralentis. T'as lu Lula ? Quoi ? Posés sur Vénus ? T'es sûre d'avoir bien lu ?... les Russes ? Comique. Il va à gauche ou à droite, ce con-là ? Ah quel ciel ! La mer est bleue bleue. Les palmiers et là-bas l'Esterel dans une buée presque mauve. Ah ! mon amour, je t'adore, tu vois, si je te connaissais pas je t'enverrais des cartes postales.

Nous délirons de joie et d'impatience à l'idée du bon gueuleton qui nous attend chez notre vieux copain Antoine.

Comme nous, Antoine a déserté Paris. Depuis cinq ou six ans, il vit dans un vieil appartement qui lui sert d'atelier, situé un peu après le vieux port de Cannes, juste au départ de l'immense courbe de sable qui se perd vers l'Esterel. Ses fenêtres s'ouvrent à hauteur des têtes en perpétuel balancement de deux palmiers dont les grappes orange tranchent cruellement sur la mer très bleue. De son balcon, on domine la mer, le ciel, les îles, d'immenses couchants vers la droite, à gauche le levant, en toute saison une lumière d'une beauté telle que chaque fois que nous arrivons nous en restons saisis.

Nous allons nous accouder au-dessus du vide à côté de Tony pendant qu'Antoine s'affaire dans la cuisine, et nous regardons la mer en clignant des yeux dans le soleil. La mer, la mer qui se confond avec le ciel et semble s'arrondir par-dessus nos têtes et nous recouvrir, la mer moirée de méandres, de courants clairs et de taches, la mer parfaitement polie, à peine parcourue par quelques risées grumeleuses, la mer irréelle sur laquelle pèsent les immenses bateaux noirs de l'escadre américaine. Au-dessous de nous sur la plage bordée par la route scintillante de chromes en mouvement, quelques marins américains poussent des cris d'animaux et font des signes à une femme qui passe avec son chien. Le chien pisse et aussitôt l'un d'eux se met à quatre pattes et lève la jambe en rigolant très fort. Ses cris montent jusqu'à nous comme tamisés. Il ne reste que les aigus. Piaillements vite absorbés par le bleu intense de la mer qui, vue d'où nous sommes, paraît verticale. De grandes traînées blanches laissées par les vedettes relient la terre aux bateaux hérissés de canons, de grandes barres d'eau émulsée sur lesquelles dansent plein de petits voiliers. Un avion jaune canari rase les bateaux de guerre et, très haut, une Caravelle plonge vers l'aéroport de Nice. Des Solex lancés à toute allure nous scient en plein cœur. Je serre Lula contre moi. Ah que je suis heureux ! Ses cheveux me chatouillent les lèvres. Sur la plage, les marins américains sifflent comme des perroquets sans pour cela émouvoir les mouettes aux grandes ailes étendues qui glissent entre les palmes noires. Je fais remarquer à Lula que leurs pattes crispées sur leurs ventres sont exactement de la couleur des grappes avortées des vieux palmiers. Corail.

Maintenant, Lula essaie de raconter en anglais à Tony la panne de tout à l'heure. Il rit et de la fumée lui sort de la bouche. Elle fait le compte des flics. Il grimace.

« Tu avaye entendiou Antoine combien de flics ? Houit ! Terrrrrrrible ! moi je saurais été morte sur place. »

Antoine passe la tête par la porte et crie qu'il n'entend rien parce qu'il est en train de faire frire des croûtons et des lardons pour la salade. Des croûtons et des lardons pour la salade ? Formidable ! Pissenlits ! La vie est belle ! On s'entasse dans la minuscule cuisine. Tony entrouvre le Frigidaire en roulant ses ravissants yeux de poupée et nous montre les crevettes roses (j'adore les crevettes roses) qui attendent au frais. Leurs carapaces sont légèrement embuées. Urgent de mettre le couvert. Tony et moi commençons le ballet de la cuisine au balcon pendant que Lula, restée avec Antoine, lave les pissenlits sous un mince filet d'eau, tout en parlant des uns et des autres. Ainsi, avant de m'envoler dans le bleu pour déposer assiettes et couverts sur la nappe, j'apprends que, par exemple, Nina a fait une fausse-couche et que Didi a eu un enfant de je ne sais combien de kilos en Italie. Lorsque je reviens chercher les verres, Lula et Antoine ont déjà sauté de dix ans en arrière et évoquent avec nostalgie l'époque bénie où la grosse Didi vivait avec…

Je crie du balcon :

« Au fait, qu'est-il devenu, Henri ? »

J'ai faim et ce va-et-vient du bleu à la sombre cuisine me saoule.

Sur mon élan, je raconte à Tony comment Abel et Henri s'étaient mis en slip pour faire la vaisselle. Tony ne suit pas du tout mon histoire. Il se gratte la tête d'un air perplexe.

« Héroïne ?

– Non, no no Tony ! Oh no ! pas pour se piquer, pour faire vaisselle, mon vieux, you understand ? Vaisselle ! Pour pas salir leurs pantalons. C'est des Français, you understand ? Pas salir, peur des taches, éclaboussures. »

Tony cligne des yeux dans le soleil. Il ne comprend rien à ce que je lui raconte.

« Lula, comment dit-on ne pas se salir en américain ? »

Antoine passe la tête :

« Mais, mon vieux, c'est un mot qui n'existe plus depuis longtemps chez eux. Hein Tony, I'm telling Cyrus the word dirty does not exist any more in America. »

Tony a l'air ravi :

« Oh ça cey vray, ils ne requioulent devant auquioune saloppperie ! »

Et il crache vers les bateaux de guerre.

« Le Amerique feeds on blood. Vampires. Antoine, how do you say vampire ? Werewolf ? »

Antoine sourit quelques secondes face à la mer, cligne dans le soleil, met ses lunettes noires et traduit :

« Tony veut dire que l'Amérique se nourrit de sang, exactement comme les vampires.

– Cey ça ! ils buvent le sangue. »

Antoine le corrige :

« Ils boivent, Tony. Pas ils bûvent, bouâvent.

– Bouâvent le sangue, et ley zautres Américains qui bouâvent pas le sangue… (Il fait le geste de se piquer.) cey comme ça, héroïne, cocaïne et dodo ! »

Nous nous mettons à table et commençons à décortiquer les crevettes. Tout en mangeant, nous regardons les bateaux noirs avec leurs canons, leurs tourelles, leurs radars. Depuis que nous sommes arrivés, ils ont légèrement changé de cap. Ils ont viré d'un quart de tour sur leur ancre et les vedettes sont obligées maintenant de faire un gracieux arc de cercle pour venir se ranger contre les immenses flancs de tôle. Ils doivent être occupés à décharger les marins soûls. Quelques seaux d'eau pour laver les vomissures et en avant une autre fournée de joyeux matelots. Tony ostensiblement s'est installé dos à la mer. Tous ces compatriotes lui soulèvent le cœur. En bas, sur la plage, un marin noir est assis tout seul devant la première vague. Distraitement il jette des petits cailloux qu'il ramasse entre ses jambes. Il a l'air infiniment triste avec ses pantalons blancs et ses chaussures de premier communiant. Nous mastiquons un moment en silence et tout d'un coup je dis à Tony :

« Hum ! tu sais, Tony, moi je crois que l'Amérique, I believe que l'Amérique (Je détache bien les syllabes.)… l'Amérique sera sauvée par ses traîtres. »

Antoine traduit :

« America will be saved by her traitors. »

Tony semble électrisé.

« Cey ça ! exact ! ex'celent slogan. America will be saved by her traitors ! »

Nous trinquons à Fuchs, Pontecorvo, aux Rosenberg, à tous ces héros qui ont faussé le jeu en passant dans l'autre camp. Nous buvons à tous les Américains qui à leur tour renieront leur patrie. Tout en mangeant, nous brossons un superbe tableau de l'Amérique dépecée morceau par morceau. Les secrets industriels, you ! un à un s'envolent. Tous les petits trucs si précieux en électronique, hop là ! Un coup de rouge, ma Lula ? Les ultra-secrets processus de raffinage de la Petroleum Pip Line Yankee Compagnie, bzim ! Ok ! Sink you missié ! Encore un peu de dorade ? Allez Lula, sers tout le monde. Et maintenant aux secrets économiques. Youp ! Kiang ! Les codes ! Dong ! Secrets diplomatiques ! Excellente salade. Les croûtons ? Du Mozart. Youp là, viens que je t'embrasse, ma Lula ! Et maintenant le dessert, tarte aux pommes, miam ! Nous expédions les secrets stratégiques du Pentagone : formules atomiques, plans des bombardiers, fusées, capsules, têtes chercheuses, ogives, par valises entières, bourrées de microfilms. Café ? Yes ! Ok ! Le soleil joue dans ma tasse et soudain je pense à ce conte des frères Grimm. Je bégaie un peu soûl. Je bégaie :

« Écoutez, écoutez bien. (Une petite gorgée de café. Je suis émerveillé de voir le soleil scintiller dans ma tasse.) Écoutez, very important ! Il était une fois un type, un fils de famille qui marchait sur une route déserte. Soudain il voit s'avancer vers lui un manchot. Bonne occase, se dit-il, qu'est-ce qui m'empêcherait de soulager ce manchot de son fric ? Aussitôt pensé, aussitôt exécuté. »

Antoine traduit à Tony :

It is the story of a one-armed man walking on a lonely road. Suddenly a gentleman came this way, sees him and wonders : What could stop me picking the pockets of this one-armed man ? »

Tony rit croyant l'histoire terminée. J'enchaîne :

« Aussitôt dit, aussitôt fait, il saute sur le manchot et, lui mettant la main sur la bouche, il l'entraîne brutalement derrière un buisson. Il sort une paire de ciseaux qu'il avait par hasard dans, sa poche, et les pose sur la gorge du pauvre manchot en lui demandant son fric. Le manchot pleurniche qu'il n'a pas un rond sur lui. »

Antoine traduit rapidement à Tony dont le joli visage se crispe.

« Donc le pauvre manchot jure qu'il n'a rien sur lui, mais l'autre ne veut pas le croire et lentement lui enfonce les ciseaux dans le cou. Le manchot hurle de plus en plus fort. Bon finalement il l'égorge.

– Oh !

– Eh oui, mes enfants, il l'égorge. Mais, au moment de rendre le dernier soupir, le malheureux manchot… »

Tony veut savoir s'il est vraiment mort.

« Yes Tony, dead, dead, attends…

– Oh terrrrrrrrrrible !

– Donc il égorge le manchot et le fouille. En effet l'autre n'avait… Ah oui ! j'oubliais l'essentiel. Le pauvre manchot, en expirant, avait prononcé une curieuse phrase : *Le clair soleil le révélera au grand jour*. Très important ! Very very important !

– The bright sun will reveal in the light of the day.

– Donc il rend le dernier soupir en prononçant ces mots, et le fils de famille rentre chez lui en se demandant ce que pouvait bien vouloir dire cette phrase. Mais il a beau la tourner et la retourner dans son esprit, elle reste tout aussi mystérieuse. Les années passent et il n'est jamais inquiété pour son forfait. Il vieillit entouré de respect, honoré, et tout ça. Et voilà qu'un jour, par une belle journée comme celle-ci, le type après avoir fait un excellent déjeuner va s'installer devant sa fenêtre où sa femme lui apporte son café. Elle l'embrasse sur le front et reste ainsi derrière lui, les deux mains posées sur ses épaules, attendant gentiment que son mari lui rende sa tasse vide. Mais comme le café était très chaud, il en verse un peu dans sa soucoupe pour en faire refroidir une petite gorgée. Et voilà qu'un rayon de soleil se reflète dans le café et fait au plafond plein de petits ronds irisés qui se mettent à danser au-dessus du vieillard. En voyant ces ronds lumineux, il pousse un soupir et murmure pour lui-même : Hé hé, le clair soleil ne l'a pas révélé, et gloup, il avale son café. Mais sa femme qui avait entendu ses paroles, intriguée, lui en demande la signification. L'autre se défend, mais elle insiste tellement qu'à la fin il lui révèle ce qu'il avait si bien gardé pour lui, toute une vie… »

Je remue ma tasse de café pour faire fondre le reste de sucre, et d'un trait j'avale le sirop. Tony se lève et en nous quittant lance vers les bateaux :

« Le clair soley révioulera tous vos crimes au grande jour. »

La porte d'entrée claque et nous l'entendons faire une longue glissade dans le couloir dallé. Quelques secondes et il jaillit en bas dans le soleil. Un dernier signe de la main et il disparaît vers le vieux port.

Lula se lève et débarrasse pendant qu'Antoine allume une cigarette.

« Très joli, tu dis que c'est de Grimm ?

– Oui, des frères Grimm. »

Il me tend un journal :

« Tu as vu la photo ? »

Il a les yeux grands ouverts, ses cheveux longs et sa barbe donnent l'impression que son front est immense. Son torse est nu. Un petit trou noir sous le sein. Antoine pose justement le doigt sur la tache noire.

« Tu as vu, ils l'ont achevé d'une balle dans le cœur ? »

Légère nausée.

« Il paraît qu'il était blessé aux jambes d'une rafale de mitraillette et qu'ils l'ont achevé d'une balle au cœur sur ordre de la CIA. Tony, ça fait deux jours qu'il en est malade de cette histoire. »

Au moment où Lula revient de la cuisine, je referme le journal. Elle ramasse la pile d'assiettes et repart.

« Lula non plus ne veut pas croire que c'est vrai.

– Qu'est-ce que je ne veux pas croire ?

– Oh ! rien. Je disais à Antoine que tu croyais que ce qui est juste doit triompher. »

Du fond de la cuisine elle répond :

« Oui, le clair soleil… »

Lula est revenue s'asseoir près de moi. J'ai pris ses mains entre les miennes et je me suis mis à jouer avec ses bagues. Ainsi suspendus entre ciel et terre devant la mer, nous avons continué longtemps à parler avec Antoine. Longtemps nous avons divagué devant les têtes sombres des palmiers. Les mouettes passaient et repassaient et les vedettes découpaient la mer verticale de grands traits blancs. Au-dessous de nous, le long de la plage, des quantités de marins américains allaient et venaient. Certains avaient mis le grappin sur des putains et le vent léger secouait un peu les jupes et les cols lorsque les couples faisaient demi-tour. Parfois un cri ou un rire montait jusqu'à nous, parfois un mot tordu par la distance. Sur les bancs face à la mer, des vieux spectres, assis, le cou tendu comme des tortues, ne se lassaient pas d'admirer les marins. Ils se croyaient encore à la Libération. Rétrécis par la perspective, tous ces Américains tortillaient du cul dans leurs pantalons à ponts. De là où nous étions, on voyait parfaitement leurs petites fesses de singe moulées par le tissu. Certains étaient immenses avec des jambes de squelettes terminées en pattes d'éléphant. D'autres semblaient marcher sur les genoux avec leurs gros torses d'orang-outan. Des MP armés de longues matraques patrouillaient deux par deux. Tous avaient de grands maxillaires très lourds avec des muscles fameusement développés à force de mâcher du chewing-gum. Dans un brouillard, j'entends Antoine :

« … en pleine nuit ? Moi, à ta place, j'aurais eu une de ces trouilles. Seuls dans les bois…

– Mais qu'est-ce que tu crois, je mourais de peur. Et si tu avais vu Cyrus, avec son fusil. Il avait enfoncé le canon tellement loin entre les lames des persiennes qu'il ne pouvait plus le retirer. Hein, chéri ? »

Je souris dans ma buée.

« Et comme ça, Lula, tu dis que Yak est marié ?

– Oui, oui, marié pour de bon avec une fille toute jeune.

– Ça alors, et tu dis qu'ils avaient le projet de passer me voir ?

– Oh ! tu les verras arriver ce soir ou demain. Tu peux être sûr qu'il ne remontera pas à Paris sans passer par chez toi pour te montrer sa femme. »

Je ferme les yeux. Le soleil est merveilleusement doux. Des cris montent de la plage et parfois une voiture au pot d'échappement pourri, ou un Solex, couvrent un instant les voix tranquilles de Lula et d'Antoine. Je me cale dans ma chaise longue face à la mer et je me promets d'écrire un de ces jours quelques pages sur Yak et tous nos amis restés à Paris, nos amis déjà presque oubliés, Maroyan, Pâquerette, Mira Kaplan... Tiens, j'aurais dû lui demander à Yak, hier soir, ce qu'elles sont devenues ces deux-là. Et Raoul ? Plus rien à dire. Il faudrait que j'écrive aussi quelques pages nostalgiques sur les talents culinaires de Yak. Par exemple lorsqu'il arrivait chez nous avec une cocotte enveloppée dans un torchon. Antoine aussi cuisine admirablement, mais c'était plutôt entre Yak et Lula que ça se jouait à cette époque. Surtout après l'avortement pendant sa convalescence, Lula inventait des tas de recettes. Ah ! la convalescence de Lula fut un véritable bain de douceur. Les amis arrivaient avec des livres, des disques, des provisions. C'était à celui qui nous donnerait du fric. Ils ne savaient plus que faire pour nous. Parfois, nous nous sommes retrouvés entassés à plus de dix dans notre étroite chambre, assis par terre, autour du lit sur lequel était allongée Lula. J'entrouvre les yeux et je hoche la tête car Lula me prend à témoin :

« Hein, chéri, qu'Abel serait ravi de revoir Antoine ? Je t'assure, Antoine, il nous l'a dit. Tu verras. Il a une maison à une quarantaine de kilomètres de Paris et il passe sa vie à jongler avec le fric, à emprunter d'un côté pour rendre de l'autre. Une vie démente.

– Mais de quoi vit-il ? »

Oui, parfois nous nous retrouvions entassés jusqu'à dix dans notre petite chambre, assis par terre autour du lit. Je prenais ma guitare et improvisais une ou deux chansons, ou bien Abel nous lisait un passage de son livre, ou Raoul se lançait sur l'Art avec un très grand A. Nous parlions tous à la fois, on se fâchait, on n'était pas d'accord, d'accord, pas d'accord, et tout ça finissait dans les rires. Assis près de Lula j'étais heureux. J'écoutais en souriant Yak raconter avec son mélodieux accent tchèque comment il allait un de ces jours tout lâcher pour revenir à la peinture. Yak avait toujours trente-six chantiers en cours. Comme tous les entrepreneurs à la petite semaine, il acceptait un nouveau chantier pour toucher un peu de fric d'avance afin de finir le chantier précédent. Il ne rêvait que d'arrêter et de se retirer loin de Paris avec une ou deux femmes, un bon tonneau de vin et de sérieuses provisions. Depuis, les années ont passé et Yak accepte toujours de nouveaux chantiers en rêvant des toiles qu'il ne peindra jamais. Ça ne l'empêche ni de boire ni d'aimer les femmes, ni de cuisiner, ni de rire, car il est doué d'un rire extraordinaire. Rire du ventre qu'il a un peu rond comme est ronde sa tête éternellement réjouie. Donc, pendant la convalescence de Lula, il arrivait avec une cocotte dans laquelle il nous avait mijoté une de ses fameuses fricassées que nous savourions en poussant des exclamations d'extase. Nous formions là une petite société de gourmands capables de comparer un plat d'oignons mijotés ou d'épinards farcis à la plus sublime mesure de Mozart ou de Berg. Yak pouvait délirer des heures et des heures sur la peinture italienne, la marinade de bœuf à l'étouffée, le corps particulièrement lourd de Pâquerette ou celui de Svetlana, ou les seins de Mira Kaplan, la dentiste, selon qu'il était avec l'une ou l'autre de ses maîtresses ou les trois à la fois. Parfois, il débarquait chez nous avec un ou deux types de son équipe. Son électricien, par exemple, qui était mime. Depuis, il a fondé une troupe avec laquelle il a fait trois ou quatre fois le tour du monde. Et son menuisier, Polo, qui connaissait tout Verdi par cœur et écrivait un livre bizarre. Il nous rappelait à tout propos que Joyce, avant d'écrire, était chanteur d'opéra. Et Georges Charles, qu'on voyait rappliquer le soir tard avec des restes de fond de teint dans tous les creux de son visage torturé. En général il s'installait exactement en face d'un dessin très sombre, encadré sous-verre. Devant ce miroir noir, un œil sur son reflet, il se lançait sur le théâtre d'Artaud. Lorsque sa place était prise et qu'il était obligé de s'asseoir ailleurs, il se taisait et restait pensif. La fois d'après, s'il arrivait à retrouver son reflet dans mon dessin noir, il redevenait brillant et souvent assez drôle. Georges Charles avait une admiration folle pour Le Vigan et, avec le temps, il avait fini par lui ressembler. Son visage était même devenu huileux exactement comme celui de Le Vigan dans *Quai des brumes*. Ah oui ! je pourrais continuer comme ça à l'infini... Il faudra que je case ça quelque part. Oui, il faudra que j'écrive un grand passage sur l'amitié. Il faudra que je parle d'Alex aussi... plus tard... Et Abel, combien de fois a-t-il fait irruption chez nous avec une barbe de huit jours, fou de faim, de solitude. Et quand Béatrice le submergeait de mensonges et qu'il voulait la tuer. Il se trimbalait avec un vieux revolver chargé, à l'époque où les flics faisaient des barrages à tous les coins de rue. Oui, en pleine guerre d'Algérie. À tout moment, il sortait son revolver, le faisait sauter dans sa paume et je tremblais à l'idée que le coup parte tout seul. Antoine et Lula sont en train de parler de Pauline. Ah, quelle tristesse ! Moi, son suicide ne m'a absolument pas surpris. Paulinette. Odeur d'éther et de formol. Un jour, lorsque nous vivions encore au-dessus de chez Elie Bélina, c'était le soir, Pauline était en train de se démaquiller, assise au pied du lit. Je l'avais chatouillée avec mes doigts de pied au travers de la couverture. Pauline, lui avais-je dit, que préférerais-tu ? Tu aimerais mieux mourir par surprise, comme ça sans le savoir, ou bien connaître d'avance l'heure de ta mort ? Pauline avait continué à frotter ses lèvres avec un coton et répondu : « Savoir ! » Ah que tout cela est déjà loin. Et la mère Clodomir ? Peut-être est-elle morte, elle aussi ? Quand je pense à ses intrigues ridicules… Au fond, elle rêvait de me voir à nouveau vivre avec Pauline, et caser Lula à ce sale con… Elle avait tout combiné dans sa petite tête la mère Clodomir. Et quand je pense que ma Lula est là, toujours là près de moi. Cœur submergé d'une vague chaude. Là, rieuse et grave tout à la fois, indescriptible. J'entrouvre les yeux dans le soleil. Son profil contre la mer bleue et tout cet air qui circule autour d'elle. J'ai le nez qui me pique. C'est que soudain je suis très ému d'entendre sa voix, sa voix si familière pourtant. Petit pincement dans l'estomac. Cette voix, ni grave ni haute, à quoi la comparer ? Et pourquoi la comparer ? Incomparable. Je change un peu de position. Le soleil maintenant me chauffe la joue droite. Comment Pauline a-t-elle pu renoncer à la lumière et à la tiédeur du soleil ? Je croise les jambes par-dessus la mer et je vois mon pied énorme suspendu au-dessus de l'escadre. À quoi pensais-je ? Au fond, la voix de Lula est bleue. Je souris à Antoine qui me parle depuis un moment. Je ne comprends pas très bien ce qu'il me dit, mais je hoche la tête d'un air entendu, et selon son ton de voix, je fais oui ou non, ou bien je prends un air très étonné. Depuis que nous avons quitté Paris il me semble que je supporte de moins en moins – deux heures, trois au plus – même mes meilleurs amis, mes très vieux copains. Bizarre. Je bâille. Et depuis que je me suis mis à écrire… Il faut que je me secoue. Je me lève et je m'étire. Un bras vers l'Esterel, un bras vers le cap d'Antibes.

Un dernier rayon de soleil effleure les cheveux de Lula et soudain tout devient mauve. Au même moment, les bateaux s'illuminent. Des milliers d'ampoules électriques disposées le long des haubans et des superstructures se mettent à palpiter. Leurs reflets serpentent jusqu'à la plage, portés par les molles ondulations de la mer. Des sémaphores tournent dans le mauve. Des clignotants, des points, des traits vert-bleu. Toute une respiration lumineuse anime le demi-jour. Antoine allume une cigarette et je vois son visage s'éclairer plusieurs fois pendant que ses doigts deviennent rouges et translucides. Nous flottons quelques instants dans la fumée. Au loin, une lueur orange colore les vapeurs et, émergeant presque à portée de la main, la lune barrée de brumes s'élève au-dessus de l'escadre. À peine s'est-elle dégagée de l'eau que tous les bateaux se fondent dans la nuit. Il ne reste plus que leurs fantômes lumineux. Triangles d'ampoules électriques reflétées en une infinité de zigzags phosphorescents qui s'étirent et se contractent au rythme des lourdes ondulations de la mer Méditerranée. Sous le ciel concave, les sons emprisonnés résonnent tout à coup comme au fond d'un chaudron. Très haut, les feux d'une Caravelle palpitent. Elle plonge vers l'aérodrome de Nice. Les passagers doivent être en train d'éteindre leurs cigarettes et d'attacher leurs ceintures. Grimace intérieure. Ligotés dans le ventre d'acier, assis côte à côte, petits pantins recroquevillés, ils retiennent leur souffle. Un rien, et ils seront dispersés sur la mer épaisse, engloutis et aussitôt dépecés par les poissons. Un jour au cap Lardier, nous étions tombés par hasard sur une baleine échouée. Lorsque je la découvris, attiré par l'insupportable odeur de putréfaction, il ne restait qu'un immense arc de vertèbres tenues entre elles par des filaments poisseux. Un arc d'os admirablement emboîtés sur lesquels adhéraient encore de grands lambeaux de chair pourrie. J'avais roulé en boule mon pull devant le bas de mon visage tant la puanteur était abominable et je m'étais approché. J'étais descendu très près, aussi près que possible. Ce qui restait du ventre démesuré était plein de vieux bidons et de bouteilles de matière plastique de toutes les couleurs, mêlés à des quantités de bois flottés, le tout englué d'huile épaisse.

Je m'étais retourné vers Lula restée tout en haut d'un rocher pointu. Son imper bougeait très fort dans le vent et ses cheveux étaient horizontaux.

Des crabes par milliers grouillaient dans ce charnier. Agités, voraces, acharnés. Leurs carapaces translucides étaient d'une consistance dégueulasse, quelque chose comme de la corne ramollie. Il y en avait partout et en telles quantités que, par endroits, les poches de chair bougeaient toutes seules. Et le bruit des petites pinces et des mandibules... Terrifiant. Maintenant, la lune tourne à l'orange verdâtre. Suspendue au-dessus des bateaux en fête, elle frappe la mer d'une tache pâle, et sur cette tache, toujours et toujours les vedettes font la navette. Marins soûls marins soûls marins ronds contre marins en rut marins en rut marins en rut rut rut. Vomissements déjections absorption défécation déglutition orgasme. Cannes Valparaiso Hong Kong, toujours à chaque escale toujours et toujours entre deux meurtres deux lâchers de bombes toujours et toujours les rapides vedettes emportent et ramènent le bétail. Et toujours la lune immobile. La main de Lula cherche ma main et ses doigts soudain se mêlent fortement aux miens. Sa voix très loin :

« Qu'est-ce que tu disais ? »

Dans ce temps étiré, se peut-il que Lula vienne seulement de me répondre. Je ne sais même plus ce que je lui avais dit.

« Oh !… »

Et je fais un vague geste vers la mer.

« Bon ! »

Antoine le premier s'arrache au balcon magique. Il allume l'électricité. Devant l'immense glace de l'atelier, Lula brosse ses cheveux. Ses cheveux ont des reflets inquiétants sous la violente lumière.

Antoine et Lula m'appellent. En passant, je prends le journal et je les rejoins dans le couloir. La porte claque derrière nous. Ah ! plus jamais je ne me déferai de cette image. Son front bombé, ses cheveux très longs, sa barbe légèrement clairsemée des deux côtés de la mâchoire, les yeux grands ouverts, et ce trou noir sous le sein gauche. Il doit pourrir en ce moment. À moins que ce ne soit vrai qu'ils aient brûlé le cadavre. Et je revois les côtes, les vertèbres, les lambeaux de chair qui pendaient jusqu'à toucher la mer. Un arc lancé comme un pont par-dessus la mer. Et, en descendant l'escalier, je pense à cette phrase de Nietzsche que j'avais apprise par cœur lorsque j'avais seize ans : « J'aime les grands contempteurs, ce sont les flèches du désir tendues vers l'autre rive. » Un arc de vertèbres par-dessus la mer bleue, un arc d'os sur lesquels adhèrent encore des lambeaux de chair et la flèche qui vole maintenant toute seule vers l'autre rive.

Enfin nous voilà dehors. À hauteur humaine. Nous traversons les jardins aux allures de forêt tropicale. Au milieu des palmes et des fleurs étranges, dissimulés parmi les fougères, des projecteurs éclairent toute cette verdure. De grands palmiers aux troncs velus se perdent dans les étoiles et, très haut au-dessus des bateaux scintillants, la lune toujours immobile. À notre gauche, le flot de voitures avance, réglé une fois pour toutes, et les enseignes lumineuses *offrent* aux hommes leur dérisoire chaleur de néon. Nous allons de ce pas chez Anaïs et Léon. Ils ont une petite galerie de tableaux rue d'Antibes, lieu de rendez-vous des peintres de passage. Dans le temps, Léon et Anaïs étaient plagistes. Ils louaient des parasols et des pédalos. Comme en hiver, ils n'avaient rien d'autre à faire que de repeindre leurs pédalos, ils ont commencé à acheter des tableaux, dans les ventes publiques de Marseille, de Cannes, de Nice. Ils éprouvèrent un tel plaisir à acheter des tableaux qu'à la fin ils liquidèrent la plage et ouvrirent cette petite galerie rue d'Antibes dans laquelle justement nous pénétrons. Aussitôt, ils viennent au-devant de nous. On s'embrasse, au milieu des toiles abstraites. Nous nous entassons dans leur minuscule bureau. On parle des uns et des autres. Nous étions donc là à bavarder depuis un moment, lorsque Léon nous annonce à brûle-pourpoint qu'il y a été.

« Été où ?

– À Louhans. »

Aussitôt Lula et moi sommes passionnés.

« Tu y as été ? Alors ? Est-ce qu'il t'en a acheté vingt-cinq ? »

Cette question nous fait tous rire sauf Antoine qui n'est pas dans le coup.

Léon s'étonne :

« Comment Antoine, tu ne connais pas ? Vous ne lui avez pas raconté ?

– Mais non !

– Le coup des cannes à pêche et… et le hangar ?

– Quelles cannes à pêche, le hangar ? Non.

– Voilà, mon vieux, le mois dernier… il y a de cela quelque temps, je vois un type qui s'arrête devant la vitrine. Il riait tout seul en regardant les tableaux et, à ma stupéfaction, je reconnais mon vieux collègue Augustin Planche, ex-chef de gare du réseau 6B. Un type qui s'est rendu célèbre pendant la guerre. Figurez-vous qu'il était devenu spécialiste n° 1 pour tuer les vaches clan-des-ti-ne-ment !

– Tuer les vaches, quelles vaches ?

– Les vaches en transit destinées à l'Allemagne. Voilà comment la vocation lui était venue. Un jour qu'il inspectait les voies de garage du réseau 6B… c'était derrière la gare de Lyon à Paris, voilà qu'il se trouve nez à nez avec une vache. Une vraie vache échappée d'un convoi, avec cornes, mamelles, sabots, quoi, rien ne manquait pour faire une vache. »

Passionnant.

« … Moi, j'aurais rencontré une vache, comme tout le monde je me serais dit : Tiens, une vache, et j'aurais passé mon chemin. Eh bien, c'est là où Augustin Planche sort de l'ordinaire. Il voit la vache et aussitôt, à la vitesse de l'éclair, une idée traverse son esprit, Vache = Bifteck ! Il voit un tas de biftecks devant lui. C'est ce que je trouve être su-pé-rieu-re-ment imaginatif. Donc il voit ce tas de bif s'avancer vers lui entre les voies encombrées de wagons de marchandises. Souvenez-vous qu'en plus, il y avait des sentinelles allemandes. Il jette un coup d'œil à gauche, pas de Boche ! à droite, pas de Boche ! par-dessus la vache, personne ! derrière, pas de Boche !

– Alors, alors, hé Léon, alors ? »

C'est que nous sommes au cinéma.

« Donc, pas de Boches à l'horizon, se dit mon copain Planche. En tant que chef de gare, qu'est-ce qui m'empêcherait d'aiguiller ce tas de steacks vers un endroit discret ? Et le voilà qui déroule son petit drapeau de chef de gare. Ah, ça a été une vraie corrida ! Mais il a réussi à la coincer en bout de voie dans les chiottes des cheminots. Il a fallu drôlement la tasser pour refermer la porte. Et quand il est revenu dans la nuit avec ses collègues, elle était déjà dans les pommes. »

Antoine est ravi :

« Une vache dans les pommes… Ha ha !

– Si si, dans les pommes. Bref, ils l'ont assommée à coups de marteau et ils se sont mis à la découper scientifiquement : le rond, la bavette, le rumsteak, le filet, le contre-filet, le pot-au-feu, morceau par morceau, bien proprement. Donc, j'étais là, assis dans ma galerie, lorsque je vois mon Augustin devant la vitrine. Quand il m'a reconnu au milieu de tous ces tableaux, j'ai cru qu'il allait se trouver mal. Moi, Léon, ex-ingénieur des Chemins de fer français, assis parmi ces trucs de cinglés… Ah ! il n'en revenait pas. J'ai eu beau lui expliquer que tout ça, c'était sérieux. Allez, allez, il me disait, c'est pour la rigolade ? Tu vas pas me dire que des gens normaux achètent ça ? Mais il n'y avait pas deux minutes qu'il était là, qu'un collectionneur entre dans la galerie et achète… mais comme ça, un Fautrier et sans marchander… inouï ! Il me signe un chèque, un vrai, et repart le tableau sous le bras. Augustin, il a fallu que je lui tape sur l'épaule pour le ramener sur terre. Il était comme hypnotisé. Ça alors, là Léon, je reconnais que tu es le plus fort, nous à côté on est tous des cloches ! Et c'est là qu'il a eu l'idée du dentiste de Louhans. Tout à coup il a poussé un hurlement : “J'en connais un ! j'en connais un ! – Tu connais un quoi ? – Un dingue, un type qui achète tout! dentiste à Louhans..." Par exemple, Antoine, devant un marchand d'articles de pêche, toi ou moi, qu'est-ce qu'on fait? On passe, non? Eh bien le dentiste de Louhans, lui pas du tout! il entre... et d'un air anxieux il demande: "Avez-vous des cannes à pêche? – Mais bien sûr monsieur! des cannes à pêche, c'est pas ça qui manque ici." Et on lui sort plein de cannes à pêche. Le dentiste de Louhans les pèse, les soupèse, examine les moulinets, le fil, demande la plus solide, et: "Qu'est-ce qu'elles pêchent? – Mais tout monsieur! ça dépend du fil, des hameçons. – Bon, alors, vous m'en mettrez vingt-cinq de chaque." »

Je pousse un gémissement lamentable.

« C'est que le type achète tout par vingt-cinq, les pneus, par vingt-cinq, n'importe quoi par vingt-cinq, et il met tout dans un hangar. Je l'ai vu, immense! en préfabriqué, rempli de tout. Vingt-cinq ou rien. Alors mon ami Planche était persuadé que si je lui amenais des tableaux... »

Anaïs se tape le front:

« Une histoire de fous! »

Je jubile.

« Anaïs, fais-lui raconter comment le type s'y prend pour démarrer sa bagnole. »

Léon sourit et fait semblant d'être derrière son volant.

« Il s'assied dans sa bagnole. Toc, il met le moteur en marche et il attend cinq bonnes minutes pour que le moteur atteigne la température exacte. Il vérifie tous ses petits voyants... Bon, et là au lieu de démarrer comme tout le monde en marche avant, non non, il passe en marche arrière, il allume ses feux de route, même en plein jour, et là, il se met à reculer tout doucement de deux ou trois mètres pour voir s'il n'aurait pas perdu par hasard des vis ou des boulons… »

Un peu plus tard sur l'autoroute, des bouffées de rire me reviennent. Entre deux appels de phares, je dis à Lula que rien ne me met plus en joie que ces histoires du dentiste de Louhans.

« Les cannes à pêche, tu ne trouves pas que c'est une très jolie parabole sur les collectionneurs ? »

Lula hoche la tête, je la sens distraite.

« À quoi penses-tu, ma chérie ?

– Oh ! j'étais en train de me dire qu'entre Anaïs et Léon on sent…

– C'est vrai…

– Et aussi une telle…

– Ça, c'est vrai…

– … complicité.

– C'est vrai…

– Arrête…

– C'est vrai, viens, ma chérie, installe-toi bien. Non, je t'assure, tu ne me gênes pas.

– Non non, je ne veux pas dormir. Ah ! on a trop mangé aujourd'hui, c'est fou, déjà, chez Antoine, à midi, c'était… mais en plus ce soir toutes ces moules… Non, on est fous de bouffer comme ça !

– Dégrafe ta jupe, ma chérie. Que veux-tu, c'est ça, l'amitié. D'ailleurs quand on mange en riant, c'est connu, ça fait pas de mal. »

Lula est tout à fait d'accord. Je sens mon visage s'épanouir dans un immense sourire de bien-être. Je me cale sur mon siège et, lâchant un instant le volant, je déboutonne le premier bouton de mon pantalon et j'en profite pour remonter mes couilles qui s'étaient coincées depuis le départ. L'autoroute est vide et les ifs qui séparent les deux voies penchent un peu vers la gauche. Certainement, chez nous, le mistral s'est levé.

« Comment s'appelle le fromage que nous avons mangé chez Antoine ?

– Coulommiers, et tu vois, avec eux, on est tellement… »

Coulommiers, salade et croûtons. Et je suis sûr qu'il y avait nettement plus d'ail qu'il ne… Stop mon vieux, pense à autre chose ou tu dégueules. Et ce dîner au *Petit-Piano*, pur délire ! Moules moules moules moules. Bheua ! Renvoi très discret. Bouche en biais. Direction absolument opposée à Lula. Ah ! je ne me sens pas bien du tout. Je vois des tas de coquilles de moules vides. Je fais deux ou trois appels de phares pour chasser la vision et j'entrouvre le déflecteur. Ça va un peu mieux.

« Tu vois, ma chérie, plus jamais… plus jamais de moules en telle quantité !

– Tais-toi, tais-toi, ne me parle plus de manger !

– Et s'il fallait pour me sauver la vie… s'il fallait que tu manges un énorme pot-au-feu ?

– Tais-toi, je t'en supplie, tais-toi !

– … ou bien une choucroute. »

Lula me met la main sur la bouche. J'en profite pour lui mordiller les lignes.

« … un bortsch comme en faisait ma grand-mère…

– Quelle horreur !

– … avec des bouliettes, tu te souviens comme elle disait avec son accent ? »

Lula hoche la tête et murmure :

« Bouliettes. »

Je donne un léger coup de klaxon.

– Le péage. Carte perforée, ma chérie. Monnaie. »

Maintenant la route sinue entre les vignes rouges. Les arbres fruitiers ont presque tous perdu leurs feuilles. Je fais remarquer à Lula que ça fait déjà huit ans, Malpasset. Qui aurait pu croire qu'un jour, à nouveau, tout serait si paisible dans cette vallée. Ici même, ce n'était que maisons éventrées, cadavres suspendus aux rares arbres restés encore debout, voitures, camions sous des tonnes de boue. Des morceaux du barrage gros comme des navires charriés sur des kilomètres.

Des yeux de chat reflètent nos phares, très loin devant nous, deux feux au ras de terre. Lula bâille. Je tends la main et lui caresse les cheveux. J'en réunis une poignée que je tiens un moment sans rien dire. Lula frotte sa joue contre mon poing.

« Mets ta tête sur mon épaule, ma chérie, et dors. »

Pas question. Elle veut voir. Tout.

« Si on avait un accident, tu sais, que tu dormes ou…

– Je sais, mais je ne peux pas… »

Combien de fois, surtout en voyage, avons-nous échangé ce genre de demi-phrase. Soudain, en abordant le virage derrière les arènes de Fréjus, les phares de la voiture éclairent brutalement la façade d'un des nouveaux immeubles construits au bord de la route. Dure vision. Pendant un long moment, comme gravées sur ma rétine, je vois des centaines de fenêtres toutes i-den-ti-ques, désespérément identiques avec leurs balustres de fer et leurs pots de fleurs suspendus. Je revois mon père en train d'arroser ses immondes pots de fleurs. Mon père de dos avec son jet.

« Tu as vu Lula, tu as vu ?

– Qu'y a-t-il, mon chéri ?

– Dans le virage, tous ces pots de fleurs ? »

Elle secoue la tête. Non elle n'a rien remarqué.

« Sur les fenêtres, tu n'as pas vu ? Si, si, à toutes les fenêtres, accrochées aux barreaux, des pots de fleurs. Tu ne devineras jamais à quoi ça m'a… attends, je double ce camion… de justesse. Ah ! ça ne devrait pas être permis des citernes de cette dimension.

– Et alors les pots de fleurs ?

– Les pots de fleurs ? Les pots de fleurs, ah oui ! C'est étrange comme la pensée va vite… Tout à l'heure dans nos phares, c'est dommage que tu n'aies pas vu, j'ai remarqué qu'à chaque fenêtre, suspendus aux barreaux il y avait des pots de fleurs, des centaines. Effrayant ! Et devine à qui ça m'a fait penser ? À mon père, à sa folie des fleurs en pot. Tu te souviens cette manie qui lui est venue après la mort de Pipa ? Tu te souviens le soin qu'il en prenait de ses petits pots de fleurs ? »

Nous roulons un moment en silence.

« … et j'ai revu avec une précision hallucinante la cour chez mes parents, cette chambre où Pipa est morte, où ils sont morts les uns après les autres. Et j'ai pensé que jamais il ne faut revenir sur les lieux de son enfance. »

Elle pose la tête sur mon épaule. Je sens son souffle contre mon cou. Les tamaris secoués par le vent, la mer blanche hachée d'écume, le ciel qui scintille durement, les phares devant, les reflets flous du tableau de bord, tout me donne le sentiment d'être sorti du monde réel, expulsé du temps.

« Tu as vu le type ? »

Lula se redresse :

« Quel type ?

– C'est drôle, la nuit, les gens qui marchent… tu dormais ?

– Quels gens qui marchent ? Non pas vraiment…

– Oh ! rien, un type qui marchait au bord de la route. Expression tout à fait étrange, les yeux à cause des phares. »

Maintenant la lourde voiture tangue entre les chênes-lièges et les châtaigniers. Nous abordons les premiers virages. Bientôt nous serons dans notre lit. Nous roulons un moment en silence :

« Oui… je crois bien…

– Qu'est-ce que tu crois bien ?

– Non… oui, je crois bien que c'est Daniel de Foe qui disait : le plus consciencieux geôlier ne peut nuit et jour penser à son prisonnier, tandis que le prisonnier lui, ne pense uniquement qu'à se délivrer… tu te souviens de Spartacus ?

– Oui, pourquoi ?

– Oh !… comme ça… non je pensais… comment crois-tu qu'il est mort Spartacus ?

– Je ne sais pas moi… crucifié, je crois… non ?

– Non, tu crois ?

– Je crois bien.

– Ah ça serait trop beau !

– Pourquoi trop beau ?

– Oh ! comme ça… et combien d'années avant le Christ crois-tu qu'il est mort Spartacus ?

– ……………………… »

Lula baisse la vitre et décroise ses jambes.

Enfin nous tournons dans notre chemin. Les phares éclairent les vieux troncs familiers et les ornières hérissées de touffes d'herbe. Le mistral soulève devant nous des tourbillons de terre. Des feuilles mortes arrachées aux châtaigniers viennent frapper le pare-brise sur lequel certaines restent collées un instant. J'appuie sur le low et la voiture grimpe lentement la pente poudreuse. Éclairée par les phares, notre maison surgit de la nuit.

À peine rentrés, pendant que Lula allume les lampes et prépare la nourriture du chien et du chat, j'ouvre le dictionnaire.

Sou…

Spa…

Spada…

Spartacus: *Chef d'esclaves révoltés contre Rome, tué en 71 avant Jésus-Christ après avoir pendant deux ans…*

« Tu te rends compte, 71 avant Jésus-Christ! Spartacus a tenu tête pendant deux ans aux légions romaines. »

Je monte dans la chambre prendre un autre dictionnaire.

Spar…

Sparsiflore: *qui a des fleurs éparses.*

Sparsifolié: *qui a des feuilles éparses.*

Sparsile: *se dit des étoiles disséminées dans le ciel et qui ne se trouvent pas comprises dans les constellations.* « … Et leur apparence était celle de charbons de feu brûlant comme l'apparence de l'éclair… Et je voyais les bêtes et voici une roue sur la terre à côté des bêtes aux quatre faces. L'apparence des roues et leur ouvrage était comme l'œil du chrysolithe; elles avaient même forme toutes quatre et leur apparence et leur ouvrage était comme si une roue était dans une roue… »

Spartacus *(kuss) chef d'esclaves révoltés, Thrace de nationalité…* Ah! il y en a quand même un peu plus… *tué en 71 avant Jésus-Christ. Après avoir pendant deux ans tenu tête aux légions romaines avec une armée qui atteignit un moment 70 000 hommes. La désunion s'était mise dans les rangs des révoltés et Spartacus, finalement défait par Crassus, périt héroïquement* « apprit aux hommes à fabriquer les épées et les glaives, le bouclier et la cuirasse de la poitrine ; et il leur montra les métaux et l'art de les travailler, et les bracelets et les parures et l'art de peindre le tour des yeux à l'antimoine et d'embellir les paupières et les pierres les plus belles et les plus précieuses, et toutes les teintures de couleur et la révolution du monde » *Périt héroïquement.* Voilà, c'est tout. Mains nues, cent ans avant le Christ un homme s'est dressé contre la plus formidable armée du monde. Cent ans avant le crucifié ! Spartacus ! Un homme pas fils de Dieu, non, pas chargé d'une mission, pas descendu dans la matrice d'une vierge par je ne sais quel trafic de parthénogenèse, non, un homme normal dont le germe fut enfoui par pur plaisir au plus profond d'une femme. Un homme né ni dans une étable, ni là, ni ici, sans étoile spéciale, ni Rois Mages, ni rien, pas exceptionnel. Enchaîné, dressé à tuer, à se faire tuer, à dire oui, à baisser la tête, comme depuis toujours les hommes sont dressés à subir plier en faisant oui oui oui ! Spartacus héros de cette histoire parallèle laissée dans le flou, si pourtant intimement entrelacée à l'autre, l'officielle.

On ne parle jamais des esclaves, serfs, slaves qui soudain débordaient, faisaient tournoyer leurs chaînes, se vengeaient. Ah ! qu'il fut bienvenu le Christ ! Ah ! qu'elle tombait bien, cette religion, taillée retaillée, manteau de saint Martin dont vous avez toujours à demi étouffé les nus. Épée d'Occident, ta poignée, c'est la croix. Croix, tu n'es qu'une épée déguisée. Spartacus, lui, n'a apporté aucun symbole, aucune parole. On l'assassine, on le traque, on le pourchasse, on l'exécute.

Tiens, et Crassus ?

Ah voilà ! Crassus : *(Marcus Licinius) Triumvir avec Pompée et César. Né vers 115 avant Jésus-Christ. Assassiné en 53 avant Jésus-Christ au cours d'une guerre contre les Parthes. Politicien intéressé et médiocre, il inaugura à Rome la puissance de l'argent… Puissant seulement par sa richesse. On l'appelait Crassus le Riche. Le roi parthe Orodes lui coupa la tête, fit fondre de l'or et le lui versa dans la bouche en disant : « RASSASIE-TOI MAINTENANT DE CE MÉTAL DONT TU AS ÉTÉ SI AVIDE PENDANT TA VIE. »*

Sur ces extraordinaires paroles, nous sommes montés nous coucher.

Lorsque Lula est venue me rejoindre dans le lit, je rêvais déjà de Crassus et à peine eut-elle soufflé les lampes que je vis nettement la tête coupée. Elle était en couleur, grandeur nature, immobile, posée sur un fond neutre. Pas de sang, les joues d'une pâleur extrême. La bouche grande ouverte. Le palais, la langue et les dents étaient en or. Au moment où je m'avançais pour la voir de plus près, une trappe s'ouvrit sous mes pieds et je tombais brutalement AAAAAAAAAAA……

« Qu'est-ce qu'il y a ?

– Rien, rien, Lula, rien, pourquoi ?

– Tu as fait un bond terrible, tu tombais en ascenseur ? »

Nous échangeons quelques ultimes baisers.

La tête est toujours là. La sale gueule en or ouverte au maximum.

« Hé Crassus ! »

Les paupières frémissent et s'entrouvrent avec difficulté. La gueule en or articule :

« Quoua ? »

Ça me fout une telle trouille que j'en ai un sursaut formidable. Lula m'entoure de ses bras. Nos jambes se mêlent…

Il est toujours là, la gueule grande ouverte. Je m'approche et d'une voix tremblante je demande :

« Cra-cra-cra-crassus ! Hé Crassus !

– Quoua ?

– Co-co-co-mo-ment l'as-tu fait mourir Spartacus ? »

La gueule en or croasse :

« Pas comprir… parlare latinus. »

L'immonde Crassus me fait un clin d'œil et sa gueule se fend dans un rire atroce :

« No comprir, moi Romainricain.

– You, CrassusSmith ? »

Grand sourire gold. Il m'encourage. La langue 18 carats frétille clap clap.

« Hao CrassusSmith ! telius me howius isius deadius ? mortibus ? You understandius ? »

Il se concentre et reste un long moment les yeux fermés. Enfin il articule :

« Cyrus, listen, Spartacus crucificius ! But non confonder Spartacus with Christus !

– Ah tu ne peux pas imaginer, Crassus, comme tu me fais plaisir ! »

Il bredouille. Tout cet or dans sa bouche le gêne. Il crache des bouts de métal, des dollars or, mêlés à des caillots de sang.

Ses yeux se révulsent, du sang pailleté d'or lui coule du nez. Je titube et m'écroule. Ma tête vient cogner violemment le crâne de Crassus qui bascule, roule et s'immobilise posé cette fois sur la joue. Affolé, je tente de me relever. Impossible. Je suis paralysé.

Une détonation à bout portant et je suis déchiré au cœur. Inondé de sueur je me redresse sur le coude.

« Tu dors, Lula ? Lula, tu dors ? »

Mon cœur bat à grands coups. La nuit est creuse, immense, secouée de vent. Je m'allonge sur le dos. Je le revois. Exactement comme sur la photo. Les lèvres à peine entrouvertes, il semble dormir douloureusement. Une mouche essaie d'entrer dans sa bouche. Je me passe la langue sur les lèvres. Bouche sèche. Je respire lentement. Comment était-ce cette phrase que Lula m'avait lue ? Inoubliable. Ah ! oui... « Nous étions... » Non. « Nous sommes dix-sept sous une lune très petite et la marche a été dangereuse laissant de nombreuses traces. »

SPARTACUS *a été tué le lundi 9 octobre vers midi, d'une balle de pistolet en plein cœur. Il a été tué une vingtaine d'heures après sa capture. Son assassin est un centurion qui a agi sur ordre des plus hautes autorités du pays.*

Telles sont les conclusions qui se dégagent de deux séries de témoignages :

1° *Le témoignage des deux docteurs qui ont procédé à l'examen du corps de* SPARTACUS. *Leurs rapports et les déclarations qu'ils y ajoutèrent sont formels : le corps de* SPARTACUS *avait été criblé par sept balles dont l'une tirée en plein cœur a dû provoquer une mort presque instantanée.*

Interrogé le 14 octobre par un messager, l'un des docteurs qui avaient examiné le corps le lundi 9 octobre à 17 heures a déclaré que : « La mort devait remonter à cinq heures, car le corps était encore chaud ; qu'il portait cinq blessures aux jambes, une à la gorge, une autre à la poitrine sous le sein gauche due à un projectile qui avait dû traverser le cœur et le poumon. »

Il est impossible que SPARTACUS *ait vécu plus de cinq minutes après sa blessure au cœur. Selon les médecins, il est donc mort par balle le lundi 9 octobre autour de 12 heures.*

2° *La capture de* SPARTACUS *toutefois remonte au dimanche 8 octobre à 16 heures.* SPARTACUS, *quand il fut fait prisonnier, n'était donc pas atteint de blessure mortelle. Sur ce point, il y a concordance presque parfaite des nombreux témoignages (on les lira plus loin) que le messager a obtenus : témoignage des protagonistes, centurion ou simple légionnaire de la dernière bataille contre* SPARTACUS ; *témoignage des hommes mêmes qui l'ont capturé puis qui ont passé la nuit dans le hangar où* SPARTACUS, *des heures durant, fut soumis à un interrogatoire mouvementé par le centurion commandant du troisième groupe tactique.*

Les opérations qui ont abouti à la capture puis à l'assassinat de SPARTACUS *ont débuté durant la dernière semaine de septembre. Un déserteur du groupe des révoltés se rendit à cette époque au QG des forces armées et leur donna des indications précises sur le lieu où se trouvait* SPARTACUS *à la tête d'un groupe de seize hommes.*

Le 29 septembre une dépêche signalait :

« Une haute autorité militaire a confirmé aujourd'hui que l'armée a la certitude d'avoir encerclé SPARTACUS dans une gorge encastrée entre deux hauteurs dont l'étendue n'a pas été définie.

« Huit cents soldats, spécialement entraînés pour les opérations en forêt, sont partis en renfort cette semaine vers cette zone.

« Selon une source militaire digne de foi, on évalue à quinze cents hommes au moins les forces qui pourchassent SPARTACUS. »

Au cours des jours qui suivirent les indications se firent plus précises: Les deux extrémités du ravin dans lequel ont été signalés les hommes de SPARTACUS sont occupées par des troupes spéciales. Le fond et les flancs du ravin sont couverts par une végétation très dense mais la partie supérieure est dénudée ce qui empêche toute fuite de passer inaperçue. »

Ici la poussière et les piqûres transforment la peau de tout être en un manteau de misère. La végétation inextricable, sèche et couverte d'épines rend tout déplacement pratiquement impossible si ce n'est par les sentiers et le lit des rivières qui sont étroitement surveillés. D'après les rapports militaires, SPARTACUS *et ses seize camarades sont encerclés depuis deux semaines. Les militaires affirment que* SPARTACUS *n'en sortira pas vivant.*

Cette opinion des militaires cependant n'était nullement partagée par SPARTACUS. *Deux pages de son journal datées du 6 et 7 octobre en font foi.*

À la date du 6 octobre on peut lire: « Les reconnaissances prouvent que nous sommes tout près d'une maison mais aussi que… *(En dehors du fait que l'écriture de* SPARTACUS *est très petite et difficile à déchiffrer, il y a aussi le problème de la copie qui n'est pas très nette.)* Il dit: « … des gorges plus lointaines, il y avait de l'eau là-bas, nous… *(un passage illisible)*… et nous avons cuisiné tout le… sous une grande roche plate qui nous servait de toit…

… Nous nous approchons en plein soleil par des endroits… restant dans un trou. » *Il poursuit:* « … le repas a été retardé; nous décidons de partir à l'aube jusqu'à un affluent proche de cette rivière et de là de faire une reconnaissance… pour déterminer la direction à prendre…

… La radio a donné une information… indiquant qu'il y avait environ 1 800 hommes dans la zone…

Le 7 il écrit: « Notre organisation a vécu onze mois sans complications…

… jusqu'à 12 h 30, heure à laquelle une vieille paysanne gardant ses chèvres est entrée dans les gorges où nous avions campé et nous avons dû l'arrêter ; la femme ne nous a donné aucun renseignement digne de foi sur les soldats, répondant toujours qu'elle ne savait rien, qu'il y a longtemps qu'ils ne vont plus par là. Elle nous a seulement donné des informations sur les sentiers. De ses informations, il résulte que nous sommes approximativement à une lieue de… À 12 h 30, des camarades sont allés chez la vieille femme qui a une fille invalide ; ils lui ont donné de l'argent en lui demandant de ne rien dire mais avec peu d'espoir qu'elle tienne ses promesses. Nous sommes partis laissant beaucoup de traces dans le défilé. Il n'y a pas de maisons proches mais des champs de pommes de terre irrigués par des rigoles provenant de la rivière. Entre deux hauteurs, nous continuons d'avancer dans cette direction…

… L'armée possède une information selon laquelle il y aurait : 250 révolutionnaires… » *C'est la dernière chose qu'il a écrite ; il doit l'avoir écrite à l'aube car il dit :*

« … Nous sommes dix-sept sous une lune très petite et la marche a été dangereuse laissant de nombreuses traces. »

Telle est la scène du dernier combat de Spartacus, *le dimanche 8 octobre. Il avançait dans les gorges quand une paysanne qui n'était pas la vieille aux chèvres et à la fille malade le « donna » aux militaires qui le talonnaient. C'est ce qu'a déclaré au messager le commandant du bataillon de « Rangers » qui participa au combat contre le groupe de* SPARTACUS.

LE CENTURION : « Nous marchions depuis deux jours inspectant le terrain morceau par morceau. Nous avions couvert quinze kilomètres en deux jours. Le dimanche matin, une femme qui travaillait dans un champ au-dessus du défilé a dit à une patrouille qu'elle avait entendu des voix en bas, dans les gorges, là où les deux torrents se rejoignent. Le capitaine de la légion a alors organisé sa manœuvre, envoyant deux pelotons vers l'amont des deux torrents ; puis, vers midi, il se mit en route avec un autre peloton en remontant la rivière. Entre une heure et deux heures le peloton qui remontait la rivière se heurtait aux hommes de SPARTACUS. »

Voici maintenant la déclaration enregistrée par le messager du commandant de la compagnie du 2e régiment de Rangers qui captura SPARTACUS :

LE CENTURION : J'ai combattu contre SPARTACUS le dernier jour de sa vie. Je l'ai fait prisonnier.

LE MESSAGER : Vous l'avez vu mourir ?

LE CENTURION : Non, quand je l'ai capturé, il était blessé.

LE MESSAGER : Mortellement ?

LE CENTURION : Je ne sais pas. Je ne suis pas médecin, moi ! Au début, ça ne me paraissait pas très grave. Il parlait de la révolte armée et je lui ai rappelé que depuis mars il avait tué une cinquantaine de soldats et bon nombre d'officiers. Il m'a répondu en parlant des mineurs massacrés.

LE MESSAGER : Comment avez-vous pris SPARTACUS, capitaine ?

Le centurion : J'ai entendu la première rafale à une heure et demie ; c'était une arme à nous. J'ai entendu aussitôt la riposte d'autres armes et j'ai compris que nous avions établi le contact. Ils ne pouvaient nous échapper. J'avais la conscience tranquille car j'avais tout fait pour les prendre au piège. J'ai avancé dans leur direction. Le premier que j'ai vu et que nous avons tué par la suite se faisait appeler Willy. Il tirait bien, avec précision puis disparaissait. Nous étions à une cinquantaine de mètres. Le second que j'ai vu était Spartacus. Nous nous sommes mis à tirer aussitôt.

Le messager : Mais vous ne saviez pas encore que c'était lui ?

Le centurion : Non, pas encore. Il a été touché aux jambes par une de nos rafales. Willy a cherché à l'emporter vers la montagne en le chargeant sur ses épaules. Mais j'avais posté d'autres hommes plus haut. Les combats ont ainsi repris. Une rafale a fait voler en l'air le bonnet de Spartacus et, nous nous en sommes aperçus par la suite, l'a de nouveau blessé aux jambes et au thorax. Willy a déposé Spartacus sur le sol. Mes hommes lui criaient de se rendre. Au lieu de se rendre, Willy a ramassé son arme et s'est apprêté à tirer. Mes hommes l'ont massacré. Il est resté raide mort. Spartacus était entre nos mains.

Le messager : Quelle impression vous a fait cette capture du révolutionnaire le plus fameux du monde ?

Le centurion : Je n'ai pas eu le temps d'y penser ; nous avons continué à nous battre jusqu'à la tombée de la nuit. Nous en avons tué six ; une dizaine ont réussi à s'échapper. Ensuite quand tout a été fini j'ai parlé avec Spartacus. C'est lui qui m'a dit qui il était. Il savait que nous étions des Rangers, une unité spéciale. Il m'a demandé si j'avais été entraîné avec les légionnaires. Il souffrait beaucoup, cela se voyait. Mais il ne pouvait pas bouger. Au début, il a cherché à se relever, mais il n'y est pas parvenu. Alors nous l'avons porté dans une couverture.

Le messager : Avez-vous vu une blessure sur la poitrine de Spartacus, à l'endroit précis du cœur ?

Le centurion : Je n'ai pas compté ses blessures. Je sais maintenant qu'ils disent que nous l'avons tué, mais ce n'est pas vrai. Nous sommes des soldats, non des justiciers.

Maintenant voici le témoignage des officiers qui ont parlé à Spartacus *dans la nuit du 8 au 9 octobre :*

Le messager : Colonel, quand avez-vous appris que Spartacus était blessé ?

Le colonel : Le dimanche 8 octobre à 4 heures de l'après-midi j'étais au QG quand une information radio m'est parvenue du chef d'état-major de la division. Elle annonçait la capture de Spartacus, mais je n'y croyais pas. Les combats se poursuivaient encore. J'ai demandé des détails et une confirmation puis la nuit est tombée et je n'ai plus pu aller sur place. J'ai pris l'hélicoptère le lendemain à l'aube. J'ai vu Spartacus déjà mort, ne me demandez donc pas comment il est mort.

Le messager : Pourtant, selon le rapport des médecins, il est mort le lundi 9 octobre à midi au plus tôt.

Le colonel : Ce que je peux dire, c'est qu'à sept heures environ, quand ils m'ont montré Spartacus, il était déjà mort. Ils m'ont dit qu'il était décédé peu avant l'aube, donc vers six heures.

LE MESSAGER : Dimanche à midi vous avez communiqué au gouvernement la nouvelle de la capture de SPARTACUS. Que vous y a-t-on répondu ? Vous a-t-on donné pour instruction de le transporter aussitôt jusqu'à la capitale s'il était encore en vie ?

LE COLONEL : Je ne peux pas répondre à cette question. Il y a des aspects qui sont encore couverts par le secret militaire.

Sage précaution car les déclarations du pilote de l'hélicoptère concordent mal avec la version du colonel de la région :

LE PILOTE : Oui, j'ai vu SPARTACUS dans la bourgade dimanche avant de repartir pour la ville. Je suis sûr que c'était lui ; c'était un peu avant 18 heures. Il avait été transporté là-bas par quatre soldats tenant les quatre coins d'une couverture. Il ne pouvait pas marcher. J'aurais pu le prendre avec moi jusqu'à la ville. À mon avis, il était en état de faire le voyage qui ne prend pas 20 minutes. Mais l'ordre était de transporter d'abord nos blessés.

Voici maintenant les déclarations de trois soldats blessés au cours des combats de dimanche :

1er SOLDAT : Le colonel prend grand soin de ses hommes. Il m'a fait transporter jusqu'à la ville à la place de SPARTACUS. Le major de la légion voulait transporter le chef des bandits, mais le colonel s'y est opposé et c'est nous qui sommes partis dans l'hélicoptère.

2e SOLDAT : C'est le colonel qui a le plus parlé avec SPARTACUS. Nous, les soldats blessés, et lui SPARTACUS, nous étions tous dans un grand hangar. Lui, il était sur une sorte de civière à l'autre bout, on ne comprenait pas bien ce qu'il disait, mais on entendait bien le colonel. Il criait. Puis il a dit à SPARTACUS qu'il était un chef de bandits, qu'il avait tué un lieutenant que le colonel aimait comme son propre fils. Le colonel est resté très longtemps avec SPARTACUS. Deux heures ou plus. Ils se disputaient d'une chose que le colonel voulait savoir et que SPARTACUS refusait de dire. Puis SPARTACUS lui a donné une gifle avec sa main droite. Le colonel était assis sur une chaise penché en avant et SPARTACUS lui a donné une gifle qu'il a prise en plein sur la bouche. Alors le colonel s'est levé et est sorti.

3e SOLDAT : Je l'ai soigné quand on l'a amené ici. Je ne suis pas médecin, mais lui m'a dit ce que je devais faire. Non, il n'avait pas de blessure au cœur. Ce qu'on voit sur la photo doit être une tache noire, du sang peut-être.

LE MESSAGER : C'est une blessure, tous l'ont vue et le rapport des médecins dit qu'il n'a pas pu lui survivre.

3e SOLDAT : Je ne sais pas ! J'ai reçu l'ordre de m'occuper de lui jusque vers dix heures du soir ; puis, le matin, j'ai vu l'hélicoptère l'emporter. Le colonel est resté longtemps à parler avec SPARTACUS, il y avait aussi un groupe d'officiers des renseignements, il y en avait beaucoup qui allaient et venaient.

Voici enfin le colonel :

LE COLONEL : Bien sûr, nous avons informé le gouvernement. Le commandant en chef de l'armée a discuté longuement avec le président de la République et a donné pour instruction de transporter SPARTACUS jusqu'à la ville, le matin. Mais je vous dis une chose : s'il était en vie, vous autres n'en auriez rien su. C'était un gros morceau que ceux des renseignements voulaient se garder.

LE MESSAGER : Est-il vrai colonel que SPARTACUS s'est conduit avec vous de façon très discourtoise ?

LE COLONEL : Un vrai rustre ! Un fanatique !

Quand, où, par qui SPARTACUS *a-t-il été assassiné d'une balle en plein cœur ? À l'aube du lundi 9 octobre, par le colonel ou par des officiers des renseignements, comme tend à le faire croire le témoignage, très suspect il est vrai, du colonel précédemment interrogé par le messager ? Vers midi, avant ou pendant son transfert vers la ville ? Ou après son arrivée à la ville comme tend à l'indiquer le rapport d'autopsie, pièce solide dont il n'y a pas lieu de douter.*

Le fait sûr, c'est que SPARTACUS *a été assassiné et qu'après avoir tenté de le momifier on lui a coupé un pouce, on l'a enterré puis exhumé, puis tenté de l'incinérer, puis fait disparaître.*

Je pose le journal par terre contre le lit.

Le mistral secoue la maison, les portes tremblent à chaque claque.

La petite lampe que j'ai allumée tout à l'heure éclaire sourdement la chambre.

Les mains croisées derrière la nuque, je reste ainsi, les yeux perdus dans la pénombre, à écouter le vent.

Distraitement, je recense tous les objets familiers. Le bureau sur lequel Lula a posé quelques photos. Taches claires dont je connais par cœur chaque ombre, chaque éclat de lumière. Ce feuillage au-dessus de nos têtes, depuis longtemps tombé. Ce soleil sur nos fronts, nos pommettes, le bout du nez, lumière à jamais perdue entre les astres. Rires arrêtés, morts.

Fantôme de notre joie. Ah je déteste les photos ! Rien ne m'angoisse plus que ces spectres.

Je me penche sur elle, mes lèvres effleurent son front. Doucement je suis l'arête de son nez et je pose ma bouche sur sa bouche entrouverte. Souffle chaud.

« Tu te sens mal, mon amour ?

– Non, ma petite Lula… je… »

Rassurée, elle me tourne le dos. Je caresse sa hanche, les yeux fixés sur une de mes dernières toiles accrochée au mur face à notre lit, je caresse sa hanche pendant que mon regard accompagne chaque coup de brosse, chaque touche, chaque repli visqueux. Curieux, ce dégoût de la peinture venu si brusquement. Comme si de laisser une trace matérielle m'avait paru tout à coup vain. Oui, c'est ça. Quand je pense qu'à l'époque où j'avais rencontré Lula… elle avait à peine dix-neuf ans, et voilà dix-sept ans de vie engloutis, disparus… quelques photos avec ces rires figés, morceaux de carton qui peu à peu jauniront, dont les coins sous la pression du temps se rouleront et qu'un jour quelqu'un jettera derrière la maison où elles finiront de pourrir parmi les feuilles de châtaigniers. Et mes toiles ? Mes toiles faites jour après jour. Bonnes à rien, même pas à témoigner de nos années heureuses. Mes toiles qui de jour en jour devenaient plus tragiques comme si… de plus en plus désespérées comme si… bizarre, comme si d'être de plus en plus heureux avec toi, ma Lula… oui, certainement, plus nous nous sentions heureux, plus les événements qui se jouaient hors de notre vue semblaient tragiques, difficilement supportables. Ma peinture se nourrissait de ce malaise, elle était le reflet en noir de notre bonheur. Négatif incarné. Enfermé dans mon atelier, comme un fou, je m'indignais, je conjurais. Je momifiais. Je m'emparais de toutes les souffrances imaginables, je brassais en pleine agonie, je lançais mes fils de tension. Du fond de ma solitude, je captais l'écho de tous les drames. Naïvement, j'avais le sentiment que tout ce qui s'accomplissait hors de notre présence était là, piégé, sur mes toiles. Acte magique accompli pour exorciser l'oppression, la mort. Avant de te connaître, ma peinture était colorée, heureuse, et pourtant, en ce temps-là je ne croyais ni aux couleurs ni au bonheur. Je pataugeais dans le froid au milieu des vieilles combines de Pauline maculées de peinture. Seul. Tu es venue et tu m'as arraché à tout ça. Tu m'as réchauffé. Tu m'as appris ce qu'un homme doit attendre de la vie car tu crois au bonheur (mot qui me faisait ricaner). Tu es venue, ma Lula, avec tes hanches que je caresse là, en ce moment, ton cou que je respire, ton beau visage adoré que la lampe éclaire si fragilement. Lula, ton nom que j'écris avec un pincement. Lu-la.

« Dors, dors. »

Le mistral déplace les montagnes, sabre le ciel et ta hanche sous ma main me garde. Oui, peu à peu à mesure que notre bonheur… notre bonheur… je suis ému et ne trouve plus mes mots… ma peinture devenait sombre, déchirée. Ah! quand je pense avec quelle angoisse quotidienne j'allais m'exiler dans mon atelier face à mes monstres.

Par moments, mon vertige était tel qu'il fallait que je te touche, que je reprenne pied en ce monde, que je te serre contre moi. Et je repartais accomplir cet acte absurde car je peignais sans comprendre ce qui me poussait.

Cette toile, là, devant moi, accrochée comme un morceau de viande à un croc de boucher, cette toile pendue sur le mur face à notre lit ne représente plus rien pour moi, même pas le temps retrouvé. Peau morte. Pas plus que ces photos d'un couple rieur. Taches floues. Le mistral déchire. Les branches secouées fouettent la façade.

Lula. Vie. Femme.

Je n'ai pas le courage de me soulever pour souffler la lampe, retourner au noir. Mes yeux se referment et ma tête résonne de brusques vides. Vaste caverne aux parois d'os. Je sens mon sang gonfler par petites saccades régulières une veine quelque part dans ma tempe. Une vertèbre me gêne à l'intérieur de mon cou. Je vois une longue colonne vertébrale ondoyer doucement dans le vide, os par os parfaitement emboîtés. Ma langue repousse le flot de salive tiède qui déborde et file sur mon menton, ma langue hérissée de papilles comme le dos d'un crapaud, crapaud tapi dans sa grotte luisante, sans tête ni pattes, muscle indépendant, jamais immobile, même au cœur du plus profond sommeil. Ma tête roule et ma langue glisse sur l'émail.

J'entrouvre les yeux. Je frotte mon menton contre le rabat du drap. Je bave. C'est curieux comme les hommes bavent en dormant. Sur tous les oreillers, des auréoles jaunâtres. Jus qui suinte de partout, du coin des yeux, des commissures, des oreilles, de toutes les fentes. Outres couchées. Hommes. Fragiles à pleurer avec vos ventres mous hâtivement noués, hommes indéchiffrables avec vos mains de fœtus repliées, pouce sous les quatre doigts, avec vos genoux fripés, vos cuisses et vos sexes rétractés comme de minuscules bouts de boyau, vos bourses toujours remuantes. Fragiles à pleurer, sacs de vie qui se plient et se contractent, agités de cauchemars. Mouvement de chair aveugle en perpétuel frisson. Homme si émouvant dans ta fragilité, si haïssable dans la plupart de tes actes. Le vent secoue. Lula respire par petites saccades. Elle rêve.

Et cette dernière toile ? Cette immense vision sans couleur, sans épaisseur… Dégueulis d'entrailles pendues nulle part dans un éclairage de fin du monde. Par endroits un crâne, quelques côtes retenant ces chairs flasques comme autant de crochets plantés au bord du vide, de la liquéfaction. Dément. J'en étais arrivé à me retourner comme un gant de caoutchouc, à me vomir sur mes toiles. Car c'était mon sang, mes nerfs, mes veines. Je me vomissais, homme.

Dehors, le mistral remue les feuilles mortes, brasse le monde désossé. Peaux sèches que le vent emporte. Odeurs acides d'un lit chaud. Feux d'automne. Le mistral remue les feuilles mortes. Les branches nues claquent dans le vide. Et toujours cette gêne comme une perpétuelle pression sur les tympans. Pas seulement le mouvement de mon sang ni la contraction mécanique de mon cœur, ni ma vertèbre, ni la peur, ni l'angoisse. Ce bourdonnement à peine perceptible dans les accalmies, ce hurlement filtré par la fabuleuse distance. Travail des tuyères rougies à blanc. Ils rôdent et tournent sans fin. Des hommes penchés sur des radars suivent leurs trajectoires, rectifient, calculent, parlent en code : XW 22 à REQUIN 4696 reprenez altitude… –… – vous m'entendez ? – AGONIE 06 43 15 prenez le cap sur Gibraltar…… SABRE et SAMOURAI vous ravitailleront – Terminé pour AGONIE… TRIDENT à vous –… – ici TRIDENT ici TRIDENT mission accomplie –. –… –… – avons parfaitement réussi lâcher de bactéries sur Hambourg Dresde Varsovie… Terminé –… – HYDRE HYDRE HYDRE vous m'entendez HYDRE ? répondez HYDRE 66666666 – 000 atterrissez en priorité les ambulances seront sur le terrain… GRAND DRAGON 22 tournez jusqu'à nouvel ordre – HYDRE 66666666 – 000 faites-vous une piqûre de morphine le cerveau électronique va vous prendre en charge… – GRAND DRAGON 22 fermez vos sacs à virus SCORPION va vous ravitailler en vol —– SCORPION a des ennuis – annulé – GRAND DRAGON 22 – PASTENAGUE 64537808 va vous contacter ne descendez pas au-dessous de cote 404 –… – PASTENAGUE PASTENAGUE à vous… –… GRAND DRAGON 22 ici BRONTOSAURE C ici BRONTOSAURE C –…

Chargés de virus miasmes bactéries, ils attendent leur grand moment. Impatients du lâcher final, ils tournent au-dessus des villes plus obstinés que des vautours. Pour eux, les mots simples ont depuis longtemps perdu leur sens. Ils calculent, parlent en code. Le monde s'est rétréci à quelques chiffres. Plus de phrases, plus de discours : un sigle pour le point final. Destruction d'une ville ? Plan 900 X. Contamination d'un continent ? Plan 36 Z 4. Solutions finales, génocides ? Vieilles lunes ! 86 Y 935 FXX 531 Mission accomplie. Chiffres lettres tirets points appels lumineux rayons à modulation. Désesperanto de mécano. Plus de chambres à gaz, plus de troupeaux parqués dans la neige, plus de fosses communes. Oh ! ça on leur en fait cadeau aux Allemands ! Adieu ces macabres tripotages, finis les incinérateurs, toute cette manutention inutile, tous ces bouts qu'on trimbale par ici, là, ailleurs, en charognards, ces tas d'os, de gras, ces monceaux de cheveux, d'ongles, ces dents, ces prothèses, tous ces convois, cette chiourme, tout ce bruit, ces piétinements, ces larmes, ces regards, ces témoignages… : « Tout à coup un ordre : Au crématoire ! Mes genoux sont raidis. Je me lève comme les autres. Je vais.

Des SS nous accompagnent ; ils emportent un trousseau de passe-partout. Cinq minutes après, nous voilà devant une immense porte gothique qui rappelle celle des anciennes tours. On entend les clefs cliqueter. La porte s'ouvre. Lentement nous entrons. Une odeur douce et puante remplit les narines, la gorge. Je crois vomir, m'évanouir. Je me bouche le nez. J'avance. Maintenant je vois d'où vient cette étrange odeur : des piles de cadavres, recouverts d'os sanglants, contaminent et décomposent l'air. Nous traversons une chambre à gaz, désaffectée maintenant. Nous pénétrons dans une autre à deux cheminées énormes. Nous n'allons pas être gazées je le sens, mais fusillées une à une. Je me console : la mort sera plus facile. Un SS ouvre la porte suivante : étagères de bois en masse et, sur elles, bien propres, bien rangées, des urnes immenses. Le SS commande : Une échelle ! deux filles ! Maintenant je comprends : il va nous falloir, avant que n'arrivent les libérateurs, nettoyer à fond cet immeuble à charnier. Nous formons une chaîne humaine qui commence à l'échelle et se termine à la porte où les urnes seront chargées sur le camion. Un SS saisit les urnes les unes après les autres et nous les fait passer. Là où tout à l'heure dormait le silence de la mort, éveillé seulement par les ordres nerveux des SS, nous entendons maintenant craquer des os... Mes nerfs sont à bout. À tout instant une fille éclate d'un rire hystérique. Avec les ossements, nous jouons comme à la balle, vite, vite, plus vite. Nos bras s'endolorissent, nos mains noircissent... Six mille cadavres dans les urnes. Deux camions déjà partis chargés à bloc. Une urne tombe, s'ouvre. Tout son contenu sur moi ! Des morceaux d'os, des poussières de cendre sur mes cheveux, sur mes chaussures, dans ma bouche, dans mes narines, partout, partout des cendres… » Contre l'acier, les chiffres, les sigles, il ne reste que ce souffle. Il ne reste que les mots, fragiles insectes qui sortent de nos bouches.

Couché, bras repliés, coudes et genoux pointus, mâchoire entrouverte, hanté de visions, la nuque raidie, insoutenables, doigts crispés, à pleurer, tempes battantes, à pleurer, tempes battantes, à pleurer, côtes, poumons écrasés sous de pesantes pelletées, je me murmure la longue litanie de misère. Le vent dehors secoue s'acharne secoue secoue secoue. Un chien lance et rattrape un lièvre mort, chiffon sanglant, lambeaux parmi les touffes, plus rien. Je me tourne et mes lèvres dans ses odorants cheveux, murmurent : AGONIE AGONIE 06 FX 43 15 appliquez plan HO. Terminé ! Lourdement chargés, les requins noirs à géométrie variable se dirigent droit sur l'objectif. Grand lâcher de bouillons de culture. Kultour ! Yes ! Sur les villes. Virus. Virage sur l'aile, coup de goupillon et retour. Aussitôt, les voilà qui dessous commencent à tituber. Le teint acide, ils se traînent et se tiennent aux murs. Fronts contre les vitrines dégueulent poumons foies rates cœurs contre leurs reflets. Par-dessus victuailles jouets journaux et livres inutiles, ils se vomissent se rejettent dans d'affreuses contractions. Par millions vacillent sur les trottoirs avec l'idée fixe de rejoindre leurs enfants leurs femmes. Ils geignotent. Langue et palais en bouillie blavouillent blutent en pleine suintaille, déglubent des bouts qui leur remontent, paquets de bactéries en expansion, virus par peuplades serrées, bubons mûrs, pus liquide.

Quoi tout comme prévu !

Ils tournent sur place, affolés de sentir sous leurs chemises, derrière leurs cravates, leurs chairs glisser par lambeaux, se ramasser autour de leurs ceintures en bourrelets gélatineux. Par les jambes de leurs pantalons, glandes nerfs muscles tendons détachés des os tombent coagulent gladouillent. À la traîne de leurs talons, bouts de gras, artères, rognons, mou engluent les chaussées les caniveaux. Ils rampent s'accrochent pendant que par les fenêtres leurs femmes poussent des cris en agitant vaguement leurs bustes au-dessus du vide. Leurs enfants hurlent ne comprennent pas, ne s'étonnent pas, hurlent. Doigts déjà mangés d'acide, lèvres rongées…

Tout ça ne bouge presque plus dans le soleil levant.

Oui c'est ça, cette toile fut ma dernière. Ultime regard jeté au travers d'une carcasse puante.

Anathème.

La lumière trouble de la lampe vacille. Les ombres tremblent à la cadence du vent.

La poignée de la porte luit.

Dors mon vieux. Je respire avec peine, poumons écrasés par le poids de tout cet air au-dessus, ce vide sans fin.

L'optimisme est un crime!

Je m'accoude et je la contemple. Soif. Le vent. Qu'est-ce que je disais? Ah oui! Tu devrais dormir, mon vieux Cyrus, tu devrais faire le vide, balayer tout ça, respirer lentement et expirer. Respirer. Expirer. Là, comme ça, sors tes bras, pose-les sur la couverture, le long de toi. Voilà, comme ça. Très bien. Et maintenant, respire doucement dou-ce-ment. Ventile-toi. Là, ex-pi-re. Res-pi-re. Ex-pi-re. Resp… Ah, que de contradictions!

Quoi?

Oh rien ! Je pensais comme ça. Je pensais que… Oh ! et puis…

Geste las dans la pénombre.

… pensais aux hommes-singes et aux autres. Hommes-singes ? Respire doucement. Oui, le clan, la horde avec ses comptables ses bourreaux ses philanthropes. Toute cette organisation pour… Organisation pétrifiée qui s'acharne s'acharne à tuer à tuer la pensée libre aérée. Momifie stoppe toute pensée en mouvement. Refuse la création car la création remet tout en question. Hein ? Quoi ? Calme-toi ! Calme-toi ! Toujours eu deux sortes de créateurs aussi. Les pour et les contre. Les tranquilliseurs et les autres. Si, si, les tranquilliseurs. Les peintres plutôt du côté tranquilliseur et… et de l'autre ceux qui écrivent. Mon vieux Cyrus qui n'arrive pas à dormir, n'oublie pas ceci : aucun peintre n'a été embastillé pour ses tableaux. Aucune œuvre peinte n'a été brûlée en place publique. L'exil les interrogatoires policiers, la clandestinité, n'ont jamais été le lot des peintres. Mets un mot à côté d'un autre mot et tout saute. À propos tu avais dit un jour à… comment s'appelle-t-il ? mais si avec son grand front pâle et ses lunettes… Peu importe. Tu lui avais dit en riant que tu aimerais que tes tableaux éclatent comme des pétards visqueux devant toi. J'ai dit ça ? Oui, tu l'as dit. Moi ? Oui, toi. Ah ? Qu'entendais-tu par là ? Je j'entendais heu… je… tu vois je… j'aurais aimé que les gens soient éclaboussés par mes toiles comme par des gouttes de sang. Ce sang dont ils sont si prodigues. Contaminés par mon dégoût. Mais je me trompais. Ma tentative s'est soldée par un fiasco. Plus mes toiles devenaient… comment dire ? dégueulasses, sinistres, plus… Oh ! et puis tout ça…

Lèvres sèches.

Alors comme ça, plus tes toiles devenaient dégueulasses sinistres, plus quoi ?

Plus elles voulaient être le reflet du monde, disons *parler*, protester, plus elles devenaient emphatiques outrées morbides et… et plus je voyais qu'il leur manquait la parole les odeurs le mouvement. T'agite pas, t'agite pas, oui, le mouvement. Ah ! tout ça est trop triste. Et… surtout le rire. Oui oui oui, mon vieux, c'est ça qui leur manquait à mes toiles : le RIRE. Ne serait-ce qu'un rire dément. Un rire pour rendre compte du monde. Il paraît…

Salive.

… il paraît que, sur les champs de bataille, il y a des tas de types qui se marrent.

Oui oui, j'ai lu ça quelque part. Des types avec la moitié de la gueule en moins qui se marrent en pleurant. Eh bien, je pense que c'est ça qu'il faudrait transcrire si on voulait rendre compte du délire des hommes. Témoigner.

Un rire sanglant.

Lula rêve et dehors le vent. Le vent. Le vent.

Allez dors!

Tiens, regarde les enfants les tout petits enfants. Laisse une journée deux enfants ensemble enfermés. Eh bien, le soir, tu peux être sûr que l'un des deux sera estropié. Mort même. Oui, le plus fort des deux aura réussi à tuer l'autre ou il lui aura au moins crevé un œil… je ne sais pas moi, il se sera arrangé pour faire quelques petites expériences. Non non, ça tu n'y échappes pas. C'est dans le sang, ce goût de toujours vouloir tout démonter pour voir ce qu'il y a dedans. Comme avec les insectes. Dès qu'un enfant peut opposer son pouce aux autres doigts, il se saisit de tout ce qui passe à sa portée. La main, que veux-tu, est un instrument et tant que… pourquoi baves-tu comme ça?… le cerveau ne se sera pas assuré qu'une chose peut être disloquée, la main s'acharnera. C'est automatique. Dans les camps, hein dans les camps, que faisaient les médecins allemands dans les camps? Ils ils ils plongeaient des gens dans… pendant des jours des jours et des jours des gens dans de l'eau glacée. Pourquoi? Hein pourquoi ils inoculaient des maladies pourquoi? Ils stérilisaient greffaient torturaient de toutes les manières imaginables pourquoi? Calme-toi, calme-toi, regarde comme tu transpires, tu dérailles tu rêves. Ha ha! tu me fais rire! Je rêve? Non hélas! Non je ne rêve pas. Jamais été aussi éveillé qu'en ce moment. Dormir dormir. Ah ! dormir, hein pourquoi ?

L'instinct d'exploration, c'est ça qui est monstrueux en nous. On veut comprendre vite, prendre des raccourcis. On éventre pour savoir comment ça fonctionne dedans. C'est plus facile que de contempler, regarder quelqu'un dormir sourire manger courir aimer. Infliger la torture, c'est parler le langage universel.

Ah !

Tsit tsit tsit !

Alors, selon toi, il faut prendre le monde tel qu'il est ?

Ah non ! non non au contraire. Il faut assembler éléments dans autre ordre comme pièces puzzle. Pas détruire morceaux sous prétexte que morceaux signifient apparemment rien.

Mon bras, très gênant. Ankylosé. Accoude-toi ! voilà ! essaie d'être en harmonie avec toi-même et fini les fourmis.

Flèche du désir.

Son front.

Je m'assieds oppressé. Le front de Lula. Tache claire. Nez yeux pommettes hautes. Ses cheveux. Odeur chaude de ses cheveux, animale.

Et alors ?

Quoi alors ?

Non je disais... Ah ! dormir dormir dormir... Tu disais ? Je disais. J'aurais aimé que les gens soient contaminés au contact de mes tableaux et, très vite, je me suis aperçu que ma peinture était un fiasco. Oui, c'est bien ça que j'avais dit tout à l'heure. Fiasco. Fiasco oui ! ce n'était plus un langage. Peut-être un cri. Oui, mais un cri comme dans les cauchemars. Un cri qui ne sort pas des lèvres. Quoi, je me suis retrouvé dans une impasse. Ou je repartais en arrière ou... rien n'était prémédité, note bien, tout ça se passait au niveau de l'instinct... ou bien je revenais en arrière ce qui voulait dire revenir à une certaine « majesté picturale ». Ou bien continuer à tout prix à foncer.

Et tu prétends avoir foncé ?

J'ai si bien foncé qu'emporté par mon élan je me suis retrouvé assis en train d'écrire. Grand sourire crispé vers mon tableau.

Alors ton pétard visqueux avait fait ploff ?

Bouche, amère.

Pfluiksss ! Oui mais en revanche j'ai découvert une chose passionnante, c'est que le fait d'avoir déraillé, ça, c'était important très important.

Vivre comme on se rêve.

Vent dément.

Se rêve.

Vivre.

Depuis que je me suis installé ici avec Lula, depuis que je vis à la Béate « la plus paisible maison du monde, rien ne vient troubler le silence impressionnant »… je crispe un sourire. Curieux comme « le commentaire est devenu le support essentiel de la vision ». Et pourtant, à quoi bon commenter ? J'avale ma salive et me frotte les lèvres contre le rabat du drap. Mon cœur bat quelque part très loin au fond de moi. Ses coups sourds m'ébranlent. Je pose ma main sur le ventre de Lula. Mon front est immense, il s'oppose au noir. Ah ! on fait le matamore tout seul dans son lit et au moment de s'expliquer on fait heu… Alors ? Chut ! parler le moins possible de mes tableaux. Tout ça est mort, bouclé à triple tour derrière cette porte. Mon atelier. Espace mort. Parler de ce qui les motive ? Qu'est-ce qui motive un tableau ? Calme-toi. Pourquoi bouges-tu comme ça ? Mes tableaux, c'était, comment dire ? C'était le calque… si on pouvait imaginer la pensée mise à nu comme un… disons que la peinture est un moulage de la pensée. Si on pouvait prendre l'empreinte de la pensée en mouvement en travail.

La peinture se situe hors du temps, hors de l'espace. Elle n'impose aucun temps de lecture. La musique peut être écrite lue transcrite interprétée fredonnée même, son moule n'est pas unique.

J'entrouvre les yeux et fixe un moment la toile accrochée en face du lit. « Ces organes mis à nu, cette chair pantelante, cette monstruosité d'un appel qui vient du plus profond du corps », ceci est donc l'empreinte de ta pensée ? L'empreinte de l'image que je me fais de l'homme, oui, un sac infiniment fragile qu'un rien peut écorcher crever. Conscience continuelle de cette fragilité. Antonin Art. Et en mettant tout cela à nu collé au mur, je pensais donner…

Dans son sommeil, Lula a un peu rejeté la couverture dévoilant son épaule. Sous la douce lumière, sa peau m'apparaît d'une blancheur éblouissante.

Et quand tu prends ce corps dans tes bras, ce ne sont pas des viscères des os des muscles que tu étreins, mais une réalité autre, familière, qui s'appelle Lula, non ? Oui, mais c'est avec désespoir. Je l'aime avec désespoir. Comment dire ?

Le premier jour où je l'ai vue, j'ai tout de suite compris que ce qui m'arrivait était insensé. En tout cas, je n'aurais jamais cru… Oui, ce jour-là j'ai rencontré l'être dont la contemplation pouvait déjà à elle seule me combler. Ses traits, la façon dont elle bougeait, dont elle baissait les paupières, la façon dont elle se servait de son corps, la façon aussi qu'elle avait de rester immobile… quoi tout. Au moment où elle a ouvert la bouche pour parler, j'ai ressenti une incroyable angoisse. Je divague. Arrête et dors, hein ! Je me suis dit : et si elle n'avait pas la voix complémentaire ? Mais figure-toi, Cyrus, qu'elle avait la voix… quoi des tas de détails qu'au fur et à mesure j'ai découverts. Au fait, c'est marrant non, cet après-midi chez Antoine ? Oh, et puis c'est sans importance. Si si, tout est important ! Cet après-midi chez Antoine, devant la mer, j'ai découvert que la voix de Lula était bleue. Heu heu, c'est con mais c'est comme ça. Donc à mesure je découvrais des détails qui me ravissaient, des choses qui pour d'autres auraient été insignifiantes, et chaque fois c'était un nouveau coup au cœur. Je me disais : pas possible, tout ça réuni dans un seul être… quoi des conneries quand on les formule, mais dans le flou de la pensée si évidentes si désespérantes… Ah ! tout ça est trop fragile.

… assise par terre, appuyée sur une main, le corps très déhanché, la tête légèrement penchée comme si la masse de ses cheveux… mais à quoi bon ? Tout ça est loin et je m'en fous. Aucune nostalgie. Lula, pour moi, ce n'est pas des souvenirs, c'est le présent en équilibre au bord d'un très court lendemain, lendemain de rien, informe…

Au village, ils doivent être en train de devenir fous. Quand le mistral passe comme ça chez nous, au village c'est la fin du monde.

Oui, pour moi, Lula c'est le présent en suspens, en sursis. Songe infini. Ni hier ni demain. Là. Bonheur angoissé. L'idée que quelque chose puisse nous séparer… une infirmité. Quand je pense qu'on a été jusqu'à se marier pour… en cas… en cas quoi ? En cas de guerre de fuite de migration, à cause des frontières et tout ça… moi pas français, alors, être ensemble sur un passeport, ça facilite paraît-il…, oui, moi pas français… moi étranger qu'y j't'y dis… étranger partout, moi.

Voix dans un haut-parleur. Des gens se lèvent pleurent s'étreignent se quittent à jamais.

Vent dément.

J'avais entendu parler d'elle. Je ne la connaissais pas et pourtant tout de suite j'ai su que c'était elle. Aussitôt, je me suis mis à lui raconter une histoire, à inventer n'importe quoi. Il fallait que je profite de son étonnement pour la lier à moi très vite par un début de complicité. Au bout de deux ou trois phrases, nous serions suffisamment loin de la rive, hors d'atteinte et il ne resterait plus qu'à laisser faire le courant. Elle, étonnée amusée inquiète tout au fond et moi troublé oui troublé de ce regard amusé étonné inquiet, troublé…

Vent dément.

« Quand la maison est finie la mort arrive. »

Comment ça peut se dire en chinois ? quelque chose de très musical sûrement.

Vol d'oiseaux migrateurs.

Tsink sink klok hu dohk tsong

ou bien :

Thoung hu diin huc nuec fong tsin tchoutsu'unk

Quand la maison est finie…

Ne jamais rien finir. Pas de projets. Pas de perfection. Laisser tout en suspens. Ne rien achever. Retenir son souffle.

Trop fragile… fluide comme le vent qui saute tourne dans les vallées revient repart secoue s'acharne disperse rassemble respire pleure ricane expire expire expire sans fin sans commencement.

Tout branle, les portes les persiennes, écoute ! tu entends ? Notre maison, en train de retourner à la nature. La peinture s'écaille. Si on devait remettre tout ça en état, entretenir ces petits détails, on n'aurait plus le temps de vivre écrire peindre écouter sentir voir aller venir manger se promener rire lire relire parler parler s'attendrir s'aimer dormir et recommencer recommencer recommencer…

Le mistral secoue les vitres. Le mastic se détache par petits bouts. Les rideaux frémissent devant la fenêtre.

La grande lézarde qui sinue sur le mur s'ouvre à vue d'œil, passe sous le tableau, ressort et disparaît derrière les livres de la bibliothèque. Tout coule tombe se détériore. Tout gît dans la poussière enveloppé d'une fine résille, impalpable matière, résidu blanchâtre qui enrobe.

Pas d'angles, pas de carapaces, pas d'écailles, ni crêtes, ni griffes, ni piquants, pas de dentelures dures, ni tranchants.

Nos corps si intimes, si dépendants que la moindre pression, la moindre ébauche de geste, le moindre tressaillement obtient le mouvement attendu.

Ma Lula dont la jambe est en ce moment si familièrement repliée entre mes jambes nues. Jambes mêlées. Jambes tressées. Jambes plus fluides qu'eau chaude.

Nous nous liquéfions de bien-être.

Nous ne laisserons aucune trace. J'expire. Sur ce rocher flottant nous somnolons entre les astres.

Les lunes les constellations les planètes, autant de mondes inhospitaliers pour notre rêve de chair de salive et de battements de sang.

Mais sur terre…

La nuit résonne.

… quelque chose de très simple à partager…

Poumons vides j'expire   mon thorax se contracte   j'expire   mes côtes mes muscles   tout veut respirer   j'expire encore   ma bouche mes narines   ma langue   veulent   j'expire   mes doigts mes tendons   mon estomac frémissent   j'expire encore je pompe le vide

je me remplis de rien de
noir brut j'expire mon corps tournoie
bras jambes écartelé j'expire
encore cambré je tente une ultime
respi j'expire cerveau pailleté nuque
douloureuse j'expire j'expire j'expire
encore un grand voile descend

j'ex

La Béate
mars 1968

Du même auteur
(suite)

Vers les confins, Les Belles Lettres, 2014
Le Corps d'Hélène, Les Belles Lettres, 2015
Histoire masquée, Les Belles Lettres, 2018
Beauté j'écris ton nom, Les Belles Lettres, 2022

Nouvelles

La Table d'asphalte, Ramsay, 1980
Les Voluptés de la déveine, Actes Sud, 2004

Théâtre

Le Rémora, Stock, 1970
Body, Bourgois, 1970
L'immobile, Bourgois, 1970
Le Cerveau, Bourgois, 1970
La Colonie, Stock, 1971
Capitaine Schelle, capitaine Eçço, Stock, 1972
Le Camp du Drap d'or, Stock, 1972
Le Palais d'Hiver, Bourgois, 1975
La Mante polaire, Bourgois, 1977
Jusqu'à la prochaine nuit, Actes Sud, 1990
Les Faucons de la saison des amours, Actes Sud, 1990
La Glycine, Actes Sud, 1991
Décor, néant, Actes Sud, 1993
Isola Piccola, Actes Sud, 1994
Théâtre, dernier refuge de l'imprévisible poétique, Actes Sud, 2000

Essais

Divagations sentimentales dans les Maures, Chêne, 1979 ; Actes Sud, 2001
La Femme dérobée : de l'inutilité du vêtement, Actes Sud, 2005
Le Tourbillon de ma vie, Écriture, 2016

Chansons

Chansons silencieuses, 10/18, 1975 ; Philippe Rey, 2023
J'avais un ami, Bourgois, 1987 ; 10/18, 1991
Tantôt rouge, tantôt bleu, Actes Sud, 2000

Récits

Variations sur les jours et les nuits, Seuil, 1985

Au bonheur des sphères, Actes Sud, 2006

Poèmes

Doubles stances des amants, Actes Sud, 1995

Beaux livres

Venise, Autrement, 1986

Le Roman d'une maison, Actes Sud, 2001

Venise qui bouge, Actes Sud, 2004

Amour-Humour, Philippe Rey, 2022

Mise en pages : Anne Offredo, Valravillon

Cet ouvrage a été achevé d'imprimer
en août 2024 dans les ateliers de
Black Print

Dépôt légal : octobre 2024
ISBN : 978-2-38482-126-6
ISSN : 2416-6863
Imprimé en Espagne

collection *fugues*